AF750148

SOIXANTE ANS DE MARCHE VERS L'UNITÉ AFRICAINE

Regards croisés sur les trajectoires d'un idéal d'unité continentale

Collection « Études africaines »

Forte de plus de mille titres publiés à ce jour, la collection « Études africaines » fait peau neuve. Elle présentera toujours les essais généraux qui ont fait son succès, mais se déclinera désormais également par séries thématiques : droit, économie, politique, sociologie, etc.

Dernières parutions

Yves-Alain KOUMBA, *L'élection présidentielle gabonaise de 2016, Contribution à une problématique de la construction démocratique en Afrique francophone*, 2025.
Gérard Martin PEKASSA NDAM (dir.), *La fiscalité post-Covid-19 en Afrique subsaharienne francophone. Regards croisés,* 2025.
Mohamed AHMED ISSA, *Politiques linguistiques familiales à Djibouti-ville. Étude de la transmission intergénérationnelle des langues,* 2025.
Khaled AMRANI, *Les oiseaux du sahara, Précis d'ornithologie saharienne (Algérie)*, 2025.
Hugues Morell MELIKI, Ferdinand MBEN LISSOUCK (dir.), *Communautés et foncier à l'épreuve du capital au XXIe siècle. Dynamiques émergentes en Afrique noire*, 2025.
Coumba CISSÉ, *Vivre à l'ombre du barrage de Manantali, Les représentations sociales des impacts*, 2025.
Sidi Tiémoko TOURÉ, *L'histoire oubliée de Mori Touré le Conquérant. De l'Empire songhaï à Marabadjassa (1492-1960),* 2025.
Mamadi KABA, *Renaissance du Sahel, L'Alliance des États du Sahel*, 2025.
Amadou MBEYAP KUTNJEM, *La justice sportive au Cameroun. Genèse et dynamiques du processus de règlement des litiges sportifs*, 2025.
Trésor LUMFUANKENDA BUNGIENA, *Architecture du care en République démocratique du Congo, Repenser l'infrastructure hospitalière*, 2025.

Sous la direction de

Paul Elvic Batchom

SOIXANTE ANS DE MARCHE VERS L'UNITÉ AFRICAINE

Regards croisés sur les trajectoires d'un idéal d'unité continentale

L'Harmattan

DU MÊME AUTEUR :

- *Les parias de la scène internationale. À propos des dynamiques inégalitaires de l'ordre mondial*, 2017.
- (Sous la direction de) *L'État ailleurs. Entre logiques de case et dynamiques du village global*, 2018.
- Avec Patrice Moundounga Mouity, (sous la direction de) *L'État africain et sa diaspora face à la mondialisation*, 2021.

© 2025, L'Harmattan
5-7, rue de l'École-Polytechnique – 75005 Paris
www.editions-harmattan.fr
ISBN : 978-2-336-45651-5
EAN : 9782336456515

Les contributeurs :

- **Alphone Zozime Tamekamta**, Docteur en Histoire des Relations internationales, Chargé de cours à l'École Normale Supérieure, Université de Yaoundé I, Cameroun.
- **Archange Bissue-bi-Nze,** doctorant en science politique, Institut de sciences politiques Louvain-Europe, Université Catholique de Louvain, Belgique.
- **Aurélien Pascal Nguefouet Modio**, Docteur en Histoire, Université de Yaoundé I, Cameroun.
- **Christel Franck Afom Ndong**, Maitre de Conférence Agrégé de science politique, Université de Yaoundé II, Cameroun.
- **Cyrille Bienvenu Bediang**, Docteur en Relations internationales, IRIC/Université de Yaoundé II, Cameroun.
- **David Melvin Eboutou**, Docteur en Histoire des Relations internationales, Université de Yaoundé I, Cameroun.
- **Etienne Bassa Bata,** Docteur en science politique, Université de Yaoundé II, Cameroun.
- **Fankem**, Docteur en science politique, École supérieure de commerce et de gestion, Cameroun.
- **Germaine Habiba Yaya,** université de Yaoundé I, Cameroun.
- **Hans Gilbert Mbeng Dang**, Maitre de conférences en Histoire des Relations internationales, Université de Yaoundé I.
- **Jean Armand Nkoetam Zambo,** Docteur en relations internationales, IRIC/ Université de Yaoundé II, Cameroun.
- **Louis Narcisse Ngono**, Docteur en relations internationales, IRIC/Université de Yaoundé II, Cameroun.
- **Magloire Deuga Cheudjui,** Université de Maroua, Cameroun.
- **Paul Elvic Batchom**, Professeur Agrégé de science politique, IRIC, Université de Yaoundé II, Cameroun.

Sommaire

Prologue :

Paul Elvic Batchom[1]

Je n'aurais pas dû prendre la parole, pour ne pas détourner l'attention du lecteur des éloquentes communications qui vont suivre. Je ne suis en effet qu'un architecte indigne de cette œuvre dont les véritables bâtisseurs ont déclamé au gré de leurs disciplines et à l'épure de leurs instruments, des regards pluriels et croisés sur la marche africaine vers l'unité depuis soixante ans. Comme un chef d'orchestre, je ne suis qu'un acteur de l'ombre qui met en scène des talents divers qui ont su regarder avec lucidité et pertinence les avancées, les reculades, les entraves, les griefs, les espoirs et autres désenchantements de la longue et laborieuse marche du continent africain vers son idéal d'unité. Je suis cependant contraint par le bonheur d'un Chef de Département ému et comblé, de la prendre, pour dire en quelques mots l'historio-genèse de cette idée et sa pertinence épistémologique. Le 25 mai 2023, dans toute l'Afrique l'on a fêté soixante ans d'une dynamique d'unité portée dans les fonds baptismaux par les Pères fondateurs tels que Kwame Nkrumah, Léopold Sédar Senghor, Modibo Keita, Felix Houphouët Boigny…chacun la concevant avec sa sensibilité et ses influences coloniales ou nationalistes. Dans ce concert de célébration, l'Institut des Relations Internationales du Cameroun (IRIC) pouvait-il rester muet, alors même qu'il incarne l'unité scientifique et académique d'une Afrique qui vient sur son campus tous les ans faire chorus autour de l'épistémie et de l'épistémologie ? Le Département de politique internationale de l'IRIC, fort de son histoire, jaloux de sa posture et fier de l'image de l'Institut dont il est enveloppé, a pris le taureau par les cornes, malgré les conjonctures budgétaires stressées et des conjectures normales liées à un environnement travaillé par une saine émulation scientifique, pour rassembler des jeunes et moins jeunes collègues, pour qu'ils chantent ensemble dans une harmonie scientifique, des sons quelques fois cacophoniques d'un processus fort complexe.
Conviés au banquet de l'Afritude positive qui se nourrit d'une révision du passé élogieux d'hommes et de femmes investis totalement à l'unité du continent et convaincus que leur liberté et leur prospérité sont déterminées par une synergie unitaire, les Africains de tous les âges et de tous les bords se plaisent dans des joutes plurielles, à dire leurs désaccords ou leur enthousiasme relativement à l'unité africaine. Le prétexte d'une célébration de la journée de l'Afrique est donc une heureuse occurrence pour mêler la voie de la communauté scientifique à ces parlotes et *disputatio*. Pour ce faire, il a fallu organiser la scène avec un appel à communication lancé au mois de

[1] Agrégé de science politique, Professeur à l'Université de Yaoundé II/IRIC.

février 2023 et qui a abouti à la réception de près d'une cinquantaine de propositions. Mais le format d'une Journée d'Étude ne pouvant s'autoriser un si grand nombre de communications, l'on a donc dû choisir ; or choisir c'est aussi éliminer. Non point que ceux qui ont été retenus valent plus que les autres, ou alors que ceux éliminés sont des nains-cogitant. Après avoir écouté *in situ* près d'une trentaine de communications, l'on a résolu d'en publier une dizaine environ, au regard des contraintes souvent liées à ce genre d'activité telles que l'impossibilité d'attendre indéfiniment les textes de tous les contributeurs, la qualité scientifique inégale des contributions et les exigences financières et matérielles des démarches éditoriales.

À l'entame comme un introït, une leçon d'ouverture de Christel Frank Afom Ndong fera office d'introduction. Elle campe les débats épistémologiques, historiques et philosophiques sur l'unité africaine. Ensuite, dans une première partie qui met en dialogue le panafricanisme et l'unité africaine, Fankem revient aux sources du panafricanisme pour faire une photographie de la contribution des noirs d'Afrique et de la diaspora à la sociogenèse de de cette aventure. Joseph Magloire Djeuga Chieudjui fait un portrait de l'un des pionniers en la personne du premier président Camerounais Ahmadou Ahidjo. Il montre comment une certaine idée du panafricanisme a mu et mâtiné l'action politique de ce précurseur silencieux. David Melvin Eboutou, axant dans le même élan sa réflexion sur Kwame N'krumah, une autre figure importante et pionnière, s'interroge sur la « possibilisation » de son projet fédéral, en termes de capacité à donner corps à une idée. Pour clore la partie, Archange Bissue-Bi-Nze envisage l'unité africaine à la fois comme un idéal politique et une utopie réaliste. Cette posture prudente permet ainsi de célébrer l'idéologie et de repérer les traces concrètes de l'idée faite corps.

Dans une seconde partie portant sur l'unité africaine au miroir des grandes problématiques contemporaines, Cyrille bienvenu Bediang adresse la question de la révision de la place de l'Afrique dans la gouvernance mondiale. L'un des chantiers de cette gouvernance étant la sécurité, Hans Gilbert Mbeng Dang la confronte à l'activité de l'Union Africaine. Louis Narcisse Ngono s'attaque ensuite à une autre problématique de la gouvernance mondiale à savoir les changements climatiques, pour essayer d'examiner l'émergence économique de l'Afrique dans cette atmosphère particulière. Il propose que dans cette configuration, l'Afrique se mette en situation de consolider un modèle de l'entre-deux qui mêle climat et développement.

Dans la troisième partie, les contributions trouvent une cohérence autour de la violence politique et des guerres comme épreuve de l'unité africaine. Alphonse Zozime Tamekamta va examiner un objet qui lui est cher, à savoir le différend autour du Sahara Occidental, en regardant comment aussi bien l'OUA que l'Union Africaine l'ont adressé jusqu'à ce jour. Habiba Germaine Yaya a analysé quant à elle, l'Union Africaine au regard de la problématique des coups d'États qui redeviennent à la mode en Afrique. Bassa Bata Etienne, se penchant sur des chantiers de pacification, fera un bilan de l'intégration africaine, au regard de la régionalisation du maintien de la paix depuis 1963. Pour finir, Jean Armand Nkoetam Zambo va jeter un regard longitudinal sur le passage de l'OUA à l'UA pour en déceler les éléments de rupture et de continuité.

Le présent ouvrage est la version raisonnable d'une intense journée de réflexion qui a, vu la participation plurielle et pluridisciplinaire de chercheurs africains s'intéressant au quotidien au processus de l'intégration africaine. Il s'est agi de croiser les regards disciplinaires sur l'histoire, les enjeux et jeux, les influences, inférences et interférences mondiales, les conceptions, la confrontation de l'unité africaine à des défis tels que la guerre, la violence et les conflits…

Un seul ouvrage est certainement un théâtre bien insuffisant pour intelliger les théories foisonnantes sur l'intégration régionale. Depuis les travaux séminaux de David Mitrany avec *A Working peace system* en 1946 et les écrits subséquents de Ernst Haas, Stanley Hoffman, Andrew Moravcsik jusqu'aux développements contemporains des auteurs tels que Sabine Saurruger, les analyses scientifiques des processus d'intégration régionale, l'autre nom des dynamiques d'unité des espaces régionaux sont légion. Les travaux sur ces questions à l'Institut des Relations Internationales du Cameroun lui valent d'être considéré comme un pôle important en matière d'études sur l'intégration régionale. Quelques morceaux choisis vont sûrement être transparents dans les échanges à suivre tout au long de la lecture. La science naissant du raisonnement critique et de la confrontation des idées, ce que les classiques ont appelé *cogitatio* et *disputatio* qui est débat d'idées et non agressions verbales *ad hominem* motivées par quelque paresse intellectuelle, l'on n'a point de doute que la lecture sera belle.

Je remercie dès lors, les différents contributeurs à cet ouvrage, les âmes de bonne volonté qui en ont permis la réalisation et les institutions qui nous accompagnent au quotidien dans la quête de rayonnement scientifique et la recherche de l'excellence.

Chapitre introductif :

L'Unité africaine : réalités, idées et problèmes depuis 1960

Christel Franck Afom Ndong[1]

Introduction:

Le rapport à la question de l'unité africaine apparaît souvent fortement émotionnel. Tout se passe comme si dans son ensemble, sa critique, aussi impatiente que l'injonction de Kwame Nkrumah[2], « *Africa must unite !* », percevait l'unité africaine comme un projet de société, comme un plan de construction ; bref comme un modèle. Or, dans sa texture même, pour autant qu'on consente à suivre les arcanes du cheminement de tous ceux qui se sont approprié cette idée, l'unité africaine ne cesse de travailler à persuader que bien que projetée comme un état social valorisé, elle n'est ni un plan, ni un modèle. De la différence entre les exigences idéales de cette unité et les conditions réelles de la vie internationale en Afrique, témoigne de façon récurrente une lecture pessimiste du bilan de l'unité africaine depuis 60 ans. Mais à quoi sert l'unité africaine ? Si cette question emporte plusieurs réponses possibles, l'on peut néanmoins dire en termes peu fonctionnalistes que l'unité africaine est l'expression, sinon l'incarnation, du désir de combler l'écart entre ce que l'ordre socio-politique et le lien social entre les États sont et ce qu'ils devraient être en Afrique, s'ils pouvaient être rendus « satisfaisants ». Si elle est source d'un mouvement panafricaniste qui pousse à rétablir entre les États africains, voire leurs diasporas une solidarité par-delà les divisions coloniales, elle diffère par son contenu. Dans une première variante, elle peut se reporter à une intégration plus ou moins forte produisant l'Afrique comme un acteur international à travers une expression institutionnelle comme l'Union Africaine (UA). Une seconde variante propose l'idée d'une coopération peu ou prou lâche des unités politiques d'où émerge un système politique à la suite de la formation d'une société internationale régionale. Cette ambiguïté entre l'unicité que souhaitaient Nkrumah et l'union qu'a finalement obtenue Kadhafi traduit des types d'organisation et d'aménagement possible de l'unité africaine investis des variables tantôt millénaristes ou absolues, tantôt incrémentales ou graduelles.

[1] Maitre de Conférences, Agrégé de science politique à l'Université de Yaoundé II/Cameroun.
[2] Kwame Nkrumah, 1963, *Africa Must Unite*, New York, Frederick A. Praeger, Inc., Publisher.

Dans une « société anarchique » où fonctionnent d'une façon dialectique l'aspiration à l'ordre et la tentation du désordre, la fécondité de l'Unité peut être appréciée des différents paradigmes des relations internationales lorsque prédomine l'ordre. D'abord par son effet multiplicateur de la puissance, elle peut assurer l'existence et la survie de « conventicules » (pour parler comme Max Weber), c'est-à-dire aujourd'hui, de petits États. En deuxième lieu, l'Unité par des régimes internationaux tels que les relations commerciales, les règles monétaires, la non-prolifération, les droits de l'Homme permet de nouer des coopérations portées par des organisations ou des réseaux appliquant les principes de « réciprocité diffuse » énoncés par Robert Keohane. Et puis, l'identité ou le sens que l'on donne à l'unité à un moment donné détermine la manière d'envisager l'intérêt national. Cela est valable pour les communautés de sécurité qui construisent socialement leurs identités collectives, et donc l'idée qu'elles se font de leurs intérêts. Mais lorsque les États ne partagent pas une communauté de valeurs, de règles et d'institutions, réfléchir sur l'Unité comme lien de sociabilité politique, économique et idéologique entre les États ne va pas de soi. Elle peut dès lors apparaître comme un *fair-weather concept*, un « concept pour beau temps » qui a du mal à résister aux crises et aux conflits, n'offrant ainsi que des interprétations intéressantes sur les phénomènes d'intégration. Lorsqu'elle n'est que désirable, l'Unité peut alors être la simple projection d'une utopie.

Aussi, penser les 60 ans de l'unité africaine pose-t-il le problème des tentatives pratiques et théoriques de dépasser l'État-nation, après les indépendances. Dans cette optique, l'agencement de ce propos exige de consentir à un double détour par l'espace de pensée de l'unité africaine d'une part, et son champ du politique, d'autre part.

I. L'espace de pensée l'unité africaine

L'on peut circonscrire l'espace de pensée auquel appartient l'unité africaine autour de deux idées : le désir d'effacer les frontières coloniales (A) et la conjuration de l'extraversion du continent africain (B).

A. Le désir d'effacer les frontières coloniales

Depuis le « *scramble for Africa* » et la balkanisation de l'Afrique, la lutte des panafricanistes pour la libération du continent s'est « dénationalisée ». La hantise d'effacer les frontières issues de la colonisation a alors pris deux formes : l'idée fédérale et le cosmopolitisme africain.

S'agissant de l'idée fédérale, promue par Kwame Nkrumah, Sékou Touré et d'autres dans le cadre du groupe de Casablanca, l'attirance pour l'idée fédérale était conçue, selon Julius Nyerere comme le meilleur rempart contre le nationalisme ethniciste au début des indépendances. L'exaltation des États-Unis d'Afrique correspondait alors au désir d'unification d'un corps politique à l'échelle continentale. Si elle activait un fantasme de l'Un, sa réflexion institutionnelle inspirée de la révolution américaine analysée par Hannah Arendt permettait de créer une conception de l'ennemi à l'extérieur,

l'impérialisme sous toutes ses formes, et pas à l'intérieur, conservant ainsi l'idée américaine du « peuple » qui dit à elle seule la diversité, les différences, les multicultures. En restant vivace, cette idée fédérale était censée faire échec à l'exaltation des nations africaines avec leurs enjeux identitaires pour construire une Afrique souveraine et maîtresse de son destin. Le dépassement des États-nations et des crises qui accréditaient leur impuissance et leur échec était alors l'horizon de cette idée fédérale.
Quant au cosmopolitisme africain, il constitue depuis les trois dernières décennies un questionnement autour d'une solidarité nouvelle à même de se constituer sinon en alternative crédible du panafricanisme et des autres africanités, du moins les actualiser. Il a ainsi ouvert un champ de réflexion très fécond sur les formes de citoyenneté qui circulent à partir des mondes africains (l'Afrique elle-même, mais aussi ses diasporas) et sur la manière dont est produite l'Africanité dans différents types de discours. De nombreux auteurs se sont attardés sur les spécificités des dynamiques historiques auxquelles ressortissent les diasporas noires, tout en critiquant la façon ambivalente dont on a inventé un discours sur l'Afrique. D'autres ont analysé les formes actuelles du « cosmopolitisme » en et hors d'Afrique en insistant sur leur dimension culturelle. Ces deux volets de la recherche sur les Afriques dans le monde ont produit deux courants de pensée opposés : d'une part, une pensée de la différence, d'autre part une philosophie de la médiation. Sur le versant de la différence, l'idée structurante est portée par les avatars de la négritude, du nativisme et des nationalismes africains dont le moteur est non seulement la conquête, mais aussi la restitution de l'honneur bafoué des Africains par des siècles d'humiliation. L'autre axe de la médiation, tente de nuancer et de renouveler les philosophies de la différence en critiquant le discours de la « clôture identitaire » qu'elles portent en embrassant d'abord l'idée de l'universalisme au fondement du « signe africain » dans le monde. Ce second courant a notamment travaillé autour des concepts de cosmopolitisme, d'hybridité et de créolité. Enfin, c'est la voie étroite entre ces deux courants que le cosmopolitanisme essaie d'investir[1]. [2]La conjuration de l'extraversion de l'Afrique constitue la seconde idée de l'espace de pensée de l'unité africaine.

B. La conjuration de l'extraversion

Cette idée s'articule autour de deux nœuds : l'africanisation des problèmes du continent et l'auto-colonisation africaine. S'agissant de l'africanisation des problèmes du continent, si le désir d'effacer les frontières coloniales construit le rapport de l'Afrique à elle-même et à ses diasporas, l'extraversion structure

---

[1] Patrick Awondo, 2014, « L'afropolitanisme en débat », *Politique africaine*, vol.4, n°136, pp.106-107.

[2] Nicolas Desgrais et Sonia Le Gouriellec, 2016, « Stratégies d'extraversion : Les défis de la construction de l'Architecture africaine de paix et de sécurité », *Note de recherche stratégique de l'IRSEM*, n°28, pp. 1-10.

son rapport avec l'extérieur. L'enjeu majeur de la démarche d'africanisation des problèmes du continent est alors de « penser la dépendance » du point de vue des acteurs africains vis-à-vis de l'Occident et des puissances émergentes. Elle rend compte d'une responsabilisation progressive des Africains dans l'appropriation de la gestion des conflits et des problématiques de maintien de la paix en Afrique. Objectif premier de l'Architecture africaine de paix et de sécurité (APSA), elle vise à réduire la relation de dépendance de l'Afrique vis-à-vis des acteurs exogènes en matière de gestion des crises. La pleine appropriation par les acteurs africains pose des défis politiques, militaires et financiers. Elle peut s'exprimer à différents échelons et ne se construit pas uniquement au niveau de l'Union africaine. Ainsi, le modèle de la défense collective sur le continent africain oscille entre la concentration du pilotage des Opérations de maintien de la paix (OMP) au niveau du Conseil de paix et de sécurité de l'Union africaine, le retour des impérialismes à travers la Capacité africaine de réponse immédiate aux crises (CARIC) et la régionalisation de la gestion des conflits autour des Communautés économiques régionales (CER) ou d'organisations *ad hoc*, chaque acteur étatique essayant de promouvoir le système qui lui procure le plus de contrôle sur la gestion des conflits qui le concernent.
Si l'africanisation de la gestion des conflits est une conjuration de l'extraversion par les institutions régionales et sous-régionales bénéficiant d'ailleurs encore de soutiens d'acteurs étatiques extra-africains, Ali Mazrui a conçu une forme plus radicale de conjuration de l'extraversion du continent. Il s'agit de l'auto-colonisation africaine consistant en une prise en charge des États effondrés et faillis du continent par les pôles de puissance régionaux du continent tels l'Afrique du Sud, le Nigéria, l'Éthiopie, l'Angola dans le même objectif de contenir le désordre et de construire l'ordre sur le continent par le continent lui-même[1].
Mais l'Unité africaine n'est pas seulement ce qu'elle dit, c'est-à-dire ses propositions, ses thèses ou ses thèmes. Elle s'est aussi transformée en un champ du politique devenant l'effectuation même de son dire même si elle peut être de biais.

II. L'unité africaine, un champ africain du politique

L'Unité africaine comme champ du politique se structure autour de la mise en œuvre de la construction africaine, d'une part (A), et la question de l'identité collective africaine, d'autre part (B).

A. La mise en œuvre de la construction africaine

Depuis 1960, la mise en œuvre de la construction africaine s'articule autour de la formation d'une société internationale africaine d'un côté, et d'un processus d'intégration économique régionale, de l'autre.

---

[1] Ali Mazrui, 1980, *The African condition: A political diagnosis*, Cambridge, Cambridge University Press.

Concernant la formation d'une société internationale africaine, elle figure une maturation de l'anarchie africaine induisant une pacification des relations internationales, qui se traduit par la réduction du nombre des conflits interétatiques. Bien que le désordre traverse encore la vie internationale en Afrique, celle-ci est volontairement organisée par l'OUA et l'UA depuis 1963 à travers la production de règles communes mises en place par des instruments normatifs régionaux tels que la Charte africaine des droits de l'Homme et des peuples, la Charte africaine de la démocratie, des élections et de la gouvernance, mais aussi la coordination et l'harmonisation des procédures et des politiques nationales à l'instar du Mécanisme africain d'évaluation par les pairs. Ces instruments produisent des valeurs communes permettant l'instauration d'un lien « social » entre les États africains constitutif d'un ordre régional établi par l'adoption de règles de conduite acceptées par les États.

Quant à l'intégration économique régionale, l'Afrique a mis en œuvre des programmes d'intégration à partir des années 1960. De nombreux groupements d'intégration ont ainsi vu le jour avant de disparaître. Cependant, de nouveaux groupements ont été créés depuis lors, démontrant ainsi que les pays africains continuent de croire aux vertus et à l'importance de la coopération et de l'intégration économiques. D'ailleurs, pour lutter contre la pléthore des Communautés économiques régionales (CER), l'Union Africaine a élaboré le Programme minimum intégré (PMI) et décidé en 2006 un moratoire pour la reconnaissance de nouvelles institutions régionales. Deux modalités impriment cette intégration économique africaine. D'abord l'intégration par les échanges ; reposant sur les principes de la protection vis-à-vis de l'extérieur, et, au sein de l'espace protégé, sur les principes de la concurrence par la libre circulation des produits et des facteurs de production, elle est incarnée par des zones de libre-échange telles que le COMESA, la CEDEAO, la SADC, la nouvelle Zone de libre-échange continentale africaine (ZLECAF), et une union douanière comme l'UEMOA ; et puis, l'intégration par les projets fédérateurs. Cette autre voie est celle des projets d'investissement intégrateurs. L'idée de base étant qu'en présence d'inégalités structurelles, les relations de marché ne puissent pas jouer un rôle régulateur, mais amplificateur des asymétries spatiales et des inégalités économiques. Il appartient alors aux États, par une politique interventionniste de favoriser la création de pôles régionaux industriels et énergétiques, d'infrastructures de transport et de télécommunications, et de provoquer la substitution aux importations[1].

Enfin, l'effectuation du dire de l'unité africaine pose la question de la production de l'identité collective africaine.

---

[1] Pierre Jacquemot, 2013, *Économie politique de l'Afrique contemporaine*, Paris, Armand Colin, p. 265-270.

B. La production de l'identité collective africaine

La question de la production de l'identité collective africaine se réfère d'une part à l'absence d'un imaginaire africain et d'autre part à la structuration de nouvelles communautés imaginaires par la globalisation culturelle.

L'absence d'un imaginaire africain rend compte d'une identité africaine non structurée et concurrencée par les régionalismes et les nationalismes récurrents. Dans cette optique, bien qu'elle soit une organisation africaine commune, l'Union Africaine, à travers son parlement ne parvient pas encore à imposer les références identitaires des Cheikh Anta Diop, Wole Soyinka et autres Léopold Sédar Senghor. Sans véritablement célébrer la mémoire de l'esclavage et avec une journée de l'Afrique (le 25 mai) qui n'a pas l'ampleur des fêtes nationales, l'Union Africaine parle mal à l'imaginaire africain. En outre, si l'unité africaine a des pionniers et des défenseurs acharnés, des figures comme Nkrumah, Kadhafi, Sékou Touré apparaissent aussi comme des héros ambigus en raison de leur pratique du pouvoir. L'étatisation des mentalités, même au niveau des peuples-frontières, pose la question de l'appropriation de l'histoire de l'autre pour construire un sentiment commun d'appartenance utilisable.

Enfin, sans produire une identité africaine, les organisations africaines exposent les Africains à la structuration de leur identité par les communautés imaginaires de la globalisation culturelle dont l'espace est devenu le monde grâce à la télévision, au cinéma, à Internet. Cette globalisation engendre des possibilités d'appropriation des signes ou des éléments culturels empruntés aux dominants d'autres sociétés. Bien que ces processus soient des sources de réagencement de la culture favorables à la créativité, ils exposent aussi à l'aliénation en modifiant les attentes et les espoirs par l'horizon obsédant d'un ailleurs extra-africain qui peut provoquer des frustrations, voire des déchirements.

En somme, s'il est difficile d'apprécier l'intensité des orientations unitaires de l'Afrique depuis 1960, la désirabilité continue de cet idéal collectif impose de construire les valeurs partagées par les États, les peuples et les citoyens africains. Mais cette capacité intégratrice des valeurs appelle souvent deux réserves. D'abord, les valeurs divisent autant qu'elles unissent. Et puis, comme l'a très bien dit Pareto, à côté des croyances et des passions communes, il faut faire place aux intérêts[1], un concept auquel les États sont plus souvent poreux.

---

[1] Vilfredo Pareto, 1917, *Traité de sociologie générale*, Lausanne/Paris, Payot.

PARTIE I : PANAFRICANISME ET UNITÉ AFRICAINE

Chapitre 1 :

Aux sources du panafricanisme : contribution des Noirs d'Afrique et de la diaspora à l'émergence de l'idée d'une Afrique unie (1900-1963)

Fankem[1]

Introduction :

L'Histoire de l'Afrique est assez singulière. Considérée pourtant comme berceau de l'humanité, le continent a subi, au cours de son existence, une forte influence extérieure, notamment à travers la traite négrière et la colonisation. Cette mainmise extérieure sur le cours de son histoire a été non seulement à l'origine de la transplantation de ses fils, mais aussi, a accentué ses divisions profondes et remarquablement durables. L'oppression coloniale va accentuer le mal-être des Africains parce que faits étrangers sur leurs propres terroirs, déniés des droits reconnus au genre humain. Hors d'Afrique aussi, se pose le problème de l'intégration des communautés noires africaines au sein des peuples avec lesquels ils vont cohabiter. Même les droits civiques ne vont leur être accordés qu'au terme des luttes âpres. C'est dire si les Africains du Continent et ceux de la diaspora était face à un destin peu rassurant, peu reluisant. Cet état de fait va conduire les Africains du continent à tracer les voies de leur libération. Mais, même hors d'Afrique, les fils du continent vendus comme esclaves dans les opérations de traite transatlantique continuent à cristalliser une conscience sur leurs origines et surtout à développer le souci de voir l'Afrique unie. L'esclavage, la colonisation, le racisme serviront de carburant aux Africains de tous les espaces géographiques pour la recherche de leur solidarité et de leur unité. Sur le continent, avec l'évolution de l'histoire, surtout à la période de la décolonisation, beaucoup d'Africains prennent aussi conscience que l'ère des destins singuliers est révolue et militent en faveur d'une unité africaine. Les aires géographiques des acteurs seront différentes, mais avec une préoccupation partagée.

La présente contribution s'insère dans la réflexion relative aux pionniers et grandes figures de l'unité africaine et soulève la problématique suivante : quelle est la contribution des Africains de l'intérieur et de ceux de la diaspora à l'émergence de l'unité africaine ? A cette problématique, nous postulons l'hypothèse selon laquelle, c'est la conjugaison des acteurs internes et externes

[1] Dr Fankem est enseignant à l'*École Supérieure de commerce et de gestion des entreprises* (Sup-de Co. Université de Yaoundé II).

au continent qui a véritablement fait prendre corps l'idée de l'unité africaine. L'intégration semble le cadre théorique idoine pour l'exploration de cette hypothèse. L'intégration est, en effet, le processus débouchant sur le partage de valeurs communes, de buts communs, entre des individus en interaction au sein d'une société ou entre entités (politiques) initialement distinctes. Pour emprunter au langage durkheimien, cette intégration suppose une solidarité organique entre les États africains. Pour y parvenir, nous utiliserons la méthode historique. Celle-ci permettra de mettre en lumière les pionniers et les grandes figures de l'Unité africaine, tant en Afrique que dans les Caraïbes où, du fait de la traite négrière se trouvent bon nombre d'Africains.

I. Les sources du panafricanisme

La complexité de la diversité humaine et spatiale de l'Afrique et des Africains impose un travail conceptuel préliminaire à cette étude. Cette complexité nécessite également que l'on mette en exergue l'objectif poursuivi par le panafricanisme. La définition de cet objectif n'a toujours pas été une évidence chez ses pères fondateurs pour qui le panafricanisme devait être un instrument pour la détermination de la personnalité africaine, un instrument de l'affirmation de la race noire dont les droits étaient piétinés un peu partout dans le monde, ou encore un instrument de lutte pour la solidarité, l'unité et l'intégration de l'Afrique.

A. Le panafricanisme, un concept complexe

Si l'on se réfère à des réalités[1] qui ont existé dans d'autres espaces géographiques en d'autres temps, on peut aisément percevoir ce qu'il faut comprendre par panafricanisme. Le panafricanisme pourrait donc se comprendre comme étant le mouvement promouvant la solidarité entre Africains. Pourtant, à la réalité, les choses ne paraissent pas aussi simples que cela. Amzat Boukari-Yabara qualifie d'ailleurs ce mouvement d'« *énigme historique*[2] ». En réalité, le panafricanisme est difficile à circonscrire car la question que l'on pourrait en toute évidence se poser serait de savoir : de quelle Afrique s'agit-il ? Faut-il considérer le panafricanisme en s'appuyant sur l'espace géographique qui forme ce continent ? Une définition s'appuyant uniquement sur l'espace géographique exclurait une bonne frange d'Africains, notamment ceux qui se trouvent hors du continent et vice-versa. Or les Africains tant de l'intérieur que ceux hors du continent ont joué un rôle important dans la naissance du panafricanisme et dans l'émergence de l'idée de l'unité africaine. Le mouvement panafricain n'aurait probablement pas pris l'ampleur qu'il a eue, si les idées d'un rassemblement et d'une solidarité africaine émis par les Africains de la diaspora n'avaient pas été soutenues par ceux de l'intérieur et vice-versa. C'est dire la complémentarité nécessaire des

[1] On a connu le pangermanisme en Europe et le panaméricanisme en Amérique.
[2] Amzat Boukari-Yabara, *Africa Unité ! Une histoire du panafricanisme* Paris, La Découverte, 2014, p.5.

Africains du continent et ceux de la diaspora, qu'ils soient en Europe, en Amérique ou dans les Caraïbes.

En considérant l'Afrique comme le continent noir, c'est-à-dire peuplé des gens de la race noire, le panafricanisme aurait du mal à rassembler tous les Africains. En effet, les vicissitudes de l'histoire ont installé d'autres races non noires dans le continent, notamment dans sa partie septentrionale et dans sa partie méridionale[1]. On ne saurait exclure ces races de l'Afrique, car c'est aussi leur continent. C'est d'ailleurs dans cette optique que le panafricanisme qui au départ a failli virer au pan-négrisme a vite fait de corriger sa trajectoire car, le pan-négrisme « est un sentiment d'unité raciale de tous les Noirs, sentiment qui est né d'une nécessité de s'unir contre le racisme anti-Noir, paradoxalement ou logiquement en se constituant comme race[2] ». Le panafricanisme est une unité à la fois raciale et un mouvement d'action pour personnes se sentant d'une origine commune : l'Afrique. Même si les négro-africains ont jeté toutes leurs forces dans cette bataille, l'ambition affichée n'était pas uniquement pour la cause des Noirs, mais de réaliser l'indépendance et l'unité de l'Afrique, de toute l'Afrique.

Après avoir évacué ces considérations qui auraient pu porter une entorse sérieuse à la définition du panafricanisme, on peut essayer maintenant de mieux l'appréhender. Nous faisons alors nôtre cette définition primaire du panafricanisme comme étant : « un concept-programme qui a donné un grand mouvement d'action qui regroupe diverses tendances. Ces différentes tendances ont un point commun général : l'unité des afro-descendants et des africains en référence constante à l'Afrique comme lieu d'origine voire de salvation »[3].

B. Des conceptions variées du panafricanisme avec un objectif commun

À ses balbutiements, le panafricanisme a pris des trajectoires multiples, notamment au sein de la diaspora noire. C'est dans cette optique que Dabiré[4] se demande si on peut on peut considérer le panafricanisme « comme un guide pratique, une idéologie ou une théorie ». Il a pris les couleurs d'un projet géopolitique au sein des communautés noires de la diaspora, notamment de l'Amérique en proie à la lutte pour la reconnaissance de leurs droits. C'est ainsi qu'il a fortement animé le mouvement « *Back to Africa* ». Cette orientation géopolitique sera au centre du Congrès panafricain de Manchester de 1945. Selon les résolutions de ce congrès, le panafricanisme en tant que mouvement de libération militait pour que les fils de l'Afrique qui se trouvent

[1] On désigne abusivement ces deux parties de l'Afrique Afrique blanche.

[2] Kader Stéphane Dabiré, Le panafricanisme : analyse de l'histoire d'un mouvement fédéraliste, Mémoire de Maîtrise en Science Politique, Université du Québec à Montréal, avril 2017, p. 7.

[3] Kader Stéphane Dabiré, *Le panafricanisme : analyse de l'histoire d'un mouvement fédéraliste,* Mémoire de Maîtrise en Science Politique, Université du Québec à Montréal, avril 2017, p. 8.

[4] Dabiré, *op. cit.* p. 24.

outre-mer fassent jonction avec ceux de l'intérieur pour lutter contre le joug colonial. La présence massive d'Africains d'Afrique aux côtés de ceux de la diaspora a certainement joué sur les orientations des travaux de ce congrès. Mais ce n'était que la confirmation d'une tendance lourde qui se dessinait déjà depuis 1935, avec l'invasion de l'Éthiopie par l'Italie. L'occasion était toute donnée pour les Africains de la diaspora noire, notamment américaine, d'exprimer leur ferme volonté de rentrer en Afrique pour combattre les Italiens. Le panafricanisme n'a fait que canaliser cette tendance de la diaspora. Le mépris du Noir depuis qu'il a été en esclavage, puis colonisé/dominé est une réalité anthropologique qu'il est difficile de nier. Aussi s'impose-t-il pour lui la nécessité de recouvrer sa dignité et sa personnalité bafouées par des siècles de réification. C'est de manière quasi naturelle que le panafricanisme, au moins à ses débuts, intègre une dimension « personnalité africaine » dans ses combats. C'est Edward Wilmot Blyden, né des descendants d'esclaves originaires du Togo à Saint-Thomas, l'une des Antilles danoises et ayant vécu aux Etats-Unis avant d'aller s'installer au Libéria qui aurait utilisé pour la première fois[1] en 1902 cette expression d'*African personality*. En inaugurant au Nigeria une église protestante indépendante, Blyden évoqua alors l'« l'Afrique en lutte pour sa personnalité propre ». Mais, même bien avant cela, en 1881, il déclarait déjà que « la promotion des Africains doit être réalisée par des méthodes qui leur soient propres… Nous devons montrer que nous sommes capables d'avancer seuls, de nous frayer notre propre chemin[2] ». Témoin et contemporain des affres de la barbarie coloniale, Blyden avait toujours dénoncé l'agression des valeurs africaines par les nouveaux occupants d'Afrique : « *chaque race a son génie et le génie d'une race trouve une expression dans ses institutions, tuer le génie, c'est commettre un crime terrible*[3] ». C'est ce génie de la race noire que va exalter le courant de pensée de la négritude, tant sur le continent africain que dans les Antilles.

L'un des grands promoteurs du mouvement pan-négriste et pour qui le panafricanisme devrait se confondre au pan-négrisme est William Edward Burghardt Du Bois, noir américain, qui a déclaré au cours du congrès de 1897 à Londres que « Si le Noir devait un jour jouer un rôle dans l'histoire du monde, ce serait grâce à un mouvement pan-nègre ». Cette idée a fait son chemin, avec des idées qui ne furent toujours pas concrétisées par la mise sur pied des institutions correspondantes assez marquées. Il a été par exemple imaginé la création d'une *Association Universelle pour la Promotion des Noirs*, avec pour mot d'ordre « retour à l'Afrique ». Marcus Garvey qui

[1] Elikia M'bokolo, *L'Afrique au XXème siècle, le continent convoité*, Paris, Éditions du Seuil, 1985, p. 348. Jusque-là, on attribuait la paternité de l'expression aux poètes Aimé Césaire et Léopold Sédar Senghor.

[2] Blyden, cité par Joseph Ki-Zerbo, *Histoire générale de l'Afrique, d'hier à demain*, Paris, Hatier, 1978, p. 644.

[3] Blyden, cité par Elikia M'bokolo, *op.cit.*, p.349.

popularise l'idée d'un mouvement pan-nègre imagine la mise sur pied d'un parlement noir, la création d'une Ligue maritime de l'étoile Noire. Enfin, il se fait la représentation d'un paradis où les anges seraient noirs et les démons blancs[1].

Les mouvements « *Back to Africa* », pan-négrisme ou l'idée d'une personnalité africaine ont tous concouru à la concrétisation du panafricanisme et l'émergence de l'idée d'une unité africaine. Cette idée peut se constater aisément dans le champ lexical des discours de leurs promoteurs. « Rassembler l'Afrique », « s'unir », « parler d'une seule voix », « solidarité », « bloc uni », « unité de l'Afrique », « indépendance de l'Afrique », etc., tels sont les mots et expressions qui jonchent les discours fondateurs de ces mouvements dont nous allons examiner les figures marquantes en Afrique et dans la diaspora.

II. Les figures du panafricanisme et l'émergence de l'unité africaine

Des mouvements pour la libération et la solidarité des noirs se sont développés tant sur le continent qu'au sein des communautés africaines surtout noires de la diaspora. « L'idée d'unité de l'Afrique a fait le tour de l'atlantique. Jaillie comme un mythe racial des entrailles de ceux qui étaient les plus aliénés, en Afrique et surtout chez les descendants des ... », affirme Ki-Zerbo[2]. Cette idée, germée depuis la fin du 19ème siècle-début 20ème siècle, a été portée par des Africains et des afro-descendants d'Afrique, d'Europe, des Caraïbes et de l'Amérique. Entre 1900 et 1935 culminent des mouvements panafricanistes, notamment en diaspora. C'est entre 1935 et 1960 que le panafricanisme s'enracine en Afrique et se confond parfois avec la lutte pour la libération contre le colonialisme. Il importe d'examiner les grandes figures du panafricanisme qui soutiennent cette unité de l'Afrique. Cette étude ne sera pas chronologique mais s'intéressera plutôt à l'apport de chacune des figures à la construction du panafricanisme et l'émergence de l'idée de l'unité de l'Afrique.

A. Les grandes figures du panafricanisme de la diaspora

Nombreux sont les Africains qui ont porté le mouvement panafricain et ont entretenu l'idée d'une unité africaine. Nous ne nous contenterons ici que des grandes figures, notamment pionnières, de ces moments importants de l'Histoire de l'Afrique.

Elikia M'bokolo[3], attribue la paternité des mots « panafricain », « panafricanisme » à William Edward Burghardt Du Bois. Il les aurait prononcés lors d'une conférence réunie à Londres en 1900 par Williams Sylvester, un avocat de Trinidad. C'était la première conférence panafricaine

---

[1] Pour plus de détails, lire Ki-Zerbo, *op.cit.*, p. 645.

[2] Joseph Ki-Zerbo, *Histoire générale de l'Afrique, d'hier à demain*, Paris, Hatier, 1978, p.644.

[3] Elikia M'bokolo, *L'Afrique au XXème siècle, le continent convoité*, Paris, Éditions du Seuil, 1985, P. 352.

dont l'objectif était de susciter un élan de solidarité en faveur des Noirs colonisés[1]. Cette nouvelle expression était le résultat du fruit de ses pensées, car trois années auparavant, il forgé plutôt l'expression pan-négroïsme, qu'il jugera désormais moins commode. Au cours des années 1920, ce mouvement va être amplifié aux Etats-Unis par le Jamaïcain Marcus Garvey, puis en Europe et particulièrement en France et en Grande Bretagne par des étudiants africains de plus en plus nombreux[2]. Mais cet engouement autour du panafricanisme va connaître un fléchissement après le congrès panafricain de New-York en 1927.

L'agression de l'Éthiopie par l'Italie durant la deuxième Guerre mondiale entre 1935 et 1941 va être un évènement déclencheur d'un regain de vitalité du mouvement panafricain. La doctrine du panafricanisme va s'approfondir et ses activités vont s'élargir avec la tenue du Congrès panafricain de Manchester en 1945[3]. La diaspora devient de plus en plus active pour le triomphe du panafricanisme. En Angleterre, C. L. R. James et d'autres fondèrent, en 1936, *l'International African Friends of Ethiopia* (IAFE). Cette association, par ses conférences, ses pétitions et ses manifestations, gagna le soutien de l'opinion à la cause de l'Éthiopie. Une des grandes figures de ce mouvement panafricain en Grande-Bretagne fut le Guyanais George Thomas Nathaniel Griffith, plus connu sous le nom de Ras Makonnen. Il ouvrit à Manchester plusieurs restaurants et clubs qui servaient la cause des travailleurs et des Noirs. Il possédait des établissements comme *l'Ethiopian Teashop*, le *Cosmopolitan*, le *Forum Club*, *la Belle Étoile*, où les clients noirs, parfois de futurs dirigeants africains venaient discuter des problèmes du moment, et où des étudiants noirs pouvaient travailler pour payer leurs études. Aux États-Unis, sous la direction de William Leo Hansberry, des Noirs venus d'Afrique ou issus de la diaspora fondèrent en 1934 *l'Ethiopian Research Council (ERC*), afin de faire connaître la situation en Éthiopie et de contribuer à la formation d'un réseau international des Noirs susceptible de faire avancer la cause de l'Afrique. Les fondateurs de l'ERC — William Leo Hansberry, Ralph Bunche et William Steen, citoyens des États-Unis savaient que l'Éthiopie exerçait un attrait considérable sur les populations africaines et que la conscience de l'héritage éthiopien avait inspiré une idéologie de la délivrance qui constituait une affirmation puissante et récurrente de l'identité et de la solidarité africaines sur le continent et dans la diaspora.

Quand les Italiens envahirent l'Éthiopie, de nombreux Afro-Américains voulurent rejoindre l'armée éthiopienne, mais le gouvernement des États-Unis

---

[1] Ki-Zerbo, *op. cit.* p. 645.

[2] Entre 1935 et 1960, pour échapper à l'oppression économique et politique imposée par la colonisation, beaucoup d'Africains se sont émigrés en Europe. C'est dire si la diaspora africaine en Europe et même aux Etats-Unis (étudiants) n'avait cessé de gonfler.

[3] Pour les détails, lire Joseph E. Harris avec la collaboration de Slimane Zeghidour *in* Mazrui Ali A., C. Wondji (sous la dir.), *Histoire générale de l'Afrique* Vol. VIII (*L'Afrique depuis 1935)*, Paris, Éditions UNESCO,1988, p. 720.

se déclara neutre et interdit aux ressortissants américains de prendre part à la guerre. Malgré cela, deux pilotes afro-américains, Hubert Julian et John Robinson, encouragés par l'ERC, allèrent se battre en Éthiopie. Parmi les organisations pro-éthiopiennes créées aux États-Unis, il faut citer les *Friends of Ethiopia (FOE)*, fondée par un enseignant afro-américain, Willis Huggins, qui était allé en Europe et avait obtenu l'aval des ambassadeurs de l'Éthiopie à Londres et à Paris. En moins d'un an, la FOE ouvrit des bureaux dans 106 villes réparties dans 19 États de l'Union. Elle organisa des collectes de fonds conjointement avec les *International African Friends* de Londres. Cette solidarité s'exprima aussi avec une force particulière chez les rastafariens, qui avaient déifié l'empereur *Haïlé Sélassié* et tiraient leur nom de son ancien titre, rastafari.
Un certain nombre de grands rassemblements permirent de recueillir des fonds, mais le principal résultat du séjour de Bayen aux États- Unis fut la fondation de *l'Ethiopian World Federation (EWF),* en 1937. Bayen, qui déclara publiquement : « Nous allons créer les États-Unis d'Afrique », pensait que l'EWF insufflerait aux Noirs du monde entier la fierté de leur race. En 1940, il fit l'éloge de Marcus Garvey en rappelant que son *Universal Negro Improvement Association* avait ouvert la voie à l'EWF. Comme Garvey, Bayen fonda une publication officielle, *The Voice of Ethiopia,* « journal de la vaste communauté universelle des Noirs et des amis de l'Éthiopie partout dans le monde ». Ce journal joua un rôle primordial dans la redéfinition de l'africanité, notamment en s'opposant à l'emploi du mot anglais Negro, considéré comme une insulte et un moyen de diviser les Noirs. « Nous ne sommes plus des Noirs antillais ou américains, mais de véritables Éthiopiens. » « Noirs d'Amérique, l'Éthiopie vous appartient. » Le mot « noir » (black) acquit une grande popularité : « Noirs, unissons-nous », tel est le slogan que répandait ce journal. Une chronique de *The Voice of Ethiopia* intitulée « Nouvelles de la communauté noire » donne un aperçu de l'influence exercée par ce journal et par l'EWF. On y relève des informations et des lettres provenant, notamment, d'Égypte, d'Éthiopie, du Soudan, du Panama, de la Jamaïque, du Honduras, du Venezuela et du Nigéria. Les articles de *The Voice of Ethiopia* étaient repris par *The Comet* (Nigéria), le *Boston Chronicle* (États-Unis), le *Panama Tribune* (Panama), l'*Union Messenger* (Saint-Christophe) et *The People* (Trinité). Des dons en argent destinés à aider l'Éthiopie furent envoyés de la Guyane britannique, de Bocas del Toro et de Gamboa (Panama), de l'île San Andrés (Colombie), de Westmorland (Jamaïque), de Maracaibo et de Longunillas (Venezuela).
L'invasion de l'Éthiopie par les Italiens suscita aussi la création, en 1937, de *l'International Committee on Africa*, qui devint en 1941 le *Council on African Affairs*. Son fondateur, l'Afro-Américain Max Yergan, avait rempli pendant vingt ans les fonctions de secrétaire de la *Young Men's Christian Association* (YMCA) en Afrique orientale et australe. Yergan, qui s'efforçait donc depuis

longtemps d'« *aider l'Afrique* », persuada un certain nombre de Noirs (et de Blancs progressistes) de fonder avec lui ce Conseil des affaires africaines.
Sur le plan cultuel, en 1947, un Sénégalais vivant à Paris, Alioune Diop, fonda *Présence africaine*, revue consacrée à la culture africaine et destinée à un large public. Diop fut à l'origine de la réunion, en 1957, d'une *conférence mondiale des écrivains noirs* qui donna naissance à la Société africaine de culture (SAC). Dans les années 60, Malcolm X, qui portait chez les *Black Muslims* [Musulmans noirs] le titre de « Ministre de la nation d'Islam », était une figure extrêmement populaire auprès des Afro-Américains et notamment des jeunes. Il exhortait les Noirs à étudier l'histoire de leurs ancêtres et à prendre leur avenir en main[1].

B. Les grandes figures du panafricanisme dans le continent africain

Dans les années 40, Kwame Nkrumah et George Padmore, à Londres, et le Sénégalais Alioune Diop ont redonné une certaine vigueur au panafricanisme. Dès 1942, Nkrumah soutenait que toutes les colonies d'Afrique de l'Ouest « devaient d'abord s'unir et former une entité nationale, totalement libre du joug étranger, avant de pouvoir mettre sur pied une coopération internationale à grande échelle ». C'est en 1947 que vit le jour *Présence africaine*, mouvement culturel qui reprenait les grandes idées des apôtres du panafricanisme et du premier Congrès panafricain. Les intellectuels noirs et européens rassemblés autour d'Alioune Diop furent à l'origine d'ouvrages fondamentaux, tels *Nations nègres et cultures* de Cheikh Anta Diop. Parallèlement, Cheikh Anta Diop a effectué un travail scientifique et moins militant, donc qui transcende le temps. Il a toujours milité en faveur de l'unité de l'Afrique. Il a mis en exergue, des éléments objectifs qui, sur les plans historique, linguistique, économique et stratégique pourraient concourir à la réalisation de l'unité du monde noir et africain[2].
Dans la dynamique de l'intégration africaine, c'est Nkrumah assurément qui montrait la voie. Sa première initiative fut de constituer l'union Ghana-Guinée (1958) et l'union Ghana-Guinée-Mali, première étape vers l'« Union des États africains ». La deuxième fut d'organiser la Conférence des États africains indépendants qui se tint à Accra en avril 1958, un an à peine après l'indépendance du Ghana. Y participèrent tous les États d'Afrique alors indépendants, à savoir l'Égypte, l'Éthiopie, le Ghana, le Libéria, la Libye, le Maroc, le Soudan et la Tunisie. Elle fut suivie par la Conférence des peuples

---

[1] L'essentiel des informations publiées dans cette partie est tiré de : *Histoire générale de l'Afrique VOL VIII L'Afrique depuis 1935*, Paris, Éditions UNESCO,1988. On peut certains passages comme compléments.

[2] L'essentiel de sa pensée sur ce sujet est contenu dans son ouvrage : *Les fondements économiques et culturels d'un État fédéral d'Afrique Noire* Paris, Présence Africaine, 1974. Le fait que la borne supérieure de notre étude se situe en 1963, Cet ouvrage n'exclut pas son auteur des Africains qui ont œuvré pour l'unité africaine car il a été militants des causes panafricanistes au sein des mouvements estudiantins, notamment comme Secrétaire général des étudiants du Rassemblement démocratique africain (RDA), puis homme politique.

africains, tenue elle aussi à Accra en 1958 ; la deuxième Conférence des États africains indépendants de Monrovia en août 1959 et la troisième conférence d'Addis-Abeba en 1960. Toutes ces conférences prônaient, entre autres, la constitution d'un vaste marché commun à l'échelle du continent. La première conférence de 1958, par exemple, appela à l'élimination des barrières douanières et autres entraves au commerce entre États africains, ainsi qu'à la conclusion d'accords de paiement multilatéraux afin de développer les échanges économiques et d'aboutir à la création d'un marché commun. C'est pour renforcer cet aspect économique que fut créée en 1958 la Commission économique pour l'Afrique de l'ONU (CEA). Toutes ces conférences recommandaient aussi fermement l'intégration politique ou l'unité politique de l'Afrique.
Certains Africains ont également participé à des actions menées par les panafricanistes de la diaspora. On peut à ce titre mentionner que le groupe formé autour de Ras Makonnen fut rejoint par le Sud-Africain Peter Abrahams, le Sierra-Léonien Wallace-Johnson et C. L. R. James, puis par Kwame Nkrumah. Ces militants fondèrent en 1944 la Fédération panafricaine qui organisa le mémorable cinquième Congrès panafricain, réuni à Manchester en 1945. L'Ougandais Hosea Nyabongo et l'Éthiopien Malaku Bayen ont également contribué à faire avancer la cause africaine, en participant à *l'Ethiopian Research Council (ERC*) créé aux Etats-Unis et présidé par William Leo Hansberry.

Conclusion :

Les frustrations vécues par les Africains du continent et ceux de la diaspora ont parlé à leur conscience. Se libérer du joug colonial, garder une personnalité africaine propre, recouvrer ses droits et sa dignité de la personne humaine, s'imposer comme partenaire et interlocuteur valable sur le plan international, tel est l'immense chantier qui s'ouvrait aux Africains depuis que le contient est dominé dans ses relations avec les autres peuples du monde, notamment d'Europe et d'Amérique. Cette tâche exigeait de la méthode. Les Africains de tous bords ont compris que la réalisation d'un tel projet ne pouvait mieux réussir que s'ils faisaient bloc, indépendamment des positions géographiques où ils pouvaient se trouver. C'est ainsi que va naître le panafricanisme, processus par lequel l'Afrique pouvait conquérir son unité et mieux s'affirmer dans la bataille pour son indépendance et sa dignité. L'ultime but atteint sur ce chemin fut l'organisation du sommet panafricain d'Addis Abeba en 1963 qui déboucha sur la création de l'Organisation de l'Unité Africaine (OUA). C'est la consécration d'une lutte acharnée dont le premier jalon fut posé en 1897 lorsque Williams Sylvester fonda l'Association africaine de Londres. Depuis lors des stratégies furent pensées, des rencontres organisées, des fonds collectés, des ouvrages et des journaux écrits, tous allant dans le sens de l'intégration et de l'unité de l'Afrique. Si les Africains de la diaspora ont une position privilégiée dans cette lutte, on ne saurait négliger l'apport des Africains restés sur le continent. Certes, la création de l'OUA ne marque pas la consécration de l'unité de l'Afrique, mais elle est un marqueur de cette lutte dans laquelle les Africains de tous bords géographiques ont jeté leur force. Si cette étude se consacre surtout aux pionniers de cette lutte, cela ne signifie pas que la bataille est terminée ou que l'objectif a été atteint.

Références bibliographiques :

- Adandé Alexis B. A. (dir.), *Intégration régionale, démocratie et panafricanisme. Paradigmes anciens, nouveaux défis,* Dakar, CODESRIA, 2007.
- Amzat Boukari-Yabara, *Africa Unité ! Une histoire du panafricanisme* Paris, La Découverte, 2014.
- Anta Diop Cheikh, *Les fondements économiques et culturels d'un État fédéral d'Afrique Noire,* Paris, Présence Africaine, 1974.
- Dabiré Kader Stéphane, *Le panafricanisme : analyse de l'histoire d'un mouvement fédéraliste,* Mémoire de Maîtrise en Science Politique, Université du Québec à Montréal, avril 2017.
- Ki-Zerbo Joseph, *Histoire générale de l'Afrique, d'hier à demain*, Paris, Hatier, 1978.
- Mazrui Ali A., C. Wondji (dir.), *Histoire générale de l'Afrique VOL VIII L'Afrique depuis 1935*, Éditions UNESCO,1988.
- Mbokolo Elikia, *L'Afrique au XXème siècle, le continent convoité*, Paris, Éditions du Seuil, 1985.
- Nkrumah Kwame, *L'Afrique doit s'unir*, Paris, Présence Africaine, 1963.
- Sadivain Patrick (dir.), *Dictionnaire des inégalités et de la justice sociale*, Paris, PUF.
- Veyne Paul, *Comment on écrit l'histoire*, Paris, Éditions du Seuil (Version numérique).

Chapitre 2 :

Le président Ahmadou Ahidjo du Cameroun et la question de l'unité africaine 1960-1982

Joseph Magloire Deuga Chieudjui[1]

Introduction :
Le 1er janvier 1960, le Cameroun accède à l'indépendance avec pour premier président Ahmadou Ahidjo. Cet ancien territoire sous tutelle de l'ONU dont la gestion a été confiée à la France et à la Grande-Bretagne devient ainsi un État souverain, mais faisant face à plusieurs défis. Notamment la question de l'UPC et de ses leaders qui considèrent comme illégitime le pouvoir d'Ahidjo, le considérant comme un usurpateur. Ce problème fragilise donc l'unité nationale, mais n'empêche pas Ahidjo de se prévaloir comme un fervent défenseur de l'unité africaine. Déjà dans ses discours, il réitère son attachement à la construction de l'unité africaine. D'ailleurs, il militera activement au sein du groupe de Monrovia. Ses idées fédératrices et unionistes vont concourir également à la mise sur pied de l'OUA en 1963. Ahidjo est ainsi considéré comme l'un des pères fondateurs de cette organisation qui a porté le destin de toute l'Afrique. Il va soutenir avec énergie et détermination l'élection des Camerounais au poste de Secrétaire Général de l'organisation, il s'agit de Nzo Ekangaki et surtout de William Aurélien Etéki Mboumoua. Dans le cadre de cette contribution, nous parlerons d'une part d'Ahmadou Ahidjo et ses idées unionistes, et d'autre part nous présenterons le rôle premier du président Ahidjo dans la promotion des Camerounais au sein des organes de l'OUA, une réelle volonté unioniste.

I. Ahmadou Ahidjo : l'homme et ses idées unionistes

A. Qui est Ahmadou Ahidjo ?

Ahmadou Ahidjo est né le 24 août 1924 dans la ville de Garoua d'une famille peuhle. Il est donc élevé par sa maman dans la religion musulmane. Sa vie d'enfance est jonchée des joies et des peines[2]. D'ailleurs, la première chance d'Ahidjo est d'avoir eu un père nourricier imprégné d'idées modernes. De manière générale, l'opinion est hostile à l'école, qui prive la famille d'une

[1] Université de Maroua, Cameroun. dechijoma@yahoo.fr.

[2] Philippe Gaillard, *Ahmadou Ahidjo. Patriote et despote, bâtisseur de l'État camerounais*, Paris, édition JALIVRES, 1994, p.24.

main-d'œuvre potentielle[1]. L'usage est que le Chef sur ordre de l'administration est appelé à désigner dix élèves pour la rentrée scolaire. Celui-ci choisissait donc une vingtaine puis barrait de la liste ceux que les parents avaient rachetés. L'école était pour les pauvres et les délinquants. C'est pourquoi lorsque Asta Gabdo, la mère d'Ahidjo apprit que son fils avait été arrêté de force pour être envoyé à l'école occidentale, elle prit peur. D'ailleurs, l'information qui lui parvint est que ce dernier avait été arrêté lors d'une rafle, et que par conséquent il devait être envoyé de force à l'école. Il s'agit-là d'une punition qui n'était réservée qu'aux seuls enfants de pauvres. Le jeune Ahidjo commença ainsi l'école primaire. Après huit années d'études primaires, il revint à Garoua où se trouvait sa mère. Celle-ci se précipita chez le Lamido afin de négocier pour que son fils ne retourne plus à l'école des blancs. Mais le Lamido Hayatou refusa, tout en lui expliquant que les enfants doivent suivre l'enseignement des Européens pour avoir une vie meilleure que celle de leurs parents. Peu convaincue mais moins sceptique, elle a fait tout pour que son fils Ahidjo tire le meilleur parti de son écolage afin qu'il soit capable un jour de faire taire ceux qui le traitent de batârd[2].

Il faut sans doute préciser que l'école régionale de Garoua dans les années 1930 est un véritable foyer d'éducation. Pour l'ensemble des trois Régions actuelles du Nord, c'est-à-dire pour un grand tiers de la population du territoire sous tutelle française, c'était l'unique établissement scolaire où il existe un cours moyen, les deux dernières années d'enseignement primaire qui préparent au Certificat d'étude. Son prestige ne fait donc l'ombre d'aucun doute. D'ailleurs, le seul instituteur français est à la fois directeur et chargé de l'enseignement au cours moyen. Les certifiés se comptent pour chaque promotion sur les bouts des doigts, alors qu'ils sont plusieurs centaines dans les provinces méridionales. C'est dire combien l'école ici en cette période était un véritable luxe. Pour cette raison, le CEPE[3] de la partie septentrionale donnait directement l'accès de l'école supérieure, alors que ceux du Sud devaient subir un concours.

A la rentrée en 1937, quand M. Bonamour, le Directeur de l'école annonce que le service de l'élevage de Maroua recrute deux apprentis, A. Ahidjo saute sur l'occasion d'en finir avec les études. Sa mère n'est pas d'accord, mais son avis ne compte pas beaucoup. Pour ce jeune émancipé, c'est l'occasion idoine pour bien gérer son adolescence car il a environ 14 ans. L'apprenti épate les écoliers du Diamaré qui le regardent mener les activités de jeune libre et épanoui. Mais le nettoyage des étables ainsi que le transport du fumier en

---

[1]La date de naissance d'Ahmadou Ahidjo n'est pas exacte. Certains de ses proches parlent de 1922, d'autres de 1923. Mais on est presque certain que ce dernier n'est pas né en 1924. Lorsqu'on remonte les évènements qui entourent sa naissance, l'année 1924 s'avère fausse. Lire à ce propos Philippe Gaillard, *Ahmadou Ahidjo. Patriote et despote, bâtisseur de l'État camerounais*, Paris, Ed JALIVRES, 1994, pp. 23-25.

[2] Philippe Gaillard, *idem*, p. 25-26.

[3] Certificat d'Études Primaires et Élémentaires.

brouette ne sont pas le moyen idéal d'émancipation que cherchait le jeune garçon. Il commence à regretter les études qu'il a abandonnées. Il écrit donc à sa mère pour le lui faire savoir, et cette dernière se lance à ses trousses. Elle ramène son fils à Garoua et le remet à l'école. Cette attitude surprenante d'une femme musulmane n'est pas restée sans conséquences. Monsieur Bonamour le maitre-directeur de l'école, décide alors de prendre le jeune Ahidjo chez lui afin de l'aider à rattraper son retard. Malheureusement, à la fin de l'année 1937, le jeune Ahidjo malgré tous les efforts échoua à son examen, ce n'est qu'en 1938 que celui-ci passa son examen avec succès[1]. L'année suivante, il s'est inscrit à l'école supérieure de Yaoundé pour la suite.
Ahmadou Ahidjo entre à l'École Primaire Supérieure de Yaoundé en 1939. En effet, il s'agit incontestablement de l'école des administrateurs, car tous ceux qui y entrent finissent dans l'administration. Cette école est le creuset des fonctionnaires camerounais de l'administration coloniale, des hommes que la génération suivante regardera avec beaucoup de condescendance. Si on pouvait reconstituer l'itinéraire des anciens élèves de cette école, on ferait le constat selon lequel beaucoup ont fait la politique et d'autres l'administration. Ceci à des échelons différents, le jeune Ahidjo n'en était pas du reste. A. Ahidjo et son ami Mahondé sont accueillis à Yaoundé par Sadou Maidadi qui entre en deuxième année, et par d'autres anciens élèves de l'école de Garoua : Oumarou Sanda, Oumaté Talba malla. Ces ainés vont les aider à supporter le choc violent du dépaysement. Car tout est nouveau pour ces jeunes venus à Yaoundé, deux petits peuhls du sahel. Le climat humide et froid, les langues nouvelles, l'alimentation totalement changée avec la découverte de nouveaux mets comme le macabo, l'igname…
Malgré toutes les difficultés et les multiples pressions, en décembre 1941, Ahmadou Ahidjo obtient son diplôme de l'École Supérieure. Il fut classé vingt-troisième sur trente-trois. Jusqu'alors tous les élèves du Nord ont été affectés dans leur région d'origine ; ce ne fut pas son cas. Il est envoyé à la poste de Douala pour effectuer son stage professionnel avec son condisciple douala Christian Tobie-Kuoh qui l'initiera à la vie dans cette grande ville portuaire. A son retour à l'École Supérieure le jeune télégraphiste n'emporte pas seulement un solide bagage professionnel, mais une riche et solide amitié. Une amitié très diversifiée en termes d'ethnies : Bulu, Bamiléké, Gbaya, Douala[2]. Maintenant commence une vie politique pleine de rebondissements. En 1946, Ahidjo est élu comme délégué territorial. En effet, le décret instituant l'ARCAM est signé le 25 décembre 1946, et le premier tour des élections des délégués eut lieu le 22 décembre de la même année. La Bénoué, circonscription donc Garoua est le chef-lieu dispose de deux sièges sur les vingt-quatre sièges attribués au second collège électoral. Pour être éligible, il faut savoir parler la langue française, ce qui limite considérablement le

---

[1] Ph. Gaillard, *op. cit.* p. 27-28.
[2] *Idem*, p. 34.

nombre de candidatures. A. Ahidjo, étant allé à l'école était de la liste, ainsi que trois autres partenaires sélectionnés par l'administrateur de Garoua, Monsieur Boudy et son secrétaire-interprète Monsieur Mohaman Mahondé. Il s'agit des candidats Amadou Mahondé, Ahmadou Ahidjo, Oumarou Sanda et Abdoulaye Yadji[1]. Finalement, Ahidjo et Mahondé sont choisis pour représenter la circonscription de la Bénoué, ceci après plusieurs tractations. Voilà comment Ahidjo entre en politique, par un concours de circonstances et la chance, alors que celui-ci n'a que 24 ans. En 1952, il sera réélu comme délégué territorial de la Bénoué. Mais plus avec autant de difficultés, car avec l'avènement de l'Assemblée Territoriale, la circonscription électorale du Diamaré sera éclatée. Il y avait désormais cinq régions dans le Nord : celle de Maroua ayant été divisée en trois, le Diamaré (Maroua), le Margui-Wandala (Mokolo) et le Logone-et-Chari. Dans la Bénoué, il y a désormais trois sièges au lieu de deux auparavant. Ahidjo est donc réélu ainsi que ses colistiers Moussa Yaya Sarkifada et Oumarou Babalé.

En 1953 Ahmadou Ahidjo accède au rang de personnalité d'envergure nationale, car il accompagne désormais ses camarades du Bloc Démocratique Camerounais (BDC) au cours de leurs tournées. En avril 1953 à la première session annuelle de l'Assemblée Territoriale du Cameroun (ATCAM), il est le mieux élu des membres du bureau et de la commission permanente avec 44 voix sur 49[2]. Le 10 octobre de la même année, il est élu à l'Assemblée de l'Union Française. L'Assemblée de l'Union Française n'est qu'une chambre consulaire qui siège à Versailles. Elle sert aux partis français à pourvoir d'une sinécure les anciens députés et sénateurs malchanceux aux élections. Pourtant, les élus d'outre-mer et ceux des métropoles qui ne s'intéressent pas à ce qu'on n'appelle pas encore décolonisation y accomplissent un travail sérieux, d'étude des projets de lois et de réflexion sur les structures. Or, c'est le temps où s'amorcent les grands débats qui vont conduire dans trois ans à la Loi-cadre, et dans six ans aux indépendances. Le nouveau conseiller doit refaire son apprentissage de parlementaire, car à Versailles les problèmes sont plus sérieux qu'à Yaoundé. Ahidjo vit pleinement son existence de parlementaire, se partageant entre la capitale de la France, celle du Cameroun et sa circonscription. A Yaoundé, il ne manque pas une session de l'Assemblée Territoriale. A Garoua, il séjourne auprès de sa famille.

Ce fut le début d'une très riche carrière politique, qui le conduisit jusqu'au sommet de l'État indépendant du Cameroun. Mais il est passé d'abord par le poste de Premier Ministre, en remplacement d'André Marie Mbida contraint à la démission. Il faut rappeler le contexte final qui a marqué l'élévation de Ahidjo à cette prestigieuse fonction. L'UPC a été interdite en 1955, raison pour laquelle l'élection de 1956 des délégués territoriaux n'a pas de véritable impact sur le plan national. En raison des boycotts et des vagues de terrorisme

---

[1] *Ibidem*, p.40.

[2] Ph. Gaillard, *op. cit.* p. 50.

observés çà et là, la compétition eut lieu entre les listes menées par des personnalités d'audience régionale, il n'y a plus de partis nationaux. Dans la Bénoué fief d'Ahidjo, ce dernier affronta son ami d'enfance et ex-colistier Amadou Mahondé. Le nombre de sièges pour la circonscription ayant été porté à six, le conseiller Ahidjo a tenu à faire entrer dans sa liste un Européen. Il s'agit d'un jeune vétérinaire, René Tagand. Recevant les soutiens des leaders locaux, la liste d'Ahidjo l'emporte avec 53.509 voix sur 70.381 votants[1].

L'ATCAM se réunit en session extraordinaire dès le 28 janvier 1957, alors que sa première session s'ouvre normalement en avril. Il y a urgence, car le projet du statut du Cameroun est sur son bureau. Les groupes se forment et se solidifient. L'Union Camerounaise (UC) d'Ahidjo et de Ninine est forte de 31 membres du Nord et de la région Bamoun ; les Démocrates Camerounais de Mbida sont 20, du Centre et de l'Est ; les 9 élus de l'Ouest deviennent les Paysans Indépendants, avec Mathias Djoumessi ; le courant d'Union Nationale de Soppo Priso et Assalé n'occupe que 8 sièges, appeler le groupe des huit, ce sera le dernier carré des opposants. De manière mathématique, le chef de file du groupe dominant, Ahmadou Ahidjo est élu Président de l'ATCAM, qui devient l'Assemblée Législative du Cameroun (ALCAM). C'est ainsi que le 18 février 1958, André Marie Mbida transmet ses fonctions de Premier Ministre à Ahmadou Ahidjo. Le 26 décembre 1959, à Paris, les premiers ministres Ahmadou Ahidjo et Michel Debré signent les accords de transfert des compétences, ce qui préfigure l'indépendance du Cameroun et le triomphe d'Ahmadou Ahidjo[2].

B. La vision d'Ahmadou Ahidjo de l'unité africaine et de l'OUA

Il ressort clairement de ce qui précède que Ahidjo a franchi toutes les étapes de la vie politique, allant de délégué régional à Président de la République. C'est-à-dire que celui-ci a au cours de sa vie politique mené des actions vis-à-vis soit du développement, soit de ses intérêts personnels. Dans sa course aux différents postes, il y a eu à coup sûr des arrangements, des consensus et parfois même des choses indésirées. Ici, nous verrons ce que celui-ci pense de la question de l'Unité Africaine et de l'OUA. Notons tout d'abord que le Président Ahidjo prend le pouvoir au moment où l'insécurité et la question de l'unité nationale étaient très sensibles au Cameroun. Celui-ci se présente en un véritable défenseur de ces causes. Allant même jusqu'à mater la rébellion pour réinstaurer la paix. Pour mieux comprendre la position du Président Ahidjo en ce qui concerne l'unité africaine, il est nécessaire d'analyser les deux courants d'idées en compétition ainsi que leurs différents leaders. Il s'agit entre autres du groupe de Casablanca et de celui de Monrovia, qui ont tous deux des idées unionistes et fédératrices.

---

[1] *Idem*, p. 68.

[2] *Ibidem*, p. 69-70.

La thèse fédérale est portée par l'idée que le but de l'intégration réside dans la constitution d'une communauté politique. En effet, le phénomène de pouvoir est donc au centre de cette théorie. La problématique fédéraliste est construite autour de l'édification d'un pouvoir supranational s'imposant aux autorités nationales. Elle implique ainsi une limitation de la souveraineté des États et l'adoption d'une constitution commune avec la création d'une autorité politique centrale. Cette centralisation politique est aussi couplée avec une dispersion territoriale du pouvoir, en ce que l'État fédéral, tout en conservant les pouvoirs régaliens, délègue une parcelle de son autorité aux États fédérés dans des domaines déterminés. Si le fédéralisme accorde la priorité au politique, il reconnaît aussi une importance à l'économie dans le processus de fédéralisation. L'économie est ici une dérivée du politique, et l'intégration politique est proprement la condition *sine qua non* de l'intégration économique. Pour Nkrumah, « l'unité africaine est avant tout un royaume politique qui ne peut être conquis que par des moyens politiques. L'expansion sociale et économique de l'Afrique ne se réalisera qu'à l'intérieur de ce royaume politique et l'inverse n'est pas vrai. L'unité africaine apparaît donc comme une exigence fondamentale pour le développement économique[1]».
Une fois qu'il eut posé le cadre théorique de l'unité africaine, Nkrumah s'attela à définir les fondements et les structures d'un État fédéral africain. Il proposa que ce gouvernement supranational, incarnation des États-Unis d'Afrique, assumât les compétences suivantes : « une défense commune avec un commandement suprême africain, des affaires étrangères et une diplomatie commune, une nationalité commune, une monnaie commune, une zone monétaire africaine, une banque centrale africaine et un système continental de télécommunication ». Émanaient donc de ce projet de forts relents de supranationalisme dans la mesure où il impliquait des abandons de souveraineté pour les États appelés à intégrer la fédération. Les propositions de Milton Oboté de l'Ouganda allaient dans le même sens de l'amoindrissement des compétences nationales au profit d'un gouvernement continental : « Quelque plaisir que l'on éprouve à se sentir entièrement maître chez soi, je prétends... que le moment est venu – il est même déjà dépassé – où les États africains indépendants devront renoncer à une partie de leur souveraineté en faveur d'une législature et d'une instance exécutive centrale en Afrique, nantie de pouvoirs spécifiques pour traiter des questions qu'il serait préférable de ne pas laisser au gré des politiques individuelles». On note que les intellectuels africains reprendront à leur compte cette orientation fédéraliste prônée par les hommes politiques. C'est ainsi par exemple que Cheikh Anta Diop, après avoir souligné la faiblesse des États africains pris isolément, déclarait : « Il faut basculer définitivement l'Afrique noire sur la

[1] Issiaka Mandé et Willy Jackson, « L'unité africaine vers une communauté politique ? », *La pensée,* numéro 381, 2015, p. 65.

pente de son destin fédéral ». L'aspiration à l'unité de l'Afrique s'est donc traduite sur le plan idéologique et stratégique par l'émergence d'un courant de pensée favorable au fédéralisme. Cette tendance s'est heurtée à la conception fonctionnelle de l'unité africaine[1].

Dans cette deuxième doctrine de pensée, les phénomènes politiques sont accusés d'être à l'origine des conflits sociaux ; ils causent des divisions entre les peuples. Dans ces conditions, il importe d'opérer un transfert de pouvoir du politique vers l'économique. Ce passage se justifie par la croyance entretenue qu'il y a automatiquement amélioration de la condition humaine dès lors que « l'administration des choses » remplace *« le gouvernement des hommes »,* selon le point de vue développé aussi bien par les saint-simoniens que par les marxistes. Les fonctionnalistes mettent l'accent sur le rôle de l'économie et sur le développement technologique en général. Ils insistent sur leurs effets unificateurs et en déduisent qu'il faut créer un réseau d'agences fonctionnelles partout dans le monde, d'où émergerait le sentiment d'appartenance à une communauté internationale, universelle et vivant en paix. La construction d'une telle communauté ne passe pas nécessairement par la création de la fédération. L'état final de l'intégration pour les fonctionnalistes est une communauté mondiale symbolisée par un gouvernement mondial. Mais cette communauté mondiale procède par paliers, par l'imbrication des différentes communautés dans des tâches communes, par des négociations au cours desquelles différents pays apprennent à se connaître. L'intensité des communications économiques et sociales apparaît au bout du compte comme un élément fédérateur[2].

Nous trouvons ici un échantillon assez représentatif de cette tendance. Ainsi, de Tsiranana, président de Madagascar, qui proclamait : « Nous entendons conserver nos États dans leur totale souveraineté ». Et Senghor, président du Sénégal, de renchérir : « Nous serons prudents en avançant pas à pas et par étapes. Vouloir du premier coup bâtir une fédération ou simplement une confédération… c'est, j'en ai peur, nous préparer à un échec cuisant à bref délai ». Il ajoutera : « Je me fais de l'unité africaine la même idée que le Général de Gaulle se fait de l'Europe. Il faut faire l'Afrique des patries. Nous sommes en effet trop différents les uns des autres, aussi bien du point de vue de la race que de la culture et de la langue ». Dès lors, l'unité africaine devenait possible seulement par la médiation et la probation de la coopération économique. Ainsi, s'établit le primat de l'économique sur le politique, conception que Houphouët-Boigny, président de la Côte d'Ivoire, justifiait en ces termes : « L'unité économique nous semble constituer la meilleure approche possible de l'unité politique ». Alors Premier ministre du Nigéria, Sir Abubakar Tafawa Balewa invitait aussi les Africains à s'engager dans la voie médiane de la coopération économique et technique multiforme, prélude

---

[1] Issiaka Mandé et Willy Jackson, *art. cit.* p. 65.

[2] Idem, p. 66-67.

à l'unification politique : «… aboutir à l'unité en prenant des mesures d'ordre pratique établissant la coopération dans les domaines de l'économie, de l'enseignement, des sciences et de la culture, et en commençant par essayer d'amener les Africains à s'entendre avant de les engager dans le système plus compliqué et plus difficile à réaliser de l'union politique »[1].

Majoritaire en 1963 lors du débat sur l'unité africaine, les tenants du fonctionnalisme ont vu leurs thèses triompher. Un tournant historique allait être pris par l'Afrique dans son rapport au politique et à son avenir. Le triomphe du fonctionnalisme signa l'échec d'un regroupement à tendance fédérale dans ce continent, celui d'une communauté politique supranationale. Dès lors, l'idéal de l'unité africaine fut porté sur le terrain par une multiplicité de structures. L'Organisation de l'Unité Africaine (OUA) est créée le 25 mai 1963 sur le respect du principe de la souveraineté de ses États membres. Aux plans régional et sous régional cohabitent de nombreuses organisations à prétention d'intégration économique dont certaines ont depuis disparu, tandis que celles qui subsistent se trouvent plongées dans un profond sommeil comateux : Communauté Économique de l'Afrique de l'Ouest (CEAO), Union Douanière et Économique de l'Afrique Centrale (UDEAC), Communauté Économique des États de l'Afrique de l'Ouest (CEDEAO), *East African Community* – Communauté de l'Afrique Orientale (EAC), *Preferential Trade Area* – Zone d'échanges préférentiels (PTA), *Southern Africa Custom Union*, Union douanière de l'Afrique Australe (SACU), Union des États de l'Afrique centrale (UEAC), Communauté Économique des Pays des Grands Lacs (CEPGL), Union du Maghreb Arabe (UMA), Communauté Économique des États de l'Afrique Centrale (CEEAC), Communauté Économique et Monétaire de l'Afrique Centrale (CEMAC), Union Économique et Monétaire Ouest Africaine (UEMOA), etc. L'Afrique reproduit jusqu'à la caricature le phénomène de la régionalisation économique. Toutes ces organisations devaient, dans la dynamique supposée de l'intégration économique, donner naissance à une Communauté Économique Africaine (CEA) telle que prévue par le plan d'action de Lagos adopté le 29 avril 1980[2].

En ce qui concerne Ahidjo et le groupe de Monrovia auquel il appartenait, on peut retenir qu'il a été créé le 25 mai 1963 à Addis-Abeba en Éthiopie. Cette instance a vu le jour au terme d'une division idéologique qui opposait d'un côté les maximalistes représentés par le bloc de Casablanca avec pour figure de proue le Ghanéen Kwame Nkrumah et de l'autre les progressistes du bloc de Monrovia avec pour chef d'orchestre l'ivoirien Felix Houphouët Boigny. C'est dans ce dernier groupe où le Cameroun, alors dirigé par El Hadj Ahmadou Ahidjo faisait partie qui l'avait emporté en engageant ainsi le

[1] Philippe Decraene, *Le panafricanisme,* Paris, PUF, « Que sais-je ?», numéro 847, 1964, p. 58.
[2] Issiaka Mandé et Willy Jackson, *art. cit.* p. 64.

continent sur la voie du régionalisme ou du panafricanisme d'intégration régionale. Après la naissance de cette institution, le président Ahidjo un des pères fondateurs, est élevé au rang de membre du comité des sages de l'instance continentale. C'est à la suite de cette élévation que la diplomatie camerounaise a véritablement commencé à se déployer sur la scène régionale. Malgré sa substitution par l'Union Africaine (UA) le 9 juillet 2002 à Durban en Afrique du Sud, le pays a également honoré au rendez-vous en déployant son outil diplomatique. C'est à ce titre que celui-ci s'est impliqué à tous les travaux préparatoires qui ont conduit à la mise sur pied de ce nouvel organisme. L'implication des autorités camerounaises à ces assises contraste avec l'attitude du pays qui, bien que présent au moment de la signature de l'Acte, s'est abstenu de le faire. Cette conduite éminemment politique, s'explique d'après l'ancien ministre des relations extérieures François Xavier Ngoubeyou, par l'objectif de rassembler toutes les sensibilités diplomatiques afin d'assurer une intégration totale de l'Afrique. Il avait à cet effet martelé que « l'idéal pour le Cameroun est d'être parmi ceux qui veillent à ce que l'unité africaine soit assise sur des fondements solides [1]».

De l'OUA en passant par l'UA actuelle, l'État du Cameroun a participé à la dynamique de construction d'un espace régional unitaire et ancré sur la quête permanente de la paix, gage essentiel pour l'évolution du continent. Pour y arriver, il a fallu que le pays se dote d'un appareil diplomatique jeune, pragmatique et répondant aux exigences habituelles des rapports interétatiques. C'est ce qui a été fait par le déploiement de sa diplomatie. Considéré comme l'ensemble des moyens qu'un État consacre à la gestion de sa politique étrangère, le Cameroun use de tout ce qui peut contribuer au rayonnement que ce soit à l'échelle internationale ou continentale pour se mouvoir. Sous la présidence d'Ahidjo, le Cameroun a eu le privilège de présider aux destinées de l'organisation à deux reprises. Même son de cloche au niveau du secrétariat général où de 1972 à 1978, deux Camerounais se sont succédé tour à tour. Malgré la disparition de l'OUA, de nombreux diplomates camerounais ont continué d'occuper des fonctions de haute importance au sein de la nouvelle institution (UA) que ce soit à son siège à Addis-Abeba ou alors dans ses représentations extérieures[2].

Le groupe de Casablanca pour un rappel historique est un courant révolutionnaire africain avec, comme noyau, l'union Ghana-Guinée créée en 1958 par les leaders Kwame Nkrumah et Ahmed Sékou Touré. Cette union fut plus tard élargie au Mali pour donner l'Union des États africains. Son objectif était de réaliser l'unité africaine du Cap à Bizerte et d'Accra à Zanzibar. Une rencontre réunissant les trois États à d'autres États arabes au

---

[1] Menang Menang Paul, « Le déploiement diplomatique du Cameroun dans les instances multilatérales africaines (OUA/UA) : Enjeux, mobilités et recommandations », *Revue Espace Géographique et Société Marocaine*, Numéro 69, mars 2023, p. 265.

[2] Idem.

Maroc créa le groupe de Casablanca. En effet, c'est dans la tension de la crise congolaise et face à l'incapacité d'y trouver une alternative africaine que Nkrumah, appuyé par Mohamed V du Maroc et par Gamal Abdel Nasser d'Égypte, convoqua la rencontre de Casablanca du 5 au 7 janvier 1961. Étaient présents Kwame Nkrumah, Sékou Touré, Modibo Keita, Gamal Abdel Nasser, le représentant personnel du roi Idris Ier de Libye, Ferhat Abbas d'Algérie, un observateur du gouvernement de Ceylan et Mohamed V, roi du Maroc. Le Togo, la Somalie, l'Éthiopie, le Libéria et le Soudan avaient décliné l'invitation. Les participants à la conférence ont marqué leur solidarité par leur opposition radicale au colonialisme et par leur volonté de construire l'Afrique sur des bases institutionnelles plus révolutionnaires[1].

Conscients de l'enjeu de la crise congolaise et de la nécessité d'une union dynamique et révolutionnaire des États africains, les conférenciers de Casablanca ont adopté les révolutions suivantes : consensus sur la crise congolaise (soutien à la révolution congolaise) ; condamnation des essais nucléaires au Sahara (elle concernait surtout la France mais aussi l'URSS qui envisageaient de reprendre ses expériences nucléaires) ; l'aide au gouvernement de Lumumba Gizenga ; l'indépendance de l'Algérie et la nécessité de la coopération interafricaine.

Bien d'autres résolutions ont été adoptées et toutes consignées dans un document appelé « charte de Casablanca ». Cette nouvelle organisation politique entendait se démarquer des anciennes puissances coloniales et observer une amitié prononcée avec les pays de l'Est. La création du groupe de Casablanca a provoqué une réplique de la part des États modérés qui créèrent dès mai 1961 le groupe de Monrovia[2].

II. Le rôle important du président Ahidjo dans la promotion des Camerounais au sein de l'OUA : une réelle volonté unioniste

Le président Ahidjo a participé avec stratégie et fermeté à la promotion des Camerounais aux différentes instances de l'OUA. Ceci est une preuve qu'il voulait à sa manière, concourir au développement non seulement de l'organisation dont il est l'un des pères fondateurs, mais aussi et surtout participer à l'unité africaine.

A. Le passage éclair de Nzo Ekangaki au secrétariat général de l'OUA

Le Cameroun s'est toujours illustré par sa volonté de paraitre sur la scène régionale africaine comme une nation sérieuse. Cela est un enjeu structurel de sa politique extérieure depuis le temps d'Ahmadou Ahidjo, jusqu'au régime actuel de son successeur. Ceci vise également à donner au Cameroun l'image d'un État résolument stable, mais aussi et surtout celle d'un pays résolument

---

[1] Yakouba Zerbo, « La problématique de l'unité africaine (1958-1963) », *Guerres mondiales et conflits contemporains,* numéro 212, 2004, p. 120.

[2] Yakouba Zerbo, *art. cit.*

engagé dans la voie de la libéralisation, du respect des droits de l'homme, de la démocratie et du progrès. C'est allant dans ce sens que le 12 avril 2011 une décision du président de la république a conduit à l'instauration d'un groupe de travail composé d'experts chargés de la valorisation des attributs d'image de marque du Cameroun. En plein chantier d'émergence, celui-ci a compris que fonder son économie sur des jalons rigides est un des atouts qui lui permettra d'atteindre cet objectif ultime. Après son accession à la magistrature suprême le 1er janvier 1960, Ahmadou Ahidjo avait insisté sur le fait que la bataille à gagner au lendemain de l'indépendance du pays est d'ordre économique. C'est le même discours avec l'actuel président pour qui, il était impératif de se doter d'une boussole pour conduire le développement du Cameroun de manière rationnelle et méthodique. Pour y arriver, il était donc nécessaire de mener une diplomatie efficiente dans laquelle les préoccupations d'efficacité et de rentabilité influencent sa démarche extérieure[1].

Au moment où le Cameroun mettait en place un dispositif conséquent pour son ambition de tonifier sa diplomatie en lui insufflant une nouvelle âme, il subît un revers de taille qui a failli lui coûter à la fois sa place et sa notoriété au sein de l'organisation panafricaine. En effet, en 1973, L'Égypte aidé par la Syrie et la Jordanie entrent en guerre contre Israël, dans le but de récupérer les territoires occupés en 1967 par Tsahal et de rétablir le peuple palestinien dans ses droits. L'Afrique se montra solidaire de cette cause ; elle qui se battait contre l'occupation coloniale en Afrique et la ségrégation raciale en Afrique du Sud. L'OUA, qui s'était fixé pour objectif de libérer la Rhodésie, le Mozambique, l'Angola, la Guinée-Bissau, la Namibie (le Sud-Ouest africain) et le Sahara occidental, avait mis sur pied un comité de coordination pour la libération totale de l'Afrique. Le comité était chargé de mobiliser des ressources pour soutenir la lutte armée. À travers l'élection de Joseph Nzo Ekangaki, les espoirs étaient placés sur le Cameroun qui a connu l'une des décolonisations les plus violentes en Afrique noire. Le pays d'Ahmadou Ahidjo était l'un des États les plus influents de la scène africaine du fait de son actif de membre fondateur de l'OUA. Yaoundé abrita, en guise de reconnaissance, plusieurs fois les assises du comité ad-hoc de l'OUA[2].

Au début du conflit israélo-arabe, l'État hébreux subît une série de revers militaires qui ont poussé son allié, les États-Unis, à intervenir pour le soutenir. Les pays arabes décidèrent alors d'utiliser le pétrole comme arme de pression diplomatique contre l'Occident. Ils en réduisirent la production de près de 25% et décrétèrent un embargo sur les exportations vers les États-Unis, l'Afrique du Sud, le Portugal et les Pays-Bas. Les pays africains subirent, comme victimes collatérales, les affres de l'augmentation du prix du baril du pétrole et tentèrent de convaincre les pays arabes producteurs de revoir leur

---

[1] Menang Menang Paul, *art. cit.* p. 165.

[2] Menang Menang Paul, *art. cit.* p. 267.

politique qui engendrait des effets néfastes. C'est alors que l'OUA prit certaines mesures en vue d'atténuer les effets de cette crise du pétrole. Sous le sceau de la confidence, elle chargea la *London Rhodesian Mining Land Company* (Lonrho), d'établir des contacts avec les États membres touchés par l'embargo sur le pétrole, de conseiller, d'assister et d'entreprendre pour ses membres toutes les tâches nécessaires pour redresser la situation causée par l'embargo pétrolier. En janvier 1974, l'affaire fut révélée au grand jour par Paul Bernetel, journaliste à l'hebdomadaire *Jeune Afrique*. Dans une série d'articles relayés par la presse internationale, Paul Bernetel et son collègue Denis Krylen rendirent publiques toutes les confidences de l'OUA en rapport avec la crise pétrolière[1].
C'est ainsi que l'on a, par exemple, appris que la compagnie Lonrho était l'un des principaux bailleurs de fonds des régimes coloniaux de Rhodésie et d'Afrique du Sud. Elle avait investi des fortunes dans les mines, les grandes plantations et le commerce en Afrique Australe. L'affaire déboucha sur des révélations fracassantes amplifiées par la presse. L'on aura ainsi appris que des pots de vin avaient été versés par la compagnie Lonrho pour décrocher le contrat signé à l'insu du conseil des ministres de l'OUA. Les travaux de la 22ème session du conseil des ministres, programmés le 22 février 1974 furent annulés en raison de la situation politique en Éthiopie. Nzo Ekangaki ne put s'expliquer devant les Chefs d'État africains au moment même où l'affaire commençait à paralyser le fonctionnement de l'institution panafricaine. Une véritable crise de confiance s'instaura au sein de l'OUA. Nzo Ekangaki tenta en vain de s'expliquer devant les membres du conseil des ministres, à la session de 1er avril 1974 à Kampala. Les chefs d'État africains et le président en exercice de l'OUA, le général Yakoubou Gowon du Nigeria, ne cachèrent pas leur amertume et dénoncèrent sans ambages l'initiative du secrétaire général et les dérives managériales de ce dernier. À la fin de la session de l'OUA, Nzo Ekangaki n'était plus le Secrétaire Général de l'OUA car il fut révoqué. La révocation du diplomate camerounais fut durement ressentie par le président Ahidjo qui n'avait pas caché son indignation. Ce renvoie de Nzo Ekangaki laissa, par ailleurs, au Cameroun une image sérieusement entamée au sein de l'organisation panafricaine. Bien que la version selon laquelle le Cameroun ne fit pas grand-chose pour favoriser le remplacement d'un de ses fils par un autre existe, le moins que l'on puisse dire, c'est que le président Ahidjo qui avait quitté le siège de l'institution panafricaine plus tôt que prévu par suite de l'élimination de Eteki Mboumoua au premier tour du scrutin, déploya ensuite des efforts pour favoriser l'élection de ce dernier en 1974[2].

---

1 Mamoudou, « William Aurelien Etéki Mboumoua, la diplomatie camerounaise et l'Organisation de l'Unité Africaine 1960-1978 », *Africa Humanities*, volume 2 et 3, septembre 2017, p. 174.

2 Mamoudou, *art. cit.* p. 175.

B. L'élection de William Aurélien Etéki Mboumoua au Secrétariat Général de l'OUA : un vœu du Président Ahidjo

Après la déchéance de Nzo Ekangaki, le Président Ahidjo fera tout pour qu'un autre camerounais soit réélu au Secrétariat Général de l'OUA, il s'agit de William Aurélien Étéki Mboumoua. En effet, après le Sommet de Kampala qui scella le sort de Nzo Ekangaki, c'est Mogadiscio qui abrita le 11ème sommet de l'OUA, Omar Arteh Ghalib, le ministre somalien des affaires étrangères qui caressait le rêve de remplacer le diplomate camerounais entra en campagne. Il arriva à Yaoundé le 29 avril 1974, en provenance de Bangui, Ndjamena et Khartoum. De Yaoundé, il se rendit à Libreville et à Malabo dans le but de solliciter le soutien des pays visités. Pendant ce temps, le président Ahidjo avait entrepris secrètement des démarches en vue de faire remplacer son compatriote révoqué par un autre camerounais. Il croyait en l'OUA et ne manqua pas l'occasion le 13 mai 1974, en marge des travaux de la 23ème session du comité de coordination pour la libération de l'Afrique, de dénoncer le colonialisme et de se montrer solidaire à l'endroit des pays africains victimes de la ségrégation raciale. Il affirme en substance qu'on ne peut s'empêcher de constater, avec une légitime amertume, la persistance de la domination raciale dans nombre de pays africains, notamment en Angola et au Mozambique, où le Portugal continue sa guerre coloniale rétrograde, avec son cortège d'atrocités indignes d'un peuple civilisé; en Afrique du Sud et au Zimbabwe où l'apartheid n'a rien perdu de son insolence injurieuse à l'égard des peuples noirs et en Namibie où les racistes d'Afrique du Sud défient impunément l'autorité de l'OUA[1].

Un mois après avoir prononcé ce discours, le chef de l'État camerounais débarqua à Mogadiscio pour le sommet de l'OUA. En fin stratège, il fit un plaidoyer en faveur de Nzo Ekangaki. Il sollicita de ses pairs la permission de laisser son compatriote aller jusqu'au terme de son mandat, malgré sa forfaiture. Il avait la conviction que sa requête allait difficilement prospérer mais c'était une stratégie pour présenter, en cas de rejet, la candidature d'un autre camerounais. Face au refus de réhabiliter Nzo Ekangaki, il présenta officiellement la candidature de son conseiller spécial William Aurélien Étéki Mboumoua, au poste de Secrétaire Général de l'OUA. L'on procéda au vote pour solliciter le suffrage des membres de l'organisation panafricaine. Le candidat camerounais n'obtint que cinq voix au premier tour. Déçu par ce score qu'il assimila à un camouflet, Ahidjo quitta précipitamment Mogadiscio, abandonnant même une partie de sa délégation. Seize heures de débats et vingt tours de scrutin ne départagèrent les candidats restants en course, à savoir le Somalien Omar Arteh Ghalib et le Zambien Vernon Mwaanga. Face à l'impasse qui se dessinait, le président Sédar Senghor du Sénégal remit la candidature de William Aurélien Étéki Mboumoua sur la

---

[1] Mamoudou, *art. cit.* 175.

table. C'est ainsi que ce dernier fut élu Secrétaire Général de l'OUA, en remplacement de son compatriote Nzo Ekangaki. L'élection de William Étéki Mboumoua aura permis non seulement de départager les candidats Somalien et Zambien mais aussi et surtout d'apaiser le courroux du président Ahidjo et du Cameroun. Aussi, faut-il voir dans cet acte de grande portée symbolique la reconnaissance par l'OUA des efforts déployés par le président Ahidjo dans le fonctionnement de l'institution panafricaine depuis sa création en 1963[1].
A cela se greffent aussi les qualités intrinsèques de Étéki Mboumoua, un homme d'État qui a su capitaliser ses atouts dans un contexte où le destin fut indubitablement un allié important à sa désignation. En outre, il faut voir dans l'élection du candidat camerounais le quotient personnel de l'élu ainsi que son pedigree. William Étéki Mboumoua avait à son actif une riche carrière de commis de l'État. Ministre de l'Éducation nationale au Cameroun au lendemain de l'indépendance, il avait remarquablement contribué à la mise en place d'un système éducatif efficace adapté non seulement aux réalités socioculturelles de son pays mais aussi aux aspirations du pays pour son développement. Ce système éducatif puisait ses fondements dans l'héritage du passé historique d'un pays qui a connu une triple colonisation. Par ailleurs, Étéki Mboumoua, qui avait siégé au sein du conseil exécutif de l'UNESCO entre 1962 et 1968, était pétri d'expérience par rapport au fonctionnement d'une organisation internationale. Entre 1968 et 1970, il présida aux destinées de la Conférence générale de l'UNESCO, au moment où les États africains, fraîchement indépendants, adhéraient comme membres de cette prestigieuse organisation. Il contribua à la redéfinition des programmes de celle-ci, notamment le programme opérationnel qui impacta la qualité de l'éducation en Afrique. Conseiller spécial du président de la république du Cameroun, Étéki Mboumoua avait une belle carte de visite et une expérience nécessaire pour diriger l'OUA. Ce haut commis de l'État camerounais a su allier ses qualités intellectuelles à son riche passé de fonctionnaire international et un art de fin négociateur. Malgré le revers qu'il a essuyé au premier tour de l'élection au poste qu'il sollicitait, il ne s'est pas découragé et n'a pas quitté Mogadiscio comme l'avait fait le président Ahidjo. Il a attendu sur place. Ce qui lui a donné raison puisqu'il profita du blocage qui a résulté du duel entre les candidats Somalien et Zambien pour solliciter de la part des chefs d'États africains de remettre sa candidature en course. Entre temps, il avait réussi à prendre langue avec les membres de plusieurs délégations africaines et notamment sénégalaise. C'est ainsi que le président Sédar Senghor va réhabiliter sa candidature et lui donner la chance de convaincre les votants par rapport au projet qu'il avait pour l'OUA. Il ressort de ce qui précède que l'élection de William Étéki Mboumoua au poste de Secrétaire général de l'OUA est la résultante de plusieurs facteurs dont les plus importants sont le

[1] *Idem*, p. 176.

quotient personnel du candidat, la part du destin et celle des contingences historiques[1].

Conclusion :

Dans le sillage des indépendances, une idée est dans tous les cœurs, celle de l'unité africaine. Tous les leaders africains l'évoquent et l'invoquent. Cela est d'autant plus normal, qu'un des reproches couramment adressés à la colonisation est la division de l'Afrique. Le désir d'unité est encore d'autant plus légitime que l'élan anticolonial a pu faire battre un temps presque tous les cœurs au même rythme. Mais il est bon de s'entendre sur le concept d'unité africaine. Car il n'est pas sûr qu'Ahidjo, Houphouët-Boigny pensent à la même chose que Nkrumah ou Senghor lorsqu'ils la revendiquent. Nous en retiendrons deux points de divergence. Le premier point de divergence concerne la dimension spatiale ou encore le cadre géographique de l'unité. Faut-il réaliser l'unité sur une base régionale ou continentale ? Le second point de divergence est lié à la nature de l'unité, à sa profondeur. On a ainsi assisté à un découpage arbitraire séparant des ethnies entre plusieurs États. Au demeurant, Lansiné Kaba fait constater qu'en 1958, la « France détruit les fédérations de l'Afrique occidentale et de l'Afrique équatoriale françaises pour donner naissance à des États sans infrastructures dynamiques[2] ».

En ce qui concerne le Président Ahidjo, la politique étrangère du Cameroun durant la décennie 1960 fut certes discrète, mais efficace. Trois données essentielles doivent être prises en considération dans cette exégèse de la politique étrangère du Cameroun. La première est relative à la position géostratégique du pays. Situé, en effet, au point de contact entre l'Afrique centrale et l'Afrique occidentale, le Cameroun est un pays-carrefour ouvert au monde. Ensuite, le destin exceptionnel de ce pays a voulu qu'il connaisse une triple administration coloniale entre la fin du XIXème siècle et la première moitié du XXème siècle. Il en a hérité un bilinguisme qui confère une nouvelle dimension à son ouverture au monde.[3] Enfin, il a été très tôt préparé à la vie internationale, n'ayant jamais été véritablement une colonie, mais ayant eu un statut particulier surtout après la Première guerre mondiale et la défaite allemande. Il a été administré sous mandat de la Société des Nations d'abord et ensuite sous le régime de tutelle de l'ONU jusqu'à son indépendance en 1960. Le président Ahmadou Ahidjo sait donc qu'il faut compter sur toutes ces réalités pour faire du Cameroun un État présent et visible sur la scène africaine. Il faut également ajouter que le président Ahidjo conscient que sa légitimité est contestée par l'UPC et ses alliés du bloc de l'Est, opta pour un déploiement prudent et pragmatique sur le plan international après l'indépendance. Le président Ahidjo instaura un régime politique viril et

---

[1] Mamoudou, *art. cit.* p. 177.

[2] Kouadio Maizan Kra, « Trois pères des indépendances devant le tribunal de l'unité africaine : Senghor, Houphouët et Nkrumah. », Hal open science, 2017, p. 2.

[3] Lire à ce sujet, *La pensée politique d'Ahmadou Ahidjo*, Ed. Paul Bory, Monaco, 1968.

concentra entre ses mains l'essentiel des prérogatives régaliennes de l'État. Au nombre de celles-ci figure en bonne place la diplomatie. A. Ahidjo avait une grande méfiance à l'égard des pays du bloc de l'Est et à l'égard des contraintes de l'héritage colonial français. La présence du Cameroun au sein des organisations internationales était l'une des stratégies politiques du pays pour imposer sa voix et orienter ses aspirations dans le concert des nations. C'est dans cette logique qu'il faut comprendre le combat mené par Ahidjo pour l'élection de William Etéki Mboumoua en lieu et place d'un autre camerounais poussé à la démission, en l'occurrence, Nzo Ekangaki qui ne faisait plus l'unanimité des Chefs d'États africains. Le Président Ahidjo a ainsi œuvré à sa manière pour l'unité africaine ainsi que pour la survie de l'OUA[1].

Références Bibliographiques :

- Ahidjo Ahmadou, *Contribution à la construction nationale*, Paris, Présence Africaine, 1964.
- Ahidjo Ahmadou, *Nouvelles perspectives pour la nation, 1970-1975*, Yaoundé imprimerie nationale, 1971.
- Balde Hassatou, « Le bilan de l'OUA dans le domaine du maintien de la paix et de la sécurité en Afrique. », *Groupe d'Étude des Questions de Paix et de Sécurité Internationales*, publication de février 2003.
- Bureau politique de l'UNC, *La pensée politique d'Ahmadou Ahidjo*, édition Paul Bory, Monaco, 1968.
- Decraene Philippe, *Le panafricanisme,* Paris, PUF, « Que sais-je ?», numéro 847, 1964.
- Gaillard Philippe, *Ahmadou Ahidjo. Patriote et despote, bâtisseur de l'État camerounais*, Paris, édition JALIVRES, 1994.
- Issiaka Mandé et Willy Jackson, « L'unité africaine vers une communauté politique ? », *La pensée,* numéro 381, 2015, pp. 61-77.
- Kouadio Maizan Kra, « Trois pères des indépendances devant le tribunal de l'unité africaine : Senghor, Houphouët et Nkrumah. », Hal open science, 2017.
- Kwame Arhin, Kwame Nkumah : grandeur et chute d'un visionnaire de l'unité africaine », *Les Africains*, tome 5, Paris, Ed J.A., 1977. pp.261-293.
- Mamoudou, « William Aurélien Etéki Mboumoua, la diplomatie camerounaise et l'Organisation de l'Unité Africaine 1960-1978 », *Africa Humanities*, volume 2 et 3, septembre 2017, pp. 171-175.
- Menang Menang Paul, « Le déploiement diplomatique du Cameroun dans les instances multilatérales africaines (OUA/UA) : Enjeux, mobilités et recommandations », *Revue Espace Géographique et Société Marocaine*, Numéro 69, mars 2023, pp. 263-279.
- Pondi Jean Emmanuel, *Le Secrétaire Général de l'OUA dans le système international. Contribution à l'étude du mandat de William Etéki Mboumoua (1974-1978*), Yaoundé, CLE, 1996.
- Zerbo Yakouba, « La problématique de l'unité africaine (1958-1963) », *Guerres mondiales et conflits contemporains,* numéro 212, 2004, pp. 113-127.

[1] Menang, *art. cit.* p. 265.

Chapitre 3 :

Panafricanisme et unité africaine : Réflexions épistémologiques autour de la possibilisation du projet fédéral de Kwame Nkrumah

David Melvin Eboutou[1]

Introduction :

Le terme « panafricanisme » a été imaginé par des Noirs et des Africains de la diaspora comme un moyen d'auto-classification et aussi de création d'altérité. Il s'agissait indirectement d'une réponse au philosophe allemand Hegel et à sa description des Africains comme étant un peuple sans histoire. Une analyse historique de la grande utopie panafricaine permet cependant de noter que c'est avec le retour de Kwame Nkrumah en Afrique en 1947, que le débat sur la problématique de l'unité africaine va de plus en plus s'avérer prégnant. C'est dans ce sillage que de nombreux spécialistes considèrent Nkrumah comme étant celui qui incarne le mieux le « panafricanisme » dans la mémoire collective contemporaine[2] (Boukary-Yabara, 2014). Convaincu de ce qu'une véritable souveraineté africaine passe par la création des États Unis d'Afrique, Nkrumah est celui dont les trajectoires intellectuelle, idéologique et politique ont pu donner sens au projet d'unité africaine. Il postule pour une unité politique africaine immédiate, sans frontières, à travers la création des États Unis d'Afrique. Le positionnement idéologique de Kwame Nkrumah sur l'unité africaine rencontre d'ailleurs l'avis favorable des autres leaders politiques africains à la seule différence que des points de divergence se font ressentir au niveau de la conception de la démarche à suivre pour parvenir à cet ultime objectif. Il est à noter que la période d'euphorie qui a suivi les indépendances des années 1960, et qui correspond à une phase importante du panafricanisme avec de nombreux leaders du mouvement qui se sont retrouvés à diriger ou à conseiller les gouvernements des nouveaux États africains indépendants va essentiellement s'inscrire dans une logique de construction de l'unité africaine. Aujourd'hui encore, il s'impose un réel débat de fond sur

[1] Docteur en Histoire des Relations Internationales de l'Université de Yaoundé I/Cameroun. *contact* : dmeboutou@gmail.com.

[2] Boukary Yabara, Yabara,2014, *Africa Unite! Une histoire du Panafricanisme*, Paris, La Découverte.

la question de l'unité africaine. Ce débat exige cependant de soumettre le discours de Nkrumah à la rigueur scientifique pour en dégager non seulement les failles et les limites mais également en proposer des voies praxéologiques qui rendent possibles la matérialisation de l'unité africaine. Notre objectif de recherche vise par conséquent à questionner d'un point de vue épistémologique les moyens de possibilisation ou de réalisation du projet fédéral africain proposé par Kwame Nkrumah. Il s'agit, à partir d'une perspective historique et stratégique de revisiter le postulat idéologique du leader charismatique ghanéen aussi bien dans sa projection praxéologique que dans son impensé théorique. Pour ce faire, notre architecture réflexive va être bâtie à deux niveaux. Il sera question dans un premier temps de réexhumer l'approche fédérale de Kwame Nkrumah et d'en relever les contradictions qui ont rendu son Panafricanisme critiquable ; ensuite, nous allons évaluer le modèle des regroupements économiques régionaux mis en œuvre dans le cadre du processus d'intégration régionale africaine avant de nous atteler à relever quelques propositions pratiques de certains spécialistes ayant travaillé sur la question.

I. Kwame Nkrumah et sa vision de l'unité africaine

Dans cette partie, nous allons passer en revue la conception panafricaniste de l'unité africaine de Kwame Nkrumah dans un premier temps avant d'examiner quelques griefs qui jetaient le doute sur sa conception de l'unité africaine.

A. Les trajectoires intellectuelle, idéologique et politique de Nkrumah vers l'Unité africaine.

Il n'est pas possible de procéder à l'examen de la question de l'unité africaine sans revisiter les trajectoires intellectuelle, idéologique et politique de celui qui va devenir le leader charismatique ghanéen. D'un point de vue intellectuel et idéologique, Nkrumah se forge à l'idée du panafricanisme lors de son séjour académique aux États-Unis d'Amérique. Durant son passage à l'Université Lincoln, il passe l'essentiel de son temps à la bibliothèque de l'établissement ou il a obtenu un poste d'assistant[1]. A Lincoln ou il devient chargé de cours, il y enseigne des auteurs classiques allemands avant de migrer à l'université de Philadelphie pour y suivre un cursus en sciences de l'éducation.

Durant tout son temps passé aux Etats-Unis, Kwame Nkrumah veut comprendre les logiques qui fondent la ségrégation raciale et saisir les complexités d'une société américaine multicolore. C'est ainsi qu'il tombe d'admiration pour Du Bois qui avait réalisé en 1899 la première étude de sociologie américaine consacrée aux quartiers noirs de la ville de Philadelphie. Il s'en inspire pour réaliser à son tour une étude globale sur les conditions de vie des noirs aux États-Unis. Son approche empirique lui permet de bâtir un enseignement sur l'histoire nègre qu'il dispense désormais à l'université de Philadelphie[2]. Son activisme pour la cause des noirs aux États-Unis l'amène à fonder l'Association des étudiants africains des Etats-Unis et du Canada dont il devient le président. Il en profite pour éditer un journal, l'*African Interpreter*

en même temps qu'il se montre très attentif au déroulement des travaux du Conseil des affaires africaines (*Council on Africa Affairs*, CAA) qui travaille à conseiller les autorités américaines sur la situation de l'Afrique. Alors qu'on tendait vers la fin de la Deuxième Guerre mondiale, Nkrumah fait la rencontre de C.L.R James[3]. Une rencontre qui sera déterminante dans la consolidation de l'idéal panafricaniste au moment de se rendre au Royaume Uni dans l'idée de poursuivre un troisième cycle en Philosophie. C'est ce dernier qui recommande Nkrumah à Georges Padmore au moment d'aller en Grande Bretagne. A la descente du train à la gare de Londres, Padmore qui cherche des volontaires pour organiser l'IASB, l'attend sur le quai[1]. Les deux hommes resteront tellement liés et chemineront idéologiquement ensemble jusqu'au décès de George Padmore en 1959[4].
C'est quelques temps après le Congrès Panafricain de Manchester de 1945 que Nkrumah se décide à rentrer en Gold Coast. Il y arrive à Accra dès le printemps de l'année 1947 et rejoint aussitôt la Convention de la Goald Coast Unie (*United Goald Coast Convention*, UGCC) où il devient le Secrétaire général. Depuis son arrivée à Accra, Nkrumah s'attèle à cultiver un esprit révolutionnaire auprès des populations qu'il incite régulièrement à revendiquer leurs droits face à l'administration coloniale qui va être contrainte de l'arrêter en 1948 et de l'emprisonner. C'est après sa sortie de prison qu'il va créer le Parti de la Convention du Peuple (*Convention People's Party*, CPP). Ce parti essentiellement tourné vers les milieux populaires porte sa principale revendication sur une indépendance immédiate dans un premier temps, avec son slogan « *Independence now* ». Le discours de Nkrumah étant de plus en plus adoubé par les milieux populaires et sa grande popularité font clairement de lui une menace aux yeux de l'autorité coloniale qui tente une fois de plus de l'emprisonner[5]. Aux Élections organisées dans la colonie en février 1951, le parti de Nkrumah arrive largement en tête et c'est ainsi que l'autorité coloniale avait été contrainte de le libérer en lui demandant de former un nouveau gouvernement[6].
Lors de son discours d'indépendance le 6 mars 1957, Nkrumah en appelle à la création d'une nouvelle « personnalité africaine » en insistant sur le fait que l'indépendance du Ghana n'était qu'une étape et que d'autres combats devraient être livrés pour la libération totale de l'Afrique. Il était donc évident dans l'esprit de Nkrumah que l'idée d'une véritable indépendance ghanéenne n'avait de sens que si elle s'inscrivait dans un cadre plus large, donc panafricain. Progressivement, il entame un travail de grande pédagogie visant à amener ses compatriotes à adhérer à sa vision d'une souveraineté ghanéenne adossée sur un projet d'envergure continentale.

---

[1] Boukary Yabara, Yabara,2014, *Africa Unite! Une histoire du Panafricanisme*, Paris, La Découverte, p. 145.

Cependant, Nkrumah est confronté très tôt à des incompréhensions même parmi ses propres militants qui ne comprennent pas jusque-là comment il compte conduire le projet qui doit faire du Ghana un tremplin avec pour objectif, la mise sur pied des États-Unis d'Afrique. S'agissant précisément de ce projet d'unité continentale qui lui tient à cœur, Nkrumah est convaincu que la division de l'Afrique sur des communautés de race, de culture et de langue doit se dissoudre dans un brassage des cultures donnant naissance à une « personnalité africaine »[7]. Dans son livre *Africa Must Unite* (*l'Afrique doit s'unir*) publié en 1963, il développe clairement sa vision d'une unité africaine sans frontières qu'il souhaite réaliser dans le cadre des États-Unis d'Afrique. Pour Nkrumah, l'Afrique des États doit se fondre dans les États-Unis d'Afrique. Selon lui, l'unification économique et politique du continent devait atteindre trois objectifs principaux[1]:

- Premièrement, l'Afrique aurait une économie organisée et planifiée sur une base continentale. Ceci permettrait d'accroitre sa puissance industrielle et économique, la création d'un marché commun africain qui éviterait à l'Afrique de se leurrer sur les prétendus avantages d'une association avec le marché commun européen.
- Deuxièmement, l'unité du continent devait se concrétiser par la mise sur pied d'une stratégie commune de défense militaire.
- Le troisième objectif préconisé par Nkrumah dans le cadre de la naissance des États-Unis d'Afrique était l'élaboration d'une politique étrangère et diplomatique commune devant aider à une prise en compte du point de vue de l'Afrique sur le plan international.

Nkrumah a donc le mérite d'avoir théorisé aussi bien d'un point de vue scientifique, politique et idéologique sur l'option des États-Unis d'Afrique devant conduire à une unité africaine sans frontières. En effet, non seulement Nkrumah revendiquait une Afrique une et indivisible, il pensait aussi que chaque Africain, qu'il soit de l'Afrique du Nord ou du Sud, de l'Afrique de l'Est ou de l'Ouest, peut et doit se sentir concerné par tout ce qui se passe en Afrique, quels que soient le lieu et le moment où cela se passe. Comme pour manifester sa volonté politique à conforter la solidarité africaine, il a eu à faire une déclaration forte dans ce sens dès le lendemain de l'indépendance du Ghana en ces termes :

« Je n'ai jamais considéré la lutte pour l'indépendance du Gold Coast comme un objectif isolé, mais toujours comme partie intégrante d'un processus historique mondial. Dans chaque territoire de ce vaste continent, l'Africain s'est réveillé ; et par conséquent, la lutte pour la liberté doit continuer. C'est notre devoir, en tant que force d'avant-garde, d'offrir l'aide que nous pouvons à tous ceux qui sont maintenant engagés dans la lutte que nous-mêmes avons menée et gagnée. Notre tâche n'est pas finie et notre sécurité n'est pas assurée

[1] Nkrumah, Kwame., 1963, *Africa Must Unite*, London, Heinmann Educational Books Ltd, pp. 220-222.

tant que les derniers vestiges du colonialisme ne sont pas balayés de l'Afrique[1]».

La vision fédérale de l'Unité africaine postulée par Kwame Nkrumah dans le sens de mettre en place les États-Unis d'Afrique était sans doute une bonne idée. Pour mener son peuple à l'indépendance, Nkrumah s'est appuyé sur un slogan : « Chercher d'abord le royaume politique » car sans l'indépendance politique, martelait-il, « aucun de nos projets de développement social et économique ne pourrait être appliqué [2]». Il est d'autant plus convaincu de la nécessité du panafricanisme qu'il rappelle que seule l'unité de l'Afrique permettra d'écarter la menace du néocolonialisme. Seulement, la démarche mobilisée pour y parvenir et certaines de ses actions à la tête du Ghana ont contribué à rendre son panafricanisme critiquable.

B. Le Panafricanisme critiquable de Nkrumah

S'il est tout à fait établi que la vision du panafricanisme au sens d'une unité africaine sans frontières de Nkrumah reste aujourd'hui la meilleure voie pour sortir l'Afrique de sa situation actuelle, il n'en demeure pas moins vrai que certaines contradictions au niveau de la démarche choisie ont largement contribué à plomber cet objectif. Comme le démontre Daniel Abwa, Nkrumah a commis quelques erreurs stratégiques. Le principal reproche que l'on peut faire à la démarche choisie par Nkrumah, c'est d'avoir voulu faire partager, progressivement, son idéal d'unité à tous les leaders africains pour lui donner le maximum de chance de réussite. Or, cette quête d'unanimité constituait le point faible de sa démarche car, il suffisait qu'un leader ou un groupe de leaders pense différemment pour l'amener à douter de la pertinence de sa pensée. Par ailleurs, dès le départ, il n'a pas voulu, ou il n'a pas pu, poser le principe des États-Unis d'Afrique comme base de toute réflexion. Pour mieux illustrer cette critique, l'exemple de la conférence de tous les pays indépendants d'Afrique convoquée par Nkrumah en 1958 nous a semblé approprié comme le souligne Daniel Abwa pour s'en étonner. En effet constate-t-il, le principe des États-Unis d'Afrique n'est guère clairement posé lors de la toute première rencontre des leaders africains indépendants. En n'invitant pas ses pairs à engager une réflexion sur le principe des États-Unis d'Afrique, Nkrumah faisait une entorse au modèle américain qui l'inspirait car, c'était au cours d'une réunion des treize pays indépendants d'Amérique que le principe de la création des États-Unis d'Amérique avait été adopté. Pourquoi Nkrumah rate-t-il une si belle occasion ? Était-ce parce que sa vision des États-Unis d'Afrique n'était pas encore clairement établie en lui ou bien parce qu'il croyait que le moment H n'était pas encore venu ? Était-ce parce que tous les chefs d'État et de Gouvernement invités n'avaient pas personnellement pris part à cette conférence puisque Nkrumah dût

[1] Kaba, Lancine., 1991, *Nkrumah et le rêve de l'unité africaine*, Paris, Ed. Chaka, vol 11. P. 85.

[2] Nkrumah, *op. cit.* p. 71.

entreprendre une tournée pour les rencontrer personnellement et les inviter à la conférence de tous les peuples d'Afrique qu'il comptait organiser en décembre de la même année ?

Il faut néanmoins rappeler que lors de la Conférence de tous les peuples d'Afrique qui s'est tenue à Accra du 5 au 13 décembre 1958, la même timidité de Nkrumah fut remarquée. Il n'avait pas insisté pour que le postulat de référence soit le Panafricanisme dans son versant des États-Unis d'Afrique au cours de cette réunion. L'évocation du terme était plutôt apparue comme un simple sentiment. Les participants avaient postulé pour une unité africaine à partir des regroupements régionaux constitués de cinq fédérations à savoir le Sud, le Nord, l'Est, l'Ouest et le Centre. Nkrumah avait naïvement pensé qu'il suffisait que deux États indépendants se mettent ensemble pour susciter l'adhésion des autres. C'est dans ce sens que l'Union Ghana-Guinée fut un échec dans la mesure où cette union qui avait été mal préparée ne s'appuyait sur aucune réalité commune et les deux leaders n'ayant pas la même vision de l'unité africaine[8]. Nkrumah était même allé jusqu'à donner une bonne raison de critiquer son panafricanisme lorsque lui, le pourfendeur des relations entre l'Afrique et un certain nombre de puissances coloniales, avait fait du Ghana, un membre du *Commonwealth.* Kaunda n'avait d'ailleurs pas manqué de gloser avec ironie en ces termes : « Il ne pourrait y avoir personne de plus résolument anticolonialiste que le Dr Kwame Nkrumah, mais il a exprimé sa loyauté envers le *Commonwealth* dans les termes suivants : Les États émergeant de la tutelle d'autres puissances coloniales n'ont pas compris l'attachement du Ghana au *Commonwealth.* En effet, la nature lâche et *ad hoc* de la structure n'est pas correctement comprise par ceux qui sont membres d'associations plus formelles. Il est difficile pour ceux qui ne sont pas habitués à une connexion libre avec l'Europe d'apprécier que le *Commonwealth* est une association d'États souverains, dont chacun est libre de toute ingérence des autres, y compris le Royaume-Uni »[1].

Nkrumah n'avait donc pas terminé d'essuyer des critiques au niveau de sa politique intérieure avec notamment les velléités dictatoriales avec le culte de sa personne, les démissions en cascade de certains de ses cadres soupçonnés d'embourgeoisement et l'incapacité du CPP à asseoir l'unité du pays que son approche de l'unité africaine avait commencé à susciter des questionnements. Toutefois, malgré tous ces griefs, peut-on objectivement remettre en question le bien-fondé du panafricanisme dans sa quête d'unité africaine sous la forme des États-Unis d'Afrique comme le souhaitait Nkrumah ? Si l'on convient que le Panafricanisme reste aujourd'hui un concept vivant bien que souvent si mal défini et porteur de contradictions historiques dans la démarche de certains de ses acteurs majeurs, à l'instar de Kwame Nkrumah, on peut néanmoins se

[1] Kenneth Kaunda,1966, *A humanist in Africa*, London, Longman, p. 126.

proposer de revisiter la démarche suggérée par ce dernier. Cette démarche qui consiste à revisiter l'approche choisie par Nkrumah pour accélérer le processus unitaire africain est à la fois empirique, heuristique et politique.

II. Revue de quelques voies de possibilisation des États-Unis d'Afrique

Les réalités et les enjeux actuels en Afrique ne sont plus les mêmes que ceux des années 1960. Il importe cependant de rappeler que dans le fond, la situation de l'Afrique n'est toujours pas des plus reluisantes. Un regard rétrospectif sur le cheminement de la construction de l'unité africaine depuis soixante ans consacre un bilan mitigé à travers des trajectoires balbutiantes et en dents de scie. Au constat, la scission idéologique qui opposait le groupe de Monrovia qui postulait pour une unité africaine graduelle face au groupe de Casablanca qui en appelait à une unité africaine immédiate et sans frontières, à travers la réalisation des États-Unis d'Afrique a plutôt conforté l'approche du premier groupe avec la mise en place des Communautés Économiques Régionales (CER). Si la naissance de l'OUA le 25 mai 1963, a sonné le glas de l'idée d'une fédération d'États chère à Nkrumah, celle des regroupements régionaux comme préalables à l'unité africaine n'a guère eu un meilleur résultat[9]. C'est ce qui explique la suite de ce travail qui examine la trajectoire des regroupements régionaux actuels en Afrique qui est essentiellement calquée sur le modèle européen. Si l'on est obligé de constater le résultat mitigé de la démarche gradualiste, il nous revient également le devoir d'examiner quelques voies alternatives susceptibles de possibiliser la réalisation des États-Unis d'Afrique et rendre l'unité africaine effective.

A. Les Communautés Économiques Régionales (CER) ou la mauvaise assimilation de la démarche de l'Union européenne (UE)

L'approche adoptée en Afrique pour parvenir à l'unité africaine et qui postule pour les Communautés économiques régionales (CER) relève en réalité d'un mauvais mimétisme de ce qui a été réalisé avec la mise en place de l'Union européenne (UE). Choisir de faire des regroupements économiques régionaux des préalables à l'unité africaine a certainement été motivé par une longue tradition coloniale entre l'Afrique et l'Europe. C'est en réalité à la suite de l'Europe d'après-Deuxième Guerre mondiale qu'une dynamique de l'Union européenne à partir de la Haute autorité de la Communauté Européenne du Charbon et de l'Acier a été mise sur pied. Il était question pour les responsables politiques européens au départ, de trouver une voie consensuelle qui leur permettrait de mettre fin aux guerres qui sapaient les économies du continent européen. Pour parvenir à cet idéal unitaire en vue d'une paix durable, la première pierre va être posée avec la Communauté Européenne du Charbon et de l'Acier (CECA) le 23 juillet 1952. Celle-ci va être suivie le 25 mars 1957 par le traité de Rome qui établit la Communauté Économique Européenne (CEE) et ouvrir une nouvelle ère de coopération toujours plus étroite en Europe et par la suite la Communauté Européenne de l'Énergie Atomique (CEEA) en 1958. Ainsi, partis de six membres, la communauté va progressivement s'élargir et se nourrir de nombreuses réflexions qui vont finir par conforter l'Union européenne dont l'Europe est si fière aujourd'hui. En s'inspirant de ce processus européen, ces leaders africains ont perdu de vue que l'histoire européenne était différente de celle de l'Afrique et que les effets positifs obtenus par l'Europe ne pouvaient pas être automatiquement transposés en Afrique. Ils avaient oublié que l'Afrique n'avait pas connu les mêmes prémisses que l'Europe et que, si l'Europe a pu atteindre son objectif à travers les regroupements économiques régionaux, c'est parce qu'elle a pris en compte ses nombreux échecs dans ses tentatives d'unification par le biais des réalités politiques.

Au constat, l'Europe n'a jamais réussi à bâtir son unité à partir des paramètres politiques. Les différentes époques merovingienne, carolingienne en passant par l'Europe médiévale ou encore les tentatives répétées d'unification politique à travers le concert de l'Europe des congrès consacrent la réalité selon laquelle le continent européen n'arrivait pas à réaliser une unité politique durable. On peut dans une certaine mesure convoquer l'exemple du *Zollverein* qui a permis l'unité allemande et celui actuel de l'Union Européenne née de l'idée d'un marché commun du charbon et de l'acier qui donnent raison à ceux qui ont adopté cette procédure pour la réalisation de l'unité politique de l'Europe.

A partir de cette lecture, il semble s'imposer un constat qui légitime la volonté de proposer une alternative autre que celle postulée par les tenants de la thèse des regroupements régionaux comme préalables à l'unité africaine. Nkrumah avait d'ailleurs mis en garde contre le modèle européen en ces termes : « L'Europe, cependant, doit être une leçon pour nous tous. Trop occupée à étreindre ses nationalismes exclusifs, elle est tombée, après des siècles de guerres entrecoupées d'intervalles de paix précaire, dans un état de confusion, simplement parce qu'elle n'a pas réussi à construire une base solide d'association politique et de compréhension... Il a fallu deux guerres mondiales et la chute d'empires pour faire comprendre la leçon, encore digérée seulement, que la force réside dans l'unité[1] ».

Il s'impose donc une réalité qui peut toujours être revue. La vision du groupe de Monrovia est celle qui jusqu'ici a été implémentée en Afrique à travers les CER. Ces regroupements économiques dont le but est de faciliter l'intégration économique régionale entre les membres de chacune des régions et au sein de la grande Communauté Économique Africaine (CEA) a conforté une sorte de balkanisation économique du continent. L'objectif des différents CER qui ont chacune en son sein plusieurs pays, nous semble procéder d'une démarche qui demandera énormément de temps au regard des contradictions internes à chaque zone économique. Quelques alternatives méritent de notre point de

[1] Nkrumah, *op.cit.* p. 216.

vue, d'être revisitées pour rendre possible la mise sur pied des États-Unis d'Afrique au sens de Nkrumah.

B. Quid d'un modèle axiologique et politique pour réaliser les États-Unis d'Afrique ?

Quelques approches alternatives ont été avancées par de nombreux spécialistes qui se sont attelés non seulement à montrer quelques limites à la vision de Kwame Nkrumah mais également à faire des propositions susceptibles d'accélérer la dynamique unitaire africaine. Parmi ces propositions, et, sur la base de ce qui a été démontré, il nous a semblé utile de mettre en lien un modèle qui serait à la fois d'ordre axiologique et politique. Les exemples qui s'appuient sur ce modèle sont tirés des réflexions menées par le panafricaniste, chercheur et spécialiste des questions de développement Béninois Valentin Agon et de l'autre côté par l'historien et chercheur Camerounais Daniel Abwa.

Valentin Agon a mené une vaste réflexion sur les entraves qui empêchent l'Afrique de réaliser la mise en place les États-Unis d'Afrique. Il en a déduit quelques raisons essentiellement axiologiques qui empêchent les Africains de réaliser l'unité africaine. Parmi celles-ci, il invite les Africains à développer un « Patriotisme panafricain ». Dans cet élan, le chercheur invite les Africains à sortir de la « solidarité mécanique » pour embrasser la « solidarité organique ». Il explicite sa pensée en ces termes : « La solidarité mécanique est celle qui se pratique au détriment de la solidarité organique en Afrique. L'Africain reste solidaire parce qu'il y a un lien familial ou ethnique ou parce que l'origine régionale est la même et non parce qu'il y a une valeur commune à défendre, une idéologie à défendre, une pensée commune à défendre. Cette attitude de relation mécanique bien qu'utile quelque part est fondamentalement nuisible à la mise en place de toute forme d'association réelle et durable. Ce qui divise les Africains n'a souvent pas de valeur, mais de petits intérêts claniques créent des fossés entre de grandes personnalités ensuite rendent inféconde toute capacité d'union régionale ou nationale. Les partis politiques vivent dans cette dynamique de solidarité mécanique et non organique. Et c'est cela qui favorise la division quotidienne des partis politiques ou toute forme d'association créant un contexte de production de petits groupes qui se diviseront à leur tour. Cette attitude a créé l'Afrique des divisions sans fin rendant impossible toute entente permanente[1] ».

En interrogeant les formes de solidarité ayant existé en Afrique, il ressort que l'Afrique a une bonne longueur d'avance. Elle a depuis toujours expérimenté une solidarité mécanique qui s'est appliquée jusque-là dans un cadre strictement familial, clanique ou tribal. La solidarité à laquelle il est question

---

[1] Agon, Valentin.,2011, *Pourquoi et comment constituer les États-Unis d'Afrique ? Pourquoi l'Afrique reste en retard pour son développement. L'appel à l'intelligence du devoir de l'audace d'être nous-mêmes*, Cotonou, Afrique-Émergence, pp. 46-47.

ici fait davantage référence aux idées et à la manière de les mobiliser pour créer des dynamiques synergiques. Valentin Agon pense que ce travail doit être fait en amont par les Africains avant d'entamer la mise en œuvre matérielle de l'unité africaine. Il rappelle notamment que : « Si la racine d'un mal est décelée il est bien facile de le traiter définitivement. Nous, Africains, devons tourner dos à la solidarité mécanique pour nous fondre aussi dans une posture de solidarité organique, nous devons défendre désormais des idées, des valeurs et non des ethnies, des pensées et non des personnes. Ce dont je parle ici est la pierre angulaire de la réalisation de la constitution des Etats-Unis d'Afrique car il faut absolument un patriotisme panafricain pour y arriver, son fondement doit être la solidarité organique (…) Tant qu'il n'y aura pas un vent panafricaniste réel et continental, les Etats-Unis ne verront pas le jour en Afrique. Que l'Afrique se soude par des organisations autour des valeurs idéologiques et non autour des considérations ethniques, claniques et nous serons surpris du progrès sur le chemin de la constitution de la grande nation africaine, ainsi nous aurons enfin une identité réelle et définitive[1] ».
Le Patriotisme panafricain présuppose donc un esprit de sacrifice pour la grande nation africaine autour des valeurs d'unité continentale. Celui-ci passe non seulement par le sentiment profond d'appartenance à l'Afrique mais également par l'amour de son continent qui surpasse toutes formes de considérations.
Le patriotisme panafricain devrait être l'amorce qui servirait à revisiter l'approche fédérale de Kwame Nkrumah sur le plan politique. A ce niveau, le modèle fédérateur proposé par Daniel Abwa semble réaliste. Ce modèle qui se propose d'accélérer la réalisation des États-Unis d'Afrique à partir des pôles fédérateurs inspirés des États-Unis d'Amérique devrait s'appuyer sur la seule volonté politique de certains États du continent. La seule volonté politique de ces États à créer l'unité de l'Afrique peut suffire car, étant donné leur position géographique et par leur influence en Afrique, ils peuvent obliger les autres États à entrer dans l'union.
Les États africains qui pourraient par conséquent se positionner en des pôles fédérateurs à partir de leur influence et leurs positions géographiques sont :

- Afrique du Nord : Maroc, l'Algérie, la Lybie, l'Égypte.
- Afrique de l'Ouest : Sénégal, Côte d'Ivoire, Nigeria.
- Afrique centrale : Cameroun, République Démocratique du Congo, Ouganda.
- Afrique de l'Est : Éthiopie, Kenya, Mozambique.
- Afrique australe : République sud-africaine, Namibie, Angola.

Tout comme il y'eut dans l'histoire des États-Unis d'Amérique la réunion des treize ayant posé le principe de l'Unité, l'historien Abwa a énoncé à partir de ce choix le principe des seize pour les États-Unis d'Afrique. Que ce soient

[1] *Idem*, p. 47.

Abwa ou Agon, tous voient dans ce type d'approche, l'implication directe de l'Union Africaine qui pourrait se charger d'élaborer une charte fédérative à l'intention de ces pôles fédérateurs ou simplement de transformer sa commission en comité de rédaction du projet de la constitution des Etats-Unis d'Afrique.

Conclusion :

A Paris, comme à Moscou, on n'est ni Wolof ni Peuhl ni Baoulé, on est simplement noir et Africain ; à New York, comme à Pékin, on n'est même pas Guinéen ni Angolais ni Tanzanien, mais simplement noir et Africain[1]. Le temps aujourd'hui plus qu'hier est aux grands ensembles. L'Afrique ne saurait être dans ce mouvement planétaire, l'exception qui confirme la règle. L'unité africaine s'impose désormais comme un impératif. Kwame Nkrumah qui fut le premier à poser les jalons d'un itinéraire à suivre dans le cadre des États-Unis d'Afrique en postulant pour une unité africaine sans frontières semble être pour nous le meilleur éclaireur. Sa vision de l'unité africaine nécessite néanmoins d'être à la fois réappropriée et revisitée à la lumière de nouvelles réflexions qui se proposent de prendre en compte les nouveaux enjeux auxquels fait face l'Afrique aujourd'hui. L'Afrique, finalement, ne saurait sérieusement envisager d'autres voies d'intégration, en dehors du panafricanisme qui postule au sens de Nkrumah, la mise sur pied des États Unis d'Afrique.

Références bibliographiques :

- Agon, Valentin.,2011, *Pourquoi et comment constituer les États-Unis d'Afrique ? Pourquoi l'Afrique reste en retard pour son développement. L'appel à l'intelligence du devoir de l'audace d'être nous-mêmes*, Cotonou, Afrique-Émergence.
- Boukary Yabara, Yabara,2014, *Africa Unite! Une histoire du Panafricanisme*, Paris, La Découverte.
- Boutros-Boutros, G.,1969, *Organisation de l'Unité Africaine (OUA),* Paris, A. Colin.
- D'Arboussier, G.1962, *L'Afrique vers l'unité*, Paris, Éditions Saint Paul.
- Diop, Cheikh, A.,1960, *L'unité culturelle de l'Afrique noire*, Paris, Présence Africaine.
- Duge, G, L.,1960, *Vers les États-Unis d'Afrique*, Dakar, Éditions « Lettres africaines »
- Hama, B.,1966, *Enquête sur les fondements de la genèse de l'unité africaine*, Paris, Présence africaine.
- Kaunda, K,1966., *A humanist in Africa*, London, Longman.
- Kaba, Lancine., 1991, *Nkrumah et le rêve de l'unité africaine*, Paris, Ed. Chaka, vol 11.
- Nkrumah, Kwame., 1963, *Africa Must Unite*, London, Heinmann Educational Books Ltd.

[1] Kaba, *op. cit.* p. 26.

- Oruno, D, L.,2001, *La naissance du panafricanisme. Les racines caraïbes, américaines et africaines du mouvement au XIXe siècle*, Paris, Éditions Maisonneuve et Larose.
- Padmore, G.,1960, *Panafricanisme ou communisme* ? Paris, Présence Africaine.
- Sékou Touré,1961, *L'expérience guinéenne et l'unité africaine*, Paris, Présence Africaine.

Chapitre 4 :

L'unité africaine au concret : un idéal politique, une utopie réaliste

Archange Bissue Bi-Nze[1]

Introduction :

S'interroger sur l'unité africaine est une entreprise jonchée de paramètres divers. C'est un exercice complexe dans la mesure où l'unité en tant que concept, revêt des approches compréhensives non-unifiées. Dans la philosophie fondamentale, on parle d'unité selon Balmès « lorsque le concept qui le présente n'offre point de distinction ». Une fois que nous percevons « une distinction, l'unité disparaît[2] ». Dans les rapports interétatiques, l'unité est ce lien supérieur qui se nourrit de la différence ou de l'altérité. Dans ce sens, Heinrich Rickert estime que « l'unité comme nom donné à un tout ne peut être que l'unité d'une multiplicité[3] ». N'est-ce pas l'unité africaine refléterait cette unité de la diversité linguistique, sociologique, économique, politique etc. ? La réponse ne paraît pas aussi simple que l'interrogation. D'ailleurs, aucun fait n'est aisé à saisir sur l'unité africaine, car les angles d'analyse divergent et les perspectives démonstratives sont nombreuses – unidisciplinaire, pluridisciplinaire, transdisciplinaire, interdisciplinaire. Pour comprendre les dimensions de l'unité africaine, une prise en compte des relations qu'entretient l'unité avec d'autres notions est indispensable, notamment la solidarité, la coopération, l'intégration.

Primo, la solidarité est un terme insaisissable. C'est un idéal et un fait. En tant qu'idéal, elle est à rechercher, à parfaire, à poursuivre. En tant que fait, chaque observateur d'une situation qui l'implique doit la constater[4]. À titre d'illustration, l'Union africaine (UA) lançait en juillet 2012, l'initiative de solidarité africaine pour appuyer la reconstruction et le développement des États africains post-conflit. Pour les pays et les organisations africaines, la solidarité est un aspect d'unité non-négligeable. *Secundo*, la coopération. C'est un lien réciproque entre les parties prenantes à un accord dans une logique de bénéfices mutuels. Elle demande des acteurs qu'ils agissent

---

[1] Archange BISSUE BI-NZE est Doctorant à l'Institut de sciences politiques Louvain-Europe Université Catholique Louvain, bissuebinze@gmail.com.

[2] Désiré Mercier, « L'unité et le nombre d'après saint Thomas d'Aquin », *Revue néo-scolastique*, 8e année, n°31, 1901, p. 258.

[3] Heinrich Rickert, « L'un, l'unité, le un. Remarques sur la logique du concept de nombre », *Les Études philosophiques*, vol. 110, n°3, 2014, p. 412.

[4] Marie-Claude Blais, « La solidarité », *Le Télémaque*, vol. 33, n°1, 2008, pp. 9-24.

ensemble[1]. On observe un besoin de coopération intra-africaine[2] à travers la zone de libre-échange continentale africaine (ZLECA). Pour Ben Yacine-Touré[3], la coopération précède l'unité africaine, elle est un facteur d'unité. *Tertio*, l'intégration. C'est un concept en difficulté[4], un processus dont le résultat s'apprécie mieux qu'à son terme, et relativement pendant l'accomplissement de la feuille de route. Le discours sur l'intégration n'est pas une lapalissade, mais il vise à produire un « effet de vérité[5] ». En Afrique, il s'est traduit par un rêve d'unité d'antan[6]. L'intégration sur ce continent est un processus ancien[7], elle est le moteur de l'unité africaine.

En toile de fond, l'unité africaine peut se présenter « comme courant de pensée et comme réalisation politique d'un idéal séculaire ». Sous cet angle, « elle reste à construire au niveau des individus ». Au plan international, elle « s'apparente à la réponse africaine face à la conscience collective de construire une communauté planétaire où biens, services et prestations peuvent s'échanger et s'influencer mutuellement[8] ». L'unité africaine est une problématique constante dont l'histoire de l'Organisation de l'Unité africaine (OUA) renseigne sur les péripéties ayant abouti à la création de cette institution comme le montrent maints événements[9] : le congrès constitutif du Parti du regroupement africain (PRA) tenu à Cotonou (25-27 juillet 1958), préconisa la création des États-Unis d'Afrique (suivant les directives de la conférence de Manchester de 1945) ; la conférence d'Abidjan (24-26 octobre 1960) s'intéressera à la question fondamentale de l'unité africaine ; à la conférence de Brazzaville (15-19 décembre 1960), les pays participants souhaitaient la création d'une véritable Union ; à la conférence africaine de Casablanca (3-7 janvier 1961), les membres du ''groupe de Casablanca'',

---

[1] Vander Borght, Christine, « Coopération. (cooperation – cooperación) », dans Vandevelde-Rougale, Agnès (dir.), *Dictionnaire de sociologie clinique*, Toulouse, Érès, coll. « Sociologie clinique », 2019, p.161.

[2] Allahamne Minda, Benjamin, *La coopération intra-africaine. Étude à l'aune de l'accord portant création de la zone de libre-échange continental africaine*, Paris, L'Harmattan, 2022, 200 p.

[3] Ben-Yacine Toure, « Chapitre V. De la coopération à l'unité », dans *Afrique. L'épreuve de l'indépendance*, Genève, Graduate Institute Publications, 1983, pp. 84-103.

[4] Michel Wieviorka, « L'intégration : un concept en difficulté », *Cahiers internationaux de sociologie*, vol. 125, n°2, 2008, pp. 221-240.

[5] Abdelmalek Sayad, « Qu'est-ce que l'intégration ? », dans *Hommes et Migrations*, n°1182, décembre 1994, p. 9.

[6] Abdou Diouf, « Afrique : l'intégration régionale face à la mondialisation », *Politique étrangère*, vol. 4, 2006, p. 786.

7 Simão, L. Makiadi, « L'intégration régionale en Afrique : Un processus déjà ancien… pour quels résultats ?», *Mulemba*, vol. 6, n°12, 2016, pp. 51-71.

[8] Yannick Essengue, « L'unité africaine : enjeux et perspectives », *Raison Ardente*, n° 81, mars 2009, p. 67.

[9] Philippe Decraene, *Le panafricanisme*, Paris, PUF, coll. « Que sais-je ? », 1976 ; Yacouba Zerbo, « La problématique de l'unité africaine », *Guerres mondiales et conflits contemporains*, vol. 4, n°212, 2003, pp. 113-127.

souhaitèrent construire l'Afrique sur une ossature institutionnelle, une unité sur plusieurs plans (voir la charte de Casablanca) ; à la conférence de Monrovia (8-12 mai 1961), les États qui prirent part et regroupés au sein du ''groupe de Monrovia'', ont exprimé leur volonté d'avoir une vision unifiée des questions africaines sur la scène internationale ; la conférence de Lagos (25-30 janvier 1962) eut pour but de rechercher l'unité africaine. À cette conférence, on constata un certain aplanissement des désaccords entre les deux groupes susmentionnés ; la conférence d'Addis-Abeba (22-25 mai 1963) est la consécration de ce long processus politique, aboutissant à la création de l'OUA.

Il appert que l'unité africaine est avant tout un projet politique, qui tire sa source dans les ambitions panafricanistes de maints acteurs – nous l'abordons prolixement dans la deuxième partie. Issiaka Mandé et Willy Jackson avancent que l'unité africaine est une « utopie directrice » qui continue « à ce jour, à nourrir l'imaginaire collectif des peuples africains dans la perspective de leur émancipation[1] ». L'UA créée à Durban (9 juillet 2002) – après la Déclaration de Syrte (9 septembre 1999) et la signature de l'Acte constitutif à Lomé (11 juillet 2000) – résulte d'un besoin des pays africains d'élargir leur champ de collaboration[2]. Le changement de dénomination révèle insidieusement, que l'unité (dans l'OUA) qui est l'état de ce qui est Un, l'état d'une Afrique Une, indivisible et synchronisée sur tous les plans, serait une utopie. Le recours à la notion d'union (dans l'UA) est plus approprié, car l'union est une relation, un groupement, une association de différents éléments ou acteurs, qui dans le cas de l'UA acceptent de circonscrire leur cadre d'actions communes.

Toutefois, un regard panoramique sur l'UA, les Communautés Économiques Régionales (CER) et la perception différenciée de « l'Afrique multiple » – Afrique subsaharienne et Afrique septentrionale –, une « Afrique dichotomique à partir du Sahara[3] » montrent que l'unité du continent dans les faits est discutable, fragile et relève d'une réelle utopie. Le problème de l'unité africaine, c'est lorsque l'utopie politique des États et des organisations croit être réaliste[4], alors qu'elle demeure et a toujours été un idéal politique, gangrené par la *realpolitik*. Tel est le nœud de la complexité de l'unité africaine. Dès lors, comment questionner l'unité africaine ? Que doit-on considérer pour appréhender une Afrique unie ? Que renferme l'expression

---

[1] Issiaka Mande, et Willy Jackson, « L'unité africaine, vers une communauté politique ? », *La Pensée*, vol. 381, n°1, 2015, p. 61.

[2] Tsala Tsala C. Christian (dir.), *Grand angle sur l'Union africaine*, Sénégal, Edition Cheikh Anta Diop, coll. « Politique Afrique en Mutation », 2020 ; Ehoke Tambashe Diumi, Albert, *De l'organisation de l'unité africaine à l'union africaine. Un cercle vicieux ?* République Démocratique du Congo, L'Harmattan, 2022.

[3] Sindjoun, Luc, *Sociologie des relations internationales africaines*, Paris, Karthala, 2002, p. 14.

[4] Edgard Morin, « Réalisme et utopie », *Diogène*, vol. 1, n°209, 2005, p. 154.

unité africaine ? Pourquoi sa concrétude présente-t-elle une ambiguïté ? Nous soutenons que l'unité africaine demeure un idéal, sous-tendu par un arsenal théorique impressionnant, mais dans les faits, elle reste une utopie politique, en ce sens que la *realpolitik* domine les postures des acteurs et les visions parfois centripètes qu'ils poursuivent.

De ce fait, l'approche éclectique est retenue pour apprécier cette unité africaine non aboutie. L'éclectisme analytique permet « de partir non pas d'un cadre théorique mais d'une question. Son but n'est ni de faire converger ou fusionner les théories existantes ni de créer une autre option, mais plutôt d'emprunter des outils théoriques ici et là, sans se soucier de leur appartenance à des théories constituées, pour les appliquer à des questions concrètes[1] ». L'objectif poursuivi est de faire une brève synthèse sur les manières de concevoir l'unité africaine. Notre progression argumentative est subdivisée en quatre parties de longueur proportionnelle. Il s'agira de saisir l'unité africaine à travers les textes (I), mais aussi de présenter cette dernière comme une ambition panafricaine (II). Sous le prisme des paradigmes des Relations internationales, nous soumettons l'unité africaine en débat (III) afin de la rendre compréhensible et intelligible, d'autant plus que le continent africain a été méconnu, voire « tardivement pris en compte » dans la science des relations internationales[2]. Puis, nous verrons l'unité africaine en action (IV) pour mettre en exergue l'utopie réaliste.

I. L'unité africaine à travers les textes : un idéal politique

L'examen de l'unité africaine par l'entremise des textes juridico-politiques, fait ressortir l'idéal politique poursuivi par les États. On peut l'apercevoir à travers trois terminologies : la volonté (1) de tous, les objectifs (2) à atteindre et les principes (3) à respecter.

A. Une volonté

L'unité africaine est l'expression d'une volonté commune des États à la lecture des énoncés des préambules de divers textes des CER et de l'Organisation continentale. Les signataires de la Charte de l'OUA (1963), furent « guidés par une volonté commune » d'unir les peuples africains en transcendant « les divergences ethniques et nationales » (paragraphe 4). Ils désiraient « voir tous les États africains s'unir » (paragraphe 9) sans exception « en créant des institutions communes » (paragraphe 10). L'UA demeure dans

[1] Jean-Baptiste Jeangene Vilmer, *Théories des relations internationales*, Paris, Presses Universitaires de France, coll. « Que sais-je ? », 2020, p. 118.

[2] Luc Sindjoun, « 12. L'Afrique au prisme des relations internationales », dans Gazibo, Mamoudou (dir.), *Le politique en Afrique. État des débats et pistes de recherche*, Paris, Karthala, 2009, pp. 319-341 ; Sindjoun, Luc, « L'Afrique dans la Science des Relations Internationales : Notes Introductives et Provisoires pour une Sociologie de la Connaissance Internationaliste », *African Sociological Review/Revue Africaine de Sociologie*, vol. 3, n°2, 1999, pp. 142-167.

cette voie. Dans son Acte constitutif (2000), ces membres gardent cette « détermination à promouvoir l'unité, la solidarité, la cohésion et la coopération entre les peuples d'Afrique, et entre les États africains » (paragraphe 1).

Les vœux ne manquent pas et l'unité africaine en est un. Les vocables pour l'exprimer sont multiples (solidarité, coopération, intégration) et peuvent sembler dichotomiques dans certains pans de leurs spécificités. Mais, pour les pays africains, ils renvoient à ce dessein d'unité plurielle de l'Afrique (institutionnelle, sociale, culturelle, économique, etc.). Les CER ont la même détermination dans des espaces restreints. Les exemples ci-dessous mettent en exergue cette quête vers l'unité africaine, bien que régionalisée géographiquement :

- La Communauté Économiques des États de l'Afrique Centrale (CEEAC) est attachée « à la vision commune d'une Afrique Centrale unie et forte » (Paragraphe 11 du Traité révisé le 18 décembre 2019), et est résolue « à mettre en œuvre une politique étrangère et de paix et sécurité commune » qui aboutira à une « défense commune » (paragraphe 8) ;
- La Communauté des États Sahélo-Sahariens (CEN-SAD) ne dit pas autre chose. Elle garde la conviction « que l'action commune dans la complémentarité est la meilleure voie pour l'intégration [des] États et [leurs] peuples » (paragraphe 5 du Traité révisé le 16 février 2013) ;
- La Communauté d'Afrique de l'Est (EAC), dans le préambule de son Traité d'établissement (2007), est convaincue que « la réalisation de la Communauté économique africaine et l'Union politique » passe par « la coopération au niveau régional et sous-régional dans tous les domaines de l'activité humaine » (paragraphe 15) ;
- La Communauté Économiques des États de l'Afrique de l'Ouest (CEDEAO), dans le paragraphe 11 de son traité révisé (24 juillet 1993), est consciente que « l'Union économique des pays de l'Afrique de l'Ouest » résulte « du développement économique accéléré et soutenu des États Membres » ;
- Dans son Traité (1980), le Marché Commun de l'Afrique orientale et australe (COMESA) indique que la « mise en œuvre de politiques et programmes communs » est un préalable pour « la consolidation de leur coopération économique », afin de « canaliser une croissance et un développement durable » pour l'ensemble des parties (paragraphe 6).

Que ce soit dans la perspective de la globalisation (UA) ou dans celle de la régionalisation (CER), l'unité africaine, est constamment recherchée – cette une volonté expresse contenue dans les instruments de création d'institution ou de mécanismes spécifiques. C'est aussi un objectif.

B. Un objectif

L'unité africaine est un but poursuivi par les États. Déjà, la Charte de l'OUA l'exprime dans son article 2 : « renforcer l'unité et la solidarité africaine » (alinéa 1, a). Les Membres s'engageaient à harmoniser et coordonner leurs politiques générales dans maints domaines (alinéa 2) : l'économie, la santé, l'éducation, l'hygiène, la science, les transports, la culture, la sécurité, la diplomatie, la technique, la défense, la nutrition, la politique, les communications. L'Acte constitutif de l'UA opère des changements significatifs, aussi bien quantitatifs (14 buts contrairement au cinq de l'OUA) et plus qualitatifs (élargissement des questions d'intérêts communs). On remarque dans cet Acte, qu'il y a « une plus grande densité matérielle de ces objectifs » reflétant « une nécessaire prise en compte de nouvelles exigences[1] » ci-après (article 3 de l'Acte) :

> (a) réaliser une plus grande unité et solidarité entre les pays africains et entre les peuples d'Afrique ; (b) défendre la souveraineté, l'intégrité territoriale et l'indépendance de ses États membres ; (c) accélérer l'intégration politique et socio-économique du continent ; (d) promouvoir et défendre les positions africaines communes sur les questions d'intérêt pour le continent et ses peuples ; (e) favoriser la coopération internationale, en tenant dûment compte de la Charte des Nations Unies et de la Déclaration universelle des droits de l'homme ; (f) promouvoir la paix, la sécurité et la stabilité sur le continent ; (g) promouvoir les principes et les institutions démocratiques, la participation populaire et la bonne gouvernance ; (h) promouvoir et protéger les droits de l'homme et des peuples conformément à la Charte africaine des droits de l'homme et des peuples et aux autres instruments pertinents relatifs aux droits de l'homme ; (i) créer les conditions appropriées permettant au continent de jouer le rôle qui est le sien dans l'économie mondiale et dans les négociations internationales ; (j) promouvoir le développement durable aux plans économique, social et culturel, ainsi que l'intégration des économies africaines ; (k) promouvoir la coopération et le développement dans tous les domaines de l'activité humaine en vue de relever le niveau de vie des peuples africains ; (l) coordonner et harmoniser les politiques entre les Communautés économiques régionales existantes et futures en vue de la réalisation graduelle des objectifs de l'Union ; (m) accélérer le développement du continent par la promotion

---

[1] Doumbe-Bille, Stéphane, « Chapitre 3. L'Union africaine : objectifs et principes », dans Yusuf, Abdulqawi A. et Ouguergouz, Fatsah (dir.), *L'Union africaine : cadre juridique et institutionnel. Manuel sur l'organisation panafricaine*, Paris, Pedone, 2012, p. 58.

> de la recherche dans tous les domaines, en particulier en science et en technologie ; (n) œuvrer de concert avec les partenaires internationaux pertinents en vue de l'éradication des maladies évitables et de la promotion de la santé sur le continent.

Cet élargissement des domaines d'action de l'UA permet de saisir le désir d'inclusion de toutes les questions nécessaires pour atteindre l'unité africaine. Nous notons que les buts poursuivis par l'UA sont exhaustifs que ceux poursuivis par les organisations régionalisées. Les États de la CEN-SAD ont décidé d'inscrire leurs actions dans deux domaines majoritairement : la sécurité de leur espace géographique et le développement durable (Article 3 du Traité révisé de cette Communauté). Différemment de l'EAC, dont les États membres s'engagent à œuvrer dans une dizaine de domaines : la politique, l'économie, les affaires sociales et culturelles, la recherche, la technologie, la défense, la sécurité, les affaires juridiques et judiciaires (article 5 de son Traité). Quant à la CEEAC, l'article 4 (1) du Traité révisé précise que :

> La Communauté vise à promouvoir la coopération et le renforcement de l'intégration régionale en Afrique Centrale dans tous les domaines de l'activité politique, sécuritaire, économique, monétaire, financière, sociale, culturelle, scientifique et technique en vue de réaliser l'autonomie collective, d'élever le niveau de vie des populations, d'accroître et de maintenir la stabilité économique, de renforcer et de préserver les étroites relations pacifiques entre ses États membres et de contribuer au progrès et au développement du continent africain.

C'est quasiment la même formulation de l'article 3 (1) du Traité révisé de la CEDEAO, montrant par-là que ces CER poursuivent des objectifs similaires – la COMESA n'est pas en marge (article 3 de son Traité). Ces éléments sont des idéaux politiques parallèlement aux principes énoncés.

C. Un principe

La réalisation d'une unité africaine avec les peuples disparates, et les acteurs premiers des relations internationales africaines ne peut se faire sans respecter des fondements élaborés d'un commun accord. L'OUA était restrictive en précisant sept principes à savoir :

> 1. Egalite souveraine de tous les États membres ; 2. Non-ingérence dans les affaires intérieures des États ; 3. Respect de la souveraineté et de l'intégrité territoriale de chaque État et de son droit inaliénable à une existence indépendante ; 4. Règlement pacifique des différends, par voie de négociations, de médiation, de conciliation ou

d'arbitrage ; 5. Condamnation, sans réserve, de l'assassinat politique ainsi que des activités subversives exercées par des États voisins ou tous autres États ; 6. Dévouement, sans réserve, à la cause de l'émancipation totale des territoires africains non encore indépendants ; 7. Affirmation d'une politique de non-alignement à l'égard de tous les blocs » (article 3 de la Charte).

Par contre, l'UA ajouta plusieurs autres, portant les recommandations à seize principes directeurs entre autres : la mise en place d'une politique de défense commune pour le continent africain ; la promotion de l'auto-dépendance collective, dans le cadre de l'Union ; la condamnation et rejet des changements anticonstitutionnels de gouvernement ; le respect du caractère sacro-saint de la vie humaine et condamnation et rejet de l'impunité, des assassinats politiques, des actes de terrorisme et des activités subversives ; la promotion de l'égalité entre les hommes et les femmes, etc. (article 4 de l'Acte constitutif). Le fait que ces principes soient renouvelés en profondeur, traduit la prise de conscience et l'urgence des États, d'aboutir à l'unité africaine sans exclure un facteur quel qu'il soit[1]. Les principes soutiennent les objectifs. Pendant que les buts constituent la boussole pour atteindre cette unité, les principes quant à eux, sont un « code de conduite », « une charte disciplinaire » qu'il ne faut pas violer. Les principes viennent établir « un socle de référence » devant maintenir le cap vers l'unité africaine, au regard de la diversité des acteurs ayant chacun ses spécificités.
De même, lorsqu'on examine de près les articles 4 du Traité révisé de la CEDEAO et de la CEN-SAD, les articles 6 du Traité de l'EAC et du COMESA, ces Communautés partagent plusieurs principes – exprimés tantôt identiquement ou tantôt reformulés – : égalité et interdépendance des États membres ; le règlement pacifique des différends, le maintien de la paix ; la coexistence pacifique et le bon voisinage ; la solidarité et l'auto-suffisante collective ; la justice économique, la responsabilité et la participation au développement ; la bonne gouvernance et l'adhésion aux règles démocratiques ; la primauté du droit ; l'égalité de genre, la protection et la promotion des droits de l'Homme et du peuple, etc. Il n'est sans aucun doute, de constater qu'il y a une sorte de « cadre de référence » sur lequel l'organisation continentale et les CER s'accordent.
En somme, l'unité africaine telle qu'elle se présente dans les textes, est un idéal politique. Elle n'est pas un tout homogène, ne renvoie pas à un aspect uniquement, et ne doit pas se comprendre sur un seul registre au risque de délaisser d'autres. En parcourant les textes des organisations africaines évoquées plus haut, nous pouvons déceler la diversité du lexique, voire du champ lexical diffus pour caractériser l'unité africaine. Si la solidarité,

[1] Doumbe-Bille, *art. cit.*

l'intégration, la coopération, dominent le lexique, elles sont suivies de l'interdépendance, la coordination, l'harmonisation. Le terme commun vient compléter cette liste. La poursuite d'objectifs et le respect des principes communs, ne sont qu'une manière d'envelopper le désir d'unité africaine. Dans la réalisation « de ce désir, l'autre comme État, comme peuple ou comme individu n'est plus étranger ni étrange, mais il devient plutôt étrange de le considérer comme tel puisque désormais, chacun est tendu vers tous par des sentiments de sympathie, de fraternité et de convivialité[1] ». C'est cette vision d'unité africaine qui transcende les différences pour une Afrique forte, que souhaitaient certains panafricanistes à l'heure de la globalisation/mondialisation [2]. Dans cette perspective, l'unité africaine est importante, car les organisations africaines, principalement l'UA, doivent se prononcer sur les enjeux actuels et futurs de la « société internationale », et opérationnaliser son Agenda 2063, qui est un projet qui reprend les aspirations d'unité africaine.

II. L'unité africaine comme ambition panafricaine : une analyse prosopographique

Recourir à la prosopographie pour interroger l'unité africaine, c'est chercher à mettre en relief brièvement, certains panafricanistes qui militaient pour une Afrique une et indivisible. Certains ont milité pour des fédérations d'États (1), d'autres pour les États-Unis d'Afrique (2). Le classement des acteurs que nous allons citer dans ces différentes rubriques est imparfait et ne saurait être un élément distinctif – le choix de ces acteurs pourrait être critiquable, mais ne fragilise pas l'analyse.

A. Les acteurs de fédérations d'États : Kéita, Boganda, Touré, Nyerere

Quatre acteurs se sont prononcés sur une formule de l'unité africaine incarnée par les fédérations des États. Succinctement, nous présentons les visions de quatre Chefs d'État.

❖ ***Modibo Kéita :*** il fut président de la République du Mali actuel et œuvra pour l'union des États de l'Afrique de l'Ouest. La création de la Fédération du Mali (décembre 1958) dont il fut le président est un exemple. L'objectif était que le Mali soit une « fédération d'États et non un État unitaire[3] ». Les dissensions internes conduisirent à l'échec de la fédération[4]. Par suite de divergences de vues avec Léopold-Sédar Senghor, il se rapprocha de Sékou Touré et de Kwame NKrumah avec qui, ils forment l'Union des

---

[1] Sagadou, Jean-Paul, « L'intégration africaine ou le désir de l'autre », *Itinéraire augustinienne*, vol, 54, n°4, 2015, p. 48.

[2] Yannick Essengue, art. cit. p. 73-74.

[3] Ndoye, Modou, « La fédération du Mali à l'épreuve de l'indépendance : chronique d'un échec », *Africa : Rivista Trimestrale Di Studie Documentazione De ll'Istituto Italiano per l'Africa e l'Oriente*, vol. 50, n°2, 1995, p. 156.

[4] Gandolfi, Alain, « Naissance et mort sur le plan international d'un État éphémère : la fédération du Mali », *Annuaire français de droit international*, vol. 6, 1960, pp. 881-906.

États africains (UEA) – son pays y adhère en 1961 – qui sera abolie en 1962. Son désir d'unité africaine est perceptible dans le processus de création de l'OUA, dont il participe à la rédaction de la Charte.

❖ ***Barthélémy Boganda :*** le père fondateur de la Centrafrique rêvait d'une « Union aéfienne »[1]. C'est en sa qualité de Président du Grand Conseil de la Communauté (instituée en 1958), qu'il présenta sa vision le 17 octobre 1958 – c'est en mai 1957, qu'il émet déjà cette idée[2]. Celle-ci consistait à fédérer plusieurs pays progressivement (Gabon, Cameroun, Tchad, Guinée-Équatoriale, Angola, Rwanda, Burundi, Angola, les deux Congo), vers un État unitaire de l'Afrique Centrale, qui aboutirait aux États-Unis de l'Afrique latine[3]. Seul Jacques Opangault, Premier ministre du Moyen-Congo était favorable[4]. Le projet fut entravé, mais Boganda laissa une marque de sa vision fédérative à travers le drapeau centrafricain[5].

❖ ***Ahmed Sékou Touré :*** le premier Président de la Guinée-Conakry est considéré comme une des grandes figures du panafricanisme, voire comme l'un des acteurs pragmatiques[6]. S'il est désigné comme une figure emblématique de l'histoire africaine[7] pour son refus de la Communauté, son action pour l'unité africaine n'est pas négligeable, car il crée une Union Ghana-Guinée le 23 novembre 1958. Pour lui, le défi de l'unité africaine réside dans l'ingérence des puissances coloniales, qui tiennent les États en laisse sans grande marge de manœuvre. Il présenta sa vision panafricaine dans son ouvrage publié en 1976.

❖ ***Julius Kambarage Nyerere :*** ce Tanzanien arrivé au pouvoir en 1964, après avoir été Premier ministre, est « parmi les plus grands leaders de la révolution africaine [8]». Il croit fermement à l'unité africaine en déclarant : « Sans unité, les peuples d'Afrique n'ont pas de futur, sauf comme perpétuelles et faibles victimes de l'impérialisme et de l'exploitation[9] ». Présent à la conférence d'Accra (1958), il « s'intéresse très tôt au courant

---

[1] Guimali Nsakala, Mireille, *Barthélemy Boganda, l'homme de l'Union aéfienne*, Thèse de doctorat en Anthropologie et sociologie du politique et du développement, Université de Paris 8, 2002, 623 p.

[2] Prunier, Gérard, *Africa's World War. Congo, the Rwandan Genocide, and the Making of a Continental Catastrophe*, Oxford, Oxford University Press, 2011, p. 102-103.

[3] Decraene, Philippe, « Barthélemy Boganda ou du projet d'État Unitaire Centrafricain à celui d'États-Unis d'Afrique Latine », dans *Relations Internationales*, n°34, Ed. Belin, 1983, pp. 215-222.

[4] De Dreux-Breze, Joachim, *L'accession à l'indépendance de l'Afrique équatoriale française : union ou éclatement*, Paris, L'Harmattan, 2010, p. 76.

[5] Jean-Pierre Tuquoi, *L'Oubangui-Chari, le pays qui n'existait pas*, Paris, La Découverte, 2017, p. 162.

[6] Philippe Decraene, 1959, *op. cit.* p. 409

[7] Annie Lenoble-Bart, « 2. Deux figures emblématiques de l'histoire africaines », dans *Afrique Nouvelle. Un hebdomadaire catholique dans l'histoire (1947-1987)*, Pessac, Maison des Sciences de l'Homme d'Aquitaine, 1996, pp. 245-262.

[8] Harry Goulbourne, « Julius Nyerere et la révolution africaine », *Africa Development / Afrique et Développement*, vol. 7, n°3, 1982, p.68.

[9] Damien Millet, *L'Afrique sans dette*, Liège/Paris, CADTM/Syllepse, 2005, p. 24.

panafricain et milite pour la création d'une Fédération de l'Afrique orientale et centrale[1] ». Le Kenya, l'Ouganda et Zanzibar rejetèrent sa proposition de fédération. En bref, les idées politiques du père de l'*Ujamaas*[2], furent multiples à l'exemple de la création d'une armée commune africaine.

B. Les promoteurs des États-Unis d'Afrique : Garvey, Nkrumah, Kadhafi

Plusieurs personnes eurent une pensée commune pour l'unité africaine dans la perspective d'une « Afrique globale », formant une mosaïque d'États-Unis africains – idée qui refait surface lors du 5e congrès panafricain (15-21 octobre 1945 à Manchester). Ayant vécu à des périodes différentes, nous pouvons citer trois acteurs qui portaient ce projet avec engagement et ferveur.

❖ ***Marcus Garvey (1887-1940) :*** cet écrivain Jamaïcain est considéré comme le « père du panafricanisme » dans la mesure où il prôna très tôt « l'unité africaine »[3]. Résidant à Harlem (USA) à cette époque, la pétition qu'il adressa à la future Société des Nations (SDN) en 1918, demandant que les ex-colonies allemandes deviennent un État indépendant, n'a pas eu d'effet escompté[4]. C'est en 1924, qu'il déclarera son intention de voir les États-Unis d'Afrique. Avec son mouvement UNIA (*Universal Negro Improvement Association*), il invitait les adhérents, les sympathisants..., à « regarder vers l'Afrique »[5]. Son arrestation en 1922, puis sa condamnation en 1925, feront qu'il perde en influence et son vœu d'un État fédéral africain ne prospérera que séquentiellement, sans aboutir.

❖ ***Kwame Nkrumah (1909-1972) :*** le premier président du Ghana eut une vision globale autour des États-Unis d'Afrique. Prononçant un discours lors de la création de l'OUA, il estimait que seule « l'Unité africaine » peut résoudre les « litiges frontaliers » entre les pays africains[6]. Dans sa vision, il souhaitait voir la réalisation de maints aspects concourant aux États-Unis d'Afrique, entre autres : une banque centrale, une monnaie unique, un gouvernement de l'ensemble des pays ayant une seule constitution, une politique commune (défense, Affaires étrangères), un marché commun, un plan industriel continental, une citoyenneté commune[7]. Nkrumah appelle à l'Union de l'Afrique sur tous les plans. À titre d'exemple, sur le plan

---

[1] Amzat Boukari-Yabara, « 17. De Nkrumah à Nyerere : la relève panafricaine ? », dans *Africa Unite ! Une histoire du panafricanisme*, Paris, La Découverte, coll. « Poche/Essais », 2017, p. 230.

[2] Amadou Lamine Ndiaye, *Les idées politiques de Julius Nyerere : un projet panafricaniste revisité*, Thèse de doctorat en Anglais, Université de Toulouse, 2017, 393 p.

[3] Tété Godwin Tété-Adjalogo, *Marcus Garvey. Père de l'unité africaine des peuples. Tome 2*, Paris, L'Harmattan, 1995, 288 p.

[4] Amzat Boukari-Yabara, *op. cit.* p. 78.

[5] *idem*, p. 81.

[6] J-P Sagadou, 2015, *op. cit.* p. 43

[7] Adu Manyah, Édouard Kofi, « De l'Organisation de l'Unité africaine (OUA) à l'Union africaine (UA). La contribution de Kwame Nkrumah », *Latitudes Noires*, 2003-2004, pp. 6-7.

économique, il avance qu'en « traitant avec une Afrique unie, ceux qui apportent des capitaux n'auront plus à évaluer avec inquiétude les risques de négocier au cours d'une période avec des gouvernements qui pourraient ne plus exister dans une autre période ». Il propose qu'au « lieu de traiter et de négocier avec une multitude d'États séparés », les acteurs extérieurs au continent « traiteraient avec un seul gouvernement uni ». Il résume son vœu ainsi qu'il suit : « Les forces qui nous unissent sont plus grandes que les difficultés qui nous divisent à présent, et notre but doit être de rendre l'Afrique digne, moderne et prospère ». C'est un challenge personnel qu'il croit être celui de tous les présidents africains, en affirmant que « Tel est le défi que la destinée a jeté aux dirigeants de l'Afrique ». Il continue dans sa lancée en ces termes : « C'est à nous de saisir cette occasion magnifique de prouver que le génie du peuple africain peut triompher des tendances séparatistes pour devenir une nation souveraine, en constituant bientôt, pour la plus grande gloire et la prospérité de son pays, les Etats-Unis d'Afrique[1] ».

❖ ***Mouammar Kadhafi (1942-2011) :*** le Guide libyen poursuivra d'une certaine manière le projet de Nkrumah. En l'an 2000, à Lomé, il présenta l'ambitieux projet des États-Unis d'Afrique – passeport unique, monnaie africaine, force militaire commune, banque centrale africaine, etc. Il revint à la charge en 2009, pendant sa présidence à l'UA. Les dirigeants des pays africains se montrèrent hostiles comme ce fut le cas avec Nkrumah. Toutefois, en mai 2011, en Guinée-Bissau et au Bénin, de centaines de jeunes manifestaient pour marquer leur soutien au projet de Kadhafi[2]. Il a toujours plaidé pour une gouvernance continentale, s'obstinant que c'est par elle que l'Afrique deviendrait forte et pourrait parler véritablement d'une même voix. Son projet ne sera pas concrétisé. En bref, l'unité africaine demeure un sujet en débat dans les RI.

III. L'unité africaine en débat : une réflexion sous l'angle des Relations internationales

Cette partie vise à lire l'unité africaine au prisme de certains paradigmes des RI. L'objectif est d'offrir une lecture critique selon les postures que chaque observateur adopte, pour justifier la réalisation et/ou justifier la nécessité d'opérationnaliser concrètement cette unité. Nous convoquons quelques approches stato-centrées (A) et non stato-centrées (B) afin de comprendre les contrastes gravitant autour d'un dissensus sur l'unité africaine, en se fondant sur les visions divergentes des théories des RI – il n'est pas question de revenir sur les grands débats qui entourent les RI.

---

[1] Kwame Nkrumah, *L'Afrique doit s'unir*, Paris, Présence Africaine, 1994 (1964), p. 254.

[2] Damome, Etienne E, « Pourquoi beaucoup d'Africains soutiennent Kadhafi », *Outre-Terre*, vol. 29, n°3, 2011, p. 124.

A. Les approches non stato-centrées des TRI

Quatre approches[1] sont mobilisées pour questionner l'unité africaine : la société-monde, le transnationalisme, le réflexivisme et le constructivisme.

- **La société-monde : la contestation de l'unicité de l'Homme africain**

Si dans la société des États, ces derniers s'associent en se fondant sur des intérêts et en s'accordant sur des « standards de comportement », dans la société des individus qui représente la société-monde, les Hommes « sont unis par un destin partagé et par des valeurs communes[2] ». Ramenant à l'espace africain la vision de la société-monde, nous comprenons dans cette perspective, que l'unité africaine est réalisée à travers les objectifs et les principes sur lesquels s'est accordée la « société des États africains ». Cependant, on ne peut envisager rationnellement, une unité de l'ensemble des populations africaines dans la mesure où cette « société des individus africains », n'a pas un destin commun (différence dans la colonisation, les indépendances, le développement, etc.), et leurs valeurs (culturelles et traditionnelles) diffèrent à bien des égards. Le transnationaliste John Burton – dans *World Society* publié à Cambridge en 1972 – présentant la société-monde comme une toile d'araignée, estime qu'il y a une multiplicité de relations transnationales créant « un tissu complexe d'interactions aussi bien économiques, sociales, politiques que religieuses, qui ne sont plus synthétisées par un quelconque intérêt général[3] ». Sachant que l'unité africaine concourt à œuvrer pour l'intérêt général des Africains, cela est contesté dans la perspective de la société-monde. Si François Fourquet affirme qu'il existe une « société mondiale » en s'appuyant sur le plan économique[4], Jacques Lévy a raison d'entrevoir la société-monde comme une utopie[5]. Partant de l'approche de la société-monde, l'unité de l'Homme africain serait utopique en réalité.

- **Le transnationalisme : l'affirmation de l'unité africaine**

Héritier des approches fonctionnalistes et néo-fonctionnalistes, le transnationalisme se nourrit de plusieurs postulats du libéralisme à savoir : « l'optimisme et la confiance en la capacité des hommes à réduire les effets

---

[1] Certaines variantes de ces approches sont stato-centrées, elles sont délaissées dans les analyses qui seront faites.

[2] Roche, Jean-Jacques, *Relations internationales*, 5e éditions, Paris, LGDJ, coll. « Manuel », 2010, p. 225.

[3] Roche, Jean-Jacques, *Théories des Relations internationales*, 4e éditions, Paris Cedex 13, Montchrestien, coll. « Clefs/Politique, 2002, p. 152.

[4] Fourquet, François, « Une société mondiale ? », *Revue du Mauss*, vol .2, n°20, p. 223.

[5] Levy, Jacques, « Chapitre 7. La société-Monde, une histoire courte », dans Testot, Laurent (dir.), *Histoire globale. Un autre regard sur le monde*, Paris, Éditions sciences humaines, coll. « Synthèse », 2015, p. 82.

négatifs de l'anarchie [et] la pluralité des acteurs »[1]. Sous le regard transnational, l'unité africaine est réelle, d'autant plus que les relations transnationales renvoient à « toute relation qui, par volonté délibérée ou par destination, se construit dans l'espace [africain] au-delà du cadre étatique national et qui se réalise en échappant au moins partiellement au contrôle ou à l'action médiatrice des États[2] ». De nombreuses ONG africaines sont transnationales, le cas du Réseau Panafricain des Jeunes pour la Culture de la Paix (PAYNCOP), dont le but est entre autres, de créer une synergie entre la diaspora africaine et les organisations de jeunesse du continent. De même, dans la conception d'une « société transnationale africaine »[3], l'unité trouve ses marques avec l'existence de plusieurs marchés transfrontaliers et d'institutions en la matière ; les migrations africaines ; les organisations transfrontalières comme le Réseau des Femmes Leaders Africaines (RFLA).

- **Le réflexivisme : la complexité de l'unité africaine**

Le réflexivisme « se penche sur l'image de soi à laquelle on adhère, bref, sur l'identité ». Toutefois, peut-on parler d'une identité africaine sachant que l'Afrique n'est pas homogène ? Les populations de l'Afrique du Nord et celles de l'Afrique subsaharienne adhèrent-elles à une image d'une Afrique unie et indivisible ? Les avis sont tout autant non-consensuels pour répondre à ces interrogations, car « la théorie réflectiviste se focalise sur l'histoire de chaque acteur pour tenter de mettre à jour comment un problème donné est perçu par cet acteur et les autres sujets qui interagissent avec lui »[4]. Avec cette approche, l'unité africaine est complexe : un acteur peut soutenir qu'elle existe, et un autre démontrer le contraire. Tout est question d'une part, de la perception de chaque acteur et observateur, et d'autre part, des éléments que ces derniers mobilisent comme ossature de leurs discours sur l'existence de l'unité africaine ou pas. L'objectif de l'approche réflexiviste, c'est de « fournir une explication plausible du fait observé ». D'où la posture réflexiviste peut conduire celui qui en fait usage, à soutenir « un projet politique spécifique ». Dès lors, l'unité africaine en tant que projet politique principalement, est une problématique ambivalente entre ceux qui estiment qu'elle n'existe pas et ceux qui soutiennent son existence.

- **Le constructivisme : l'existence théorique de l'unité africaine**

---

[1] Roussel, Stéphane et O'meara, Dan, « Chapitre 7. Le libéralisme classique », dans Macleod, Alex et O'meara, Dan (dir.), *Théories des relations internationales. Contestations et résistances*, 2e édition, Montréal, Athéna, 2010, p. 282.

[2] Badie, Bertrand et Smouts, Marie-Claude, *Le retournement du monde. Sociologie de la scène internationale*, 3e édition, Paris, Presses de la Fondation Nationale de Science Politique et Dalloz, 1999, p. 66.

[3] Nous empruntons à Raymond Aron cette explication de la « société transnationale » – présentée dans *Paix et guerre entre les nations* – : elle se manifeste à travers « les échanges commerciaux, les migrations des personnes, […] les organisations qui passent par-dessus les frontières » (1962, p. 113).

[4] J-J. Roche, 2002, op. cit. p. 197

Pour les constructivistes, les relations internationales sont intersubjectives dans la mesure où elles sont orientées par les idées, les valeurs, les normes et les règles[1] – Wendt et Onuf partagent cette conception[2]. Vue sous cet angle, l'unité africaine est réelle, car les États partagent les éléments précédemment cités, qui s'observent à travers de nombreux aspects, notamment « la promotion de l'égalité entre les hommes et les femmes ; la promotion de la justice sociale » (art. 4, les alinéas k et n, de l'Acte constitutif de l'UA). Le constructivisme « souligne aussi la nécessité de contextualiser historiquement, les valeurs [et] les croyances[3] ». Ce qu'a toujours fait l'organisation continentale à la lecture de la Charte de l'OUA dont le paragraphe 8 du préambule, nous renseigne que les signataires souhaitaient « le progrès général de l'Afrique ». Mieux, ils étaient « guidés par une commune volonté de renforcer la compréhension entre [les] peuples et la coopération entre [les] États, afin de répondre aux aspirations [des] populations vers la consolidation d'une fraternité et d'une solidarité intégrées au sein d'une unité plus vaste qui transcende les divergences ethniques et nationales » (paragraphe 5 du préambule de la Charte de l'OUA). Nous pouvons constater que l'existence de l'unité africaine est théorique, en ce sens que les croyances, les valeurs et les normes contenues dans les textes, diffèrent de la réalité dans les relations et le « vivre-ensemble » des populations africaines, à tel point que cette prétendue unité africaine est remise en question.

B. Les approches stato-centrées des RI

L'idéalisme, l'intergouvernementalisme, l'interdépendance et le réalisme – leurs variantes ne sont pas prises en compte – serviront de boussoles du stato-centrisme analytique de l'unité africaine.

❖ L'intergouvernementalisme : la réalisation institutionnelle de l'unité africaine

L'approche intergouvernementale – dont Stanley Hoffman et Robert Keohane sont des figures de proue – vise à comprendre les dispositifs qui conduisent les États à s'associer afin de pouvoir répondre à leurs besoins d'ensemble de manière plus efficace[4]. La mise en place de la ZLECAf et la « politique de sécurité et de défense commune » élaborée par l'Architecture Africaine de Paix et de Sécurité (AAPS) – avec les mécanismes y associés (FAA, SCAR,

---

[1] O'meara, Dan, « Chapitre 12. Le constructivisme », dans Macleod, Alex et O'meara, Dan (dir.), *Théories des relations internationales. Contestations et résistances*, 2e édition, Montréal, Athéna, 2010, p. 460.

[2] Lire particulièrement : « The Agent-Structure Problem in International Relations Theory » (publié en 1987 dans le vol. 2, n °3 de la revue *International Organization*) d'Alexander Wendt ; et *World of our Making* (publié aux presses de l'université de Caroline du Sud en 1989) de Nicholas Onuf.

[3] Klotz, Audie et Lynch, Cecilia, « Le constructivisme dans la théorie des relations internationales », *Critique internationale*, n° 2, 1999, p. 51.

[4] J-J. Roche, 2002, *op. cit.* p. 138.

CARIC) –, sont des initiatives intergouvernementales, dont le but des États est d'unir leurs moyens pour des actions communes dans l'intérêt général des pays africains. Par l'entremise des organisations intergouvernementales africaines (UA, CEN-SAD, CEDEAO, etc.), la coopération interétatique s'apprécie « comme un procédé rationnel destiné à optimiser l'emploi des moyens mis en commun par les États membres[1]. Pour l'intergouvernementalisme, l'unité africaine est réalisée par l'existence d'organisations africaines, surtout que l'ambition qu'elles poursuivent est de mettre en commun leurs forces pour résister aux chocs extérieurs, réagir de manière concertée face aux problèmes qui se présentent, d'apporter et/ou de proposer des solutions aux difficultés que traversent l'un des États membres. Les dernières mutations de la CEMAC et de la CEEAC (dans une perspective d'harmonisation) traduisent un besoin d'unifier les normes, les instruments, les mécanismes et les règles, sachant que plusieurs pays appartiennent à ces deux Communautés dont maints objectifs et principes d'origines sont similaires.

❖ **L'interdépendance : la construction de l'unité africaine**

Le paradigme de l'interdépendance rend compte du fait que les relations internationales ne peuvent s'analyser exclusivement dans la conception conflictuelle de l'approche réaliste[2], au regard de la mondialisation créant une interdépendance globale[3], due à une hausse d'interdépendance des acteurs et des sociétés[4]. L'interdépendance s'observe par la « multiplicité des canaux et des échanges et la multiplication des domaines d'actions » entre les États[5]. Dans une relation d'interdépendance, « tous les États retirent des gains relatifs[6]quels qu'ils soient. Nous pouvons constater en Afrique, l'existence de CER dont les membres sont interdépendants sur plusieurs domaines, à l'exemple de l'économie – BEAC, BCEDEAO, etc. L'interdépendance participe à la naissance d'un sentiment partagé d'une destinée commune des membres d'une organisation. C'est pourquoi, Karl Deutsch en 1957, forgeait le concept de « communauté de sécurité ». Elle renvoie à « la conviction des individus et des groupes qui sont arrivés à un accord sur un point au moins, à savoir que les problèmes sociaux communs doivent et peuvent être résolus par

---

[1] J-J. Roche, 2010, *op. cit.* p. 173.

[2] Philippe Braillard et Mohamed-Reza Dhalili, *Les Relations internationales*, Paris, PUF, coll. « Que sais-je ? », 2012, p. 12.

[3] Gérard Dussouy, *Les théories géopolitiques*, *Traité de Relations internationales (I)*, Paris, L'Harmattan, 2007, p. 54.

[4] Robert O. Keohane et Joseph S., Nye « Globalization: What's New? What's Not? (And So What?) », *Foreign Policy*, n°118, 2000, p. 105.

[5] Stéphane Roussel et Dan O'meara, « Chapitre 7. Le libéralisme classique », dans Macleod, Alex et O'meara, Dan (dir.), *Théories des relations internationales. Contestations et résistances*, 2e édition, Montréal, Athéna, 2010, p. 283.

[6] Diane Ethier, *Introduction aux Relations internationales*, 5e édition mise à jour, Montréal, Les Presses de l'Université de Montréal, 2020, p. 59.

des mécanismes de changement pacifiques »[1] – on retrouve cette conception dans les objectifs et les principes des instruments de création des organisations africaines, lorsqu'il est fait mention du règlement pacifique des différends et du non-recours à la force sous aucune forme en cas de différends interétatiques et/ou intraétatiques. Dans le cadre de la CEEAC, Elie Mvie Meka parle d'un complexe régional de sécurité[2] pour souligner cette interdépendance sécuritaire entre les États de cette Communauté. Sous la veine d'analyse interdépendantiste, l'unité africaine est en construction – l'opérationnalisation de la FAA le montre. Elle progresse lentement ; il reste beaucoup à faire. Si les domaines économico-financiers sont dynamiques dans cette construction, d'autres le sont moins (le tourisme et les NTIC), voire sont en attente (la libre circulation intracontinentale).

❖ **L'idéalisme : l'aspiration à l'unité africaine**

Si Emmanuel Kant est un des précurseurs de l'idéalisme en RI avec son *Projet de paix perpétuelle*, cette approche refit surface avec les « promoteurs de la Société des Nations »[3] dans lequel l'idéalisme s'incarne[4] – dont Woodrow Wilson est un des acteurs. Selon le paradigme idéaliste : « Les conflits violents entre États peuvent être évités par une transformation de la réalité interétatique reposant sur le règne du droit, l'injonction de la morale dans la vie internationale et l'extension de la démocratie »[5]. Dès lors, l'unité africaine est perceptible par le corpus juridique diachronique de l'organisation continentale et des CER, l'adoption des principes démocratiques dans différents États, etc. De plus, cette perspective théorique dans son ontologie « soutient que pour comprendre adéquatement le monde social, il faut tenir compte du fait qu'il est formé par l'action humaine consciente et intentionnelle (porteur de projet d'action) »[6]. Autrement dit, « la ''réalité sociale'' est mise en place, maintenue et chargée par et à travers les actions conscientes des agents humains dans le cadre de leurs compréhensions partagées d'eux-mêmes, de leur place dans le monde social et de leurs relations avec d'autres agents humains »[7]. Sous cette acception, l'unité africaine est un projet pieux dont l'ossature théorique est connue et contenue dans les textes des organisations africaines, en tête desquelles l'UA. Ainsi, l'unité africaine comme aspiration n'a pas encore véritablement pris corps comme « réalité sociale » dans une Afrique plurielle, malgré les « actions conscientes » des États, des ONG, etc. Cette unité du continent africain s'inscrit comme une volonté et comme une représentation d'un idéal en quête

---

[1] Jean-Jacques. Roche, 2010, *op. cit.* p. 160
[2] Élie Mvie Meka, *Architecture de la sécurité et gouvernance démocratique dans la CEEAC*, Yaoundé-Cameroun, Presses Universitaire d'Afrique, 2007, p. 186.
[3] Jean-Jacques Roche, 2002, *op. cit.* p. 21.
[4] Jean-Jacques Roche, 2010, *op. cit.* p. 37
[5] Philippe Braillard et M-R. Djalili, 2012, p. 8.
[6] Dan O'Meara, 2010, *op. cit.* p. 463.
[7] Dan O'meara, 2010, *op. cit.* p. 142.

perpétuel. Les acteurs africains souhaitent aboutir réellement à cette unité, mais le chemin pour y arriver est tumultueux, fait de tensions et d'entraves volontaires et involontaires rendant la tâche herculéenne.

❖ **Le réalisme : l'affirmation de l'inexistence de l'unité africaine**

L'anarchie de la scène mondiale est l'idée la plus répandue des réalistes[1]. Ces derniers affirment qu'il faut considérer les relations sociales, les rapports politiques et l'Homme de la manière qu'ils se donnent à voir, et non de la façon que nous voudrions qu'ils soient en se basant sur un idéal[2]. C'est une invitation à tout observateur de regarder l'unité africaine dans les faits, et non dans les vœux pieux énoncés par les organisations africaines. En toile de fond, le réalisme (classique) rejette une vision idéaliste des relations internationales[3] et a tendance à minorer le rôle des intentions[4]. Autrement formulé, il est « anti-utopique dans le sens où il juge la valeur d'une proposition à sa faisabilité, sans se faire d'illusion sur la volonté ou la capacité des acteurs de respecter les principes qu'ils invoquent »[5]. D'où Hans Morgenthau met en garde et recommande de faire une distinction entre l'opinion et la vérité. Mieux, « entre ce qui est rationnellement et objectivement vrai, soutenu par la preuve, et ce qui n'est que jugement subjectif, divorcé des faits tels qu'ils sont et fondé sur le préjugé et la tendance à prendre ses désirs pour la réalité[6] ». Désirer l'unité africaine, chérir avec conviction qu'elle est réelle, prétendre que les mécanismes et les documents-cadres (exemple Agenda 2063) qui soutiennent cet idéal en sont des preuves, reflète la volonté de l'atteindre, pas son effectivité. Pour le réalisme, l'unité africaine est inexistante : pas de banque centrale africaine, pas de libre circulation des biens et des personnes intracontinentales, multiplicité monétaire, traitement différencié des étrangers d'un pays à un autre – la liste est longue.

En définitive, les théories des relations internationales donnent une compréhension plurielle de l'unité africaine, entre existence, inexistence et contrastes, dont le tableau ci-dessous récapitule les conclusions des perspectives. La prudence est donc de mise dans le questionnement de cette unité africaine.

---

[1] Jean-Jacques. Roche, 2002, *op. cit.* p. 21.

[2] Diane Ethier, 2020, *op. cit.* p. 27.

[3] Philippe Braillard et M-R. Djalili, 2012, *op. cit.* p. 8.

[4] Edward H. Carr, *The Twenty Years' Crisis, 1919-1939: An Introduction to the Study of International Relations*, 2e édition, London, Macmillan, 1946, p. 10.

[5] Jean-Baptiste Jeangène Vilmer, 2020, p. 23

[6] Cité par Macleod, Alex, « Chapitre 4. Le réalisme », dans Macleod, Alex et O'meara, Dan (dir.), *Théories des relations internationales. Contestations et résistances*, 2e édition, Montréal, Athéna, 2010, p. 152.

Tableau 1 : L'unité africaine au prisme des « Théories des Relations internationales ».

Approches théoriques	**Application à l'examen de l'unité africaine**	**L'unité africaine est :**
Interdépendance	L'existence d'une relation mutuellement bénéfique entre les États.	En chantier continu
Constructivisme	Les textes renferment les normes, règles et valeurs.	Une existence théorique
Intergouvernementalisme	L'existence d'institution d'action commune.	Une réalité institutionnelle
Idéalisme	L'espoir de voir une Afrique unie dans tous les domaines sans restriction.	Un vœu pas encore réalisable
Transnationalisme	Les relations transnationales sont observables dans les CER et à travers le continent africain.	Une existence empirique
Réflexivisme	L'identité africaine est introuvable et chaque peuple à sa propre histoire.	Un « fourre-tout » d'une complexité réelle
Société-monde	Les populations africaines n'ont pas un destin commun et ne partagent pas les mêmes valeurs.	Une idée contestée qui n'a pas d'ancrage
Réalisme	L'unité africaine dans sa finalité est un idéal des acteurs qui demeure encore au stade de projet.	Une inexistence empirique

Source : réalisation de l'auteur à partir de l'analyse faite dans « l'unité africaine en débat ».

IV. L'unité africaine en action : une utopie réaliste

Saisir l'unité africaine concrètement, c'est opérer des choix dans les actions retenues tout en délaissant – peut-être à tort – certains faits. Telle est l'opération délicate que nous nous engageons à réaliser. Toutefois, dans sa globalité, l'unité africaine est une utopie réaliste (D), car l'utopie politique des acteurs fait face à la *realpolitik* (C). La perception différenciée d'une Afrique duale (A), les positions désunies des États et des organisations africaines sur la scène mondiale (B), n'offrent pas un tableau reluisant de cette unité. De nombreux faits amènent à relativiser cette « vision optimiste » d'une Afrique unie.

A. La perception d'une Afrique duale

L'Afrique ou les « Afriques » ? La première renvoie généralement au continent africain ; la seconde est plus complexe qu'il n'y paraît, en ce sens qu'elle s'inscrit dans l'univers des représentations : comment percevoir l'Afrique en tant que mosaïque d'États, diversité des peuples et des cultures, etc. ? Dans l'*Afrique existe-t-elle ? À propos d'un malentendu persistant sur l'identité* (2006), Guy Rossatanga-Rignault et Flavien Enongoué, soumettent à la critique l'existence de l'Afrique. Mieux, leur analyse est un « véritable procès pour l'unité africaine »[1]. En effet, il est pertinent de renouveler la réflexion sur l'unité africaine au regard de la perception spatiale du continent[2], des dynamiques et de la persistance d'une Afrique duale : Afrique subsaharienne (Afrique noire) – avec 45 États – et Afrique du Nord (Afrique blanche) – avec 10 États. Le continent africain est divisé géographiquement de cette manière – la limite est la bande désertique du Sahara. Cette division influence les représentations de l'unité africaine. Dans son Traité constitutif de 1989, l'Union du Maghreb Arabe (UMA) considère que « l'instauration de règles communes concrétisant la solidarité effective » de ses membres, ouvre le chemin vers la réalisation de « l'unité arabe complète et un point de départ vers une union plus large, englobant d'autres États arabes et africains » (Paragraphe 5 du préambule). L'intention est explicite : c'est d'abord l'union d'un petit groupe d'États (Algérie, Maroc, Tunisie, Libye, Mauritanie) de l'Afrique blanche, puis des pays arabes d'Afrique ; enfin des pays africains, renvoyant à la prise en compte à terme, des États d'Afrique noire. On constate aussi que parmi les populations de l'Afrique du Nord, nombreux préfèrent s'identifier soit comme des Arabo-Musulmans, soit comme des Arabes. L'étiquette d'Africain leur est étrange. D'où vient cette étrangeté ? Sans doute, de leur « socle culturel arabisant », peut-être de l'éducation, ou des

---

[1] Guy Rossatanga-Rignault et Flavien Enongoue, *L'Afrique existe-t-elle ? À propos d'un malentendu persistant sur l'identité*, Paris-Libreville, Dianoia-Fondation Raponda Walker, 2006, 127 p.

[2] Gœrg, Odile, « L'Afrique vue de France : un continent éclaté, une construction dédoublée », dans Waquet, Jean-Claude *et al.*, *Les espaces de l'historien*, Strasbourg, Presses universitaires de Strasbourg, 2000, p. 65.

représentations entretenues socialement. Au demeurant, les ambitions des acteurs africains (UA, CER, ONG, leaders d'opinion, etc.) pour une unité africaine, la dualité représentationnelle de l'Afrique est un frein à une réalisation concrète de ce projet. Les postures divergentes des acteurs africains (institutions) sur certaines situations, participent à une mise en lumière des tensions qui gravitent autour de la concrétisation totale de l'unité africaine. Le challenge est titanesque, parce que l'une des conditions de faisabilité de l'unité africaine est d'impacter positivement les mentalités, afin que le brisement des blocages perceptifs de la dualité du continent cesse. Une telle opération n'est pas impossible, mais prendrait du temps sur des décennies certainement, si une réelle volonté politique l'accompagne et est socialement acceptée.

B. Les positions désunies des États et des organisations africaines

C'est un secret de polichinelle, les pays africains et les organisations intracontinentales ne synchronisent pas souvent leurs positions sur la même fréquence durant une longue période. Les illustrations sont nombreuses. Le 24 février 2022, pendant que l'UA recommandait à la Russie de respecter le droit international, la SADC elle, brandissait son principe de non-alignement le 22 août, quand la CEDEAO condamnait la guerre en Ukraine. La logique d'unité voudrait que ces CER adoptent la même position que l'UA, qui agit au nom de tous. Ce fait récent qu'est la guerre russo-ukrainienne « révèle une Afrique divisée [1]». Rétrospectivement, sur la question du Sahara occidental, les pays africains ne manquèrent pas de montrer leurs positions divergentes à la quatrième Commission de l'Assemblé Générale des Nations Unies (AGNU), le 13 octobre 2014 : d'une part, le Burundi, le Gabon, le Sénégal, le Bahreïn et la Guinée soutenaient la proposition du Maroc datant de 2007, d'autonomiser le Sahara occidental ; d'autre part, l'Afrique du Sud, la Tanzanie, le Lesotho et la Namibie s'opposèrent à cette proposition, en soutenant le droit à l'autodétermination des Sahraouis reconnu par l'AGNU. De plus, le statut d'observateur de l'État d'Israël divise l'UA[2], tout comme un « gouvernement africain » et les « Etats-Unis d'Afrique sont en quelque sorte abusivement utilisés dans les débats de l'UA dans la mesure où ni les États membres, ni la Commission n'ont encore clairement conceptualisé ce qu'ils entendent par-là[3] ». Entrevoir l'unité africaine avec de tels désaccords non-négligeables, des approximations et des jeux d'influence des « grandes

---

[1] Fabricius, Peter, « La guerre en Ukraine révèle une Afrique divisée », [En ligne], *Institut d'Études de sécurité*, publié le 18 mars 2022, consulté le 23 mai 2022. URL: https://issafrica.org/fr/iss-today/la-guerre-en-ukraine-revele-une-afrique-divisee.

[2] Hochet-Bodin, Noé, « Le cas israélien divise à nouveau l'Union africaine », [En ligne], *Le Monde Afrique*, publié le 20 février 2023, consulté le 25 mars 2023. URL : https://www.lemonde.fr/afrique/article/2023/02/20/le-cas-israelien-divise-a-nouveau-l-union-africaine_6162543_3212.html.

[3] Lecoutre, Delphine, « Vers un gouvernement de l'Union africaine ? Maximalistes vs gradualistes », Institut d'Études de Sécurité, *Paper*, n°147, juin 2007, p. 1.

puissances » africaines, renvoie à l'utopie politique qui se heurte à la *realpolitik*.

C. L'utopie politique face à la realpolitik

Dans la deuxième partie de son *Utopia* – publié en 1516 –, Thomas More présente une société meilleure, utopique en tout point de vue. L'utopie est une vision *a priori* mais risquée de ce que la société devrait être[1] ». Pour la politiste américaine Judith Shklar, « l'utopie désigne l'espoir politique[2] », « l'espoir à la transformation », « l'espoir que la politique nous entraîne plus loin que là où nous sommes »[3]. L'utopie politique est donc, une projection vers le meilleur, elle demeure une ambition platonique qui ne cadre pas avec la réalité. Vouloir d'une unité africaine au sens des « pères fondateurs » est foncièrement une construction théorique. L'unité africaine qui passerait par une « société meilleure africaine » au sens de Moore, une « société inclusive et solidaire », ou une position commune continue des organisations africaines sur les questions extracontinentales par exemple, ne pourrait aboutir tant que la *realpolitik*[4] aura toujours une place dominante dans la conduite des États. À l'origine, le théoricien allemand de la *realpolitik*, August Ludwig Von Rochau (militant libéral et journaliste) dans *Grundsätze der Realpolitik* – premier volume du traité publié en 1853 – avançait que l'essentiel en politique, c'est le nombre de personnes qui soutiennent une cause fermement ; et qu'une ambition politique déconnectée de son temps rencontrerait des difficultés dans son exécution. N'est-ce pas le constat de l'unité africaine ? Combien de pays défendirent ou soutiennent actuellement, l'idée des États-Unis d'Afrique ou d'un gouvernement africain, une Constitution commune, etc. ? Aussi, à cause de la guerre en Ukraine, n'avons-nous pas observé une dominance de la *realpolitik* guidant les postures des acteurs africains, lors des votes à l'AGNU et à la Commission des Droits de l'Homme de l'ONU, à la suite de l'adoption des résolutions sanctionnant la Russie ? L'unité africaine souhaiterait que les États africains se prononcent d'une même voix face à de telles situations. Toutefois, la réalité rattrape. Devant certaines situations, chacun devient nombriliste et veille à ne pas empiéter sur ses intérêts : l'unité africaine est une aspiration noble tant qu'elle n'entrave pas les intérêts des États.

D. L'utopie réaliste

Dans sa forme actuelle, l'unité africaine est un idéal. L'agir des acteurs le montre et ils en ont conscience, car la réalité diffère des ambitions politiques. D'où dans son analyse sur l'utopie face au réalisme, Edgar Morin affirme :

---

[1] Philippe J. Bernard et Rojey, Alexandre, « Aspects politiques et culturels des utopies d'aujourd'hui », *Annales des Mines-Réalités industrielles*, vol. 2, mai 2017, p. 87.

[2] Sylwia D. Chrostowska *et al.*, « Utopie, corps, politique », *Tumultes*, vol. 2, n°47, 2016, pp. 94.

[3] idem

[4] John Bew, *Realpolitik: A history*, Oxford-New York, Oxford University Press, 2016, 408 p.

« Ce qui est très gentil et inoffensif, trop inoffensif malheureusement, c'est l'utopie qui se sait utopie, qui se sait tout à fait en dehors du réel[1] ». Malgré les initiatives mises en place avec difficultés et lenteur, cette pensée du philosophe français cadre avec les postures centripètes de certains États africains et organisations du continent. Néanmoins, rien n'est impossible. Si John Rawls fait référence à l'utopie réaliste afin de « concevoir un monde où les peuples profondément divisés [sur maintes questions sociétales] vivent en paix en respectant les uns les autres[2] » ; que Rutger Bregman[3] dans son *utopie réaliste*, soutient la possibilité de mettre fin à certains maux sociétaux, voire mondiaux (la faim, les horaires de travail, etc.) ; il serait possible dans la veine d'analyse de l'utopie réaliste, d'aboutir à l'unité africaine. Autrement dit, dans l'utopie réaliste de l'unité africaine, l'idéal (l'imaginaire d'Unité) est un acquis théorique, mais la réalité (le réel de cette Unité) rencontre des tensions multiformes. L'UA particulièrement, a toujours eu certains dirigeants de ses États membres, qui souhaitaient dépasser le stade utopique de l'unité africaine, pour une unité africaine qui deviendrait réelle par la volonté commune et un travail d'ensemble des États membres. Il faut dire que l'utopie réaliste de l'unité africaine est un optimiste, d'un plausible franchissement de cap vers la concrétisation de tous les projets concourant à unifier véritablement l'Afrique. Dans son Agenda 2063 – élaboré en 2013 –, l'UA s'est projetée sur cinquante ans en définissant son cap pour l'unité africaine[4] autour de plusieurs domaines prioritaires. La feuille de route est là, il ne reste que la concrétisation des projets.

Conclusion :

Grosso modo, l'unité africaine est à l'image de « l'État fédéral africain [qui] est l'un de ces projets dont on a beaucoup parlé sur le continent tout au long du 20e siècle, mais qui, à l'évidence, ne connaît aucune avancée significative sur le terrain[5] ». Dans le monde des idées, « l'Unité Africaine a bien un réel enracinement », d'autant plus que c'est la « volonté d'entrer dans une logique cosmopolitique [...] et volonté de tenir ensemble le multiple dans l'un[6] ». De tout temps, il y a un « désir soutenu de l'intégration et de l'Unité africaine[7] ». Avec un engagement ferme et une détermination des États pour aboutir à cette unité globale, l'idéal poursuivi par les panafricanistes comme Nkrumah peut

---

[1] Edgar Morin, « Réalisme et utopie », *Diogène*, vol. 1, n°209, 2005, p. 154.

[2] Tezi, Yüksek Lisans, *La critique de « l'utopie réaliste » de John Rawls : pour une société juste reconsidérée*, Mémoire, Marmara üniversitesi, Istanbul, 2013, p.*155*.

[3] Rutger Bregman, *Utopies réalistes*, Paris, Seuil, 2017, 256 p.

[4] Christian Gambotti, « Comprendre les enjeux de l'Agenda 2063 », *Géoéconomie*, vol.4, n°76, 2015, p. 127.

[5] Léandre Serge Moyen, *L'impossible État fédéral africain. Les droits fondamentaux à l'épreuve des identités culturelles nationales*, Paris, L'Harmattan, 2022, p. 11.

[6] Yves Essengue, 2009, *art. cit.* p. 79.

[7] Issaka K Souare, « Regard critique sur l'intégration africaine. Comment relever les défis ? », *Institut d'Études de Sécurité, Paper*, n°140, juin 2007, p. 8.

devenir une réalité[1]. Soulignons que l'UA a du mal à « faire vivre le projet panafricain » d'unité du continent : « les avancées sont réelles, mais il reste à les concrétiser »[2].

Le problème de l'unité africaine – qui existait déjà depuis l'OUA – est avant tout d'ordre politique[3] : « il semblerait, en tout cas, que de véritables forces d'inertie se matérialisent à la fois par des oppositions implicites au cours des débats et par une absence d'aboutissement à des décisions concrètes à l'issue de certaines réunions »[4]. Sur le plan institutionnel, l'idée de créer un gouvernement africain rencontre toujours « des réactions et des sentiments d'approbation et de rejet ». De même, et à titre d'illustration, la réforme Kagamé – de 2016 – révéla davantage de lignes de disruptions entre les États membres de l'UA, créant ainsi un certain consensus fragile qui rendrait la tâche fastidieuse à la Commission africaine pour suivre son application[5].

En somme, l'unité africaine dans sa concrétude exacte – à la lecture des canevas proposés depuis des années – fait face à des entraves institutionnelles, mais surmontables s'il y a de la volonté. Pour la réalisation empirique totale de cette unité africaine, la prise de conscience des populations africaines – dans une logique d'Afrique globale non fragmentée – est importante. Comme le souligne Albert Bourgi : « Il est tout d'abord indéniable que l'opinion africaine, hier comme aujourd'hui, reste très sensible au discours panafricaniste[6] ». Si elle (l'opinion) s'y intéresse et « qu'elle soit davantage associée [par les institutions étatiques et africaines] à la construction du nouvel espace unitaire, elle serait certainement en mesure d'infléchir le carcan ''politicien'' et ''souverainiste'' qui caractérise les structures de l'Union ».

L'unité africaine demeure et a toujours été un idéal politique. Par une synergie des acteurs africains, elle pourrait devenir une utopie réaliste. Le chemin pour y parvenir est long et la ligne d'arrivée n'est pas perceptible en ayant une position réaliste et en observant l'application de la *realpolitik* dans les relations internationales africaines.

---

[1] Adu Manyah, Édouard Kofi, « De l'Organisation de l'Unité africaine (OUA) à l'Union africaine (UA). La contribution de Kwame Nkrumah », *Latitudes Noires*, 2003-2004, p. 22.

[2] Stéphane Doumbé-Billé, 2012, *op. cit.* p. 76

[3] Mirlande Manigat, « L'Organisation de l'unité africaine », *Revue française de science politique*, 21e année, n°2, 1971, p.401.

[4] Delphine Lecoutre, 2007, p. 13.

[5] Benjamin Augé et Félicité Djilo, « Nouvelle Commission de l'Union africaine (2021-2025) Défis et enjeux après la réforme initiée par Paul Kagamé », *Briefings de L'IFRI,* IFRI, décembre 2021, p. 9.

[6] Albert Bourgi, « L'Union africaine. Entre les textes et la réalité », *Annuaire Français de Relations Internationales*, vol. V, 2004, p. 343.

Sources :

- Acte constitutif de l'Union africaine (2000).
- Charte de l'Organisation de l'Unité africaine (1983).
- Traité constitutif de l'Union du Maghreb Arabe (1989).
- Traité d'établissement de la Communauté d'Afrique de l'Est (2007).
- Traité instituant le Marché Commun de l'Afrique orientale et australe (1980).
- Traité révisé de la Communauté des États Sahélo-Sahariens (2013).
- Traité révisé de la Communauté Économique des États de l'Afrique Centrale (2019).
- Traité révisé de la Communauté Économiques des États de l'Afrique de l'Ouest (1993).
-

Bibliographie :

- Adu Manyah, Édouard Kofi, « De l'Organisation de l'Unité africaine (OUA) à l'Union africaine (UA). La contribution de Kwame Nkrumah », *Latitudes Noires*, 2003-2004, pp. 1-28.
- Allahamne Minda, Benjamin, *La coopération intra-africaine. Étude à l'aune de l'accord portant création de la zone de libre-échange continental africaine*, Paris, L'Harmattan, 2022, 200 p.
- Aron, Raymond, *Paix et guerre entre les nations*, Paris, Calmann-Lévy, 1962, 797 p.
- Augé, Benjamin et Djilo Félicité, « Nouvelle Commission de l'Union africaine (2021-2025) Défis et enjeux après la réforme initiée par Paul Kagamé », *Briefings de L'IFRI,* IFRI, décembre 2021, pp. 1-10.
- Badie, Bertrand et Smouts, Marie-Claude, *Le retournement du monde. Sociologie de la scène internationale*, 3e édition, Paris, Presses de la Fondation Nationale de Science Politique et Dalloz, 1999, 238 p.
- Bernard, Philippe J. et Rojey, Alexandre, « Aspects politiques et culturels des utopies d'aujourd'hui », *Annales des Mines-Réalités industrielles*, vol. 2, mai 2017, pp. 86-91.
- Bew, John, *Realpolitik: A history*, Oxford-New York, Oxford University Press, 2016, 408 p.
- Blais, Marie-Claude. « La solidarité », *Le Télémaque*, vol. 33, n°1, 2008, pp. 9-24.
- Boukari-Yabara Amzat, « 17. De Nkrumah à Nyerere : la relève panafricaine ? », dans *Africa Unite ! Une histoire du panafricanisme*, Paris, La Découverte, coll. « Poche/Essais », 2017, pp. 226-237.
- Bourgi, Albert, « L'Union africaine. Entre les textes et la réalité », *Annuaire Français de Relations Internationales*, vol. V, 2004, pp. 327-344.
- Braillard, Philippe et Dhalili, Mohamed-Reza, *Les Relations internationales*, Paris, PUF, coll. « Que sais-je ? », 2012, 96 p.
- Bregman, Rutger, *Utopies réalistes*, Paris, Seuil, 2017, 256 p.
- Carr, Edward H., *The Twenty Years' Crisis, 1919-1939: An Introduction to the Study of International Relations*, 2e édition, London, Macmillan, 1946, 244 p.
- Chrostowska, Sylwia D. *et al.*, « Utopie, corps, politique », *Tumultes*, vol. 2, n°47, 2016, pp. 91-108.

- Damome, Etienne E, « Pourquoi beaucoup d'Africains soutiennent Kadhafi », *Outre-Terre*, vol. 29, n°3, 2011, pp. 123-133.
- De Dreux-Breze, Joachim, *L'accession à l'indépendance de l'Afrique équatoriale française : union ou éclatement*, Paris, L'Harmattan, 2010,214 p.
- Decraene, Philippe, « Barthélemy Boganda ou du projet d'État Unitaire Centrafricain à celui d'États-Unis d'Afrique Latine », dans *Relations Internationales*, n°34, Ed. Belin, 1983, pp. 215-222.
- Decraene, Philippe, « Panafricanisme et grandes puissances », *Politique étrangère*, vol. 24, n°4, 1959, pp. 408-421).
- Decraene, Philippe, *Le panafricanisme,* Paris, PUF, coll. « Que sais-je ? », 1976, 128 p.
- Diouf, Abdou, « Afrique : l'intégration régionale face à la mondialisation », *Politique étrangère*, vol. 4, 2006, pp. 785-797.
- Doumbe-Bille, Stéphane, « Chapitre 3. L'Union africaine : objectifs et principes », dans Yusuf, Abdulqawi A. et Ouguergouz, Fatsah (dir.), *L'Union africaine : cadre juridique et institutionnel. Manuel sur l'organisation panafricaine*, Paris, Pedone, 2012, pp. 57-76.
- Dussouy, Gérard, *Les théories géopolitiques, Traité de Relations internationales (I)*, Paris, L'Harmattan, 2007, 365 p.
- Ehoke Tambashe Diumi, Albert, *De l'organisation de l'unité africaine à l'union africaine. Un cercle vicieux ?* République Démocratique du Congo, L'Harmattan, 2022, 202 p.
- Essengue, Yannick, « L'unité africaine : enjeux et perspectives », *Raison Ardente*, n° 81, mars 2009, pp. 67-79.
- Ethier, Diane, *Introduction aux Relations internationales*, 5e édition mise à jour, Montréal, Les Presses de l'Université de Montréal, 2020, 282 p.
- Fabricius, Peter, « La guerre en Ukraine révèle une Afrique divisée », [En ligne], *Institut d'Études de sécurité*, publié le 18 mars 2022, consulté le 23 mai 2022. URL: https://issafrica.org/fr/iss-today/la-guerre-en-ukraine-revele-une-afrique-divisee.
- Fourquet, François, « Une société mondiale ? », *Revue du Mauss*, vol .2, n°20, pp. 222-240.
- Gambotti, Christian, « Comprendre les enjeux de l'Agenda 2063 », *Géoéconomie*, vol.4, n°76, 2015, pp. 127-128.
- Gandolfi, Alain, « Naissance et mort sur le plan international d'un État éphémère : la fédération du Mali », *Annuaire français de droit international*, vol. 6, 1960, pp. 881-906.
- Gœrg, Odile, « L'Afrique vue de France : un continent éclaté, une construction dédoublée », dans Waquet, Jean-Claude *et al.*, *Les espaces de l'historien*, Strasbourg, Presses universitaires de Strasbourg, 2000, pp. 65-90.
- Goulbourne, Harry, « Julius Nyerere et la révolution africaine », *Africa Development / Afrique et Développement*, vol. 7, n°3, 1982, pp.68-86.
- Guimali Nsakala, Mireille, *Barthélemy Boganda, l'homme de l'Union aéfienne*, Thèse de doctorat en Anthropologie et sociologie du politique et du développement, Université de Paris 8, 2002, 623 p.
- Hochet-Bodin, Noé, « Le cas israélien divise à nouveau l'Union africaine », [En ligne], *Le Monde Afrique*, publié le 20 février 2023, consulté le 25 mars 2023.

URL : https://www.lemonde.fr/afrique/article/2023/02/20/le-cas-israelien-divise-a-nouveau-l-union-africaine_6162543_3212.html.

- Jeangene Vilmer, Jean-Baptiste, *Théories des relations internationales*, Paris, Presses Universitaires de France, coll. « Que sais-je ? », 2020, 128 p.
- Keohane, Robert O. et Nye, Joseph S., « Globalization: What's New? What's Not? (And So What ?) », *Foreign Policy*, n°118, 2000, pp. 104-119.
- Klotz, Audie et Lynch, Cecilia, « Le constructivisme dans la théorie des relations internationales », *Critique internationale*, n° 2, 1999, pp. 51-62.
- Kwame Nkrumah, *L'Afrique doit s'unir*, Paris, Présence Africaine, 1994 (1964).
- Lecoutre, Delphine, « Vers un gouvernement de l'Union africaine ? Maximalistes vs gradualistes », Institut d'Études de Sécurité, *Paper*, n°147, juin 2007, pp. 1-16.
- Lenoble-Bart, Annie, « 2. Deux figures emblématiques de l'histoire africaines », dans *Afrique Nouvelle. Un hebdomadaire catholique dans l'histoire (1947-1987)*, Pessac, Maison des Sciences de l'Homme d'Aquitaine, 1996, pp. 245-262.
- Levy, Jacques, « Chapitre 7. La société-Monde, une histoire courte », dans Testot, Laurent (dir.), *Histoire globale. Un autre regard sur le monde*, Paris, Éditions sciences humaines, coll. « Synthèse », 2015, pp. 82-92.
- Macleod, Alex, « Chapitre 4. Le réalisme », dans Macleod, Alex et O'meara, Dan (dir.), *Théories des relations internationales. Contestations et résistances*, 2e édition, Montréal, Athéna, 2010, pp. 146-188.
- Mande, Issiaka, et Jackson, Willy, « L'unité africaine, vers une communauté politique ? », *La Pensée*, vol. 381, n°1, 2015, pp. 61-77.
- Manigat, Mirlande, « L'Organisation de l'unité africaine », *Revue française de science politique*, 21e année, n°2, 1971. pp. 382- 401.
- Mercier, Désiré, « L'unité et le nombre d'après saint Thomas d'Aquin », *Revue néo-scolastique*, 8e année, n°31, 1901. pp. 258- 275.
- Millet, Damien, *L'Afrique sans dette*, Liège/Paris, CADTM/Syllepse, 2005, 201 p.
- Morin, Edgard, « Réalisme et utopie », *Diogène*, vol. 1, n°209, 2005, pp. 154-164.
- Moyen, Léandre Serge, *L'impossible État fédéral africain. Les droits fondamentaux à l'épreuve des identités culturelles nationales*, Paris, L'Harmattan, 2022, 384 p. Edition numérique.
- Mvie Meka, Éli, *Architecture de la sécurité et gouvernance démocratique dans la CEEAC*, Yaoundé-Cameroun, Presses Universitaire d'Afrique, 2007, 253 p.
- Ndiaye, Amadou Lamine, *Les idées politiques de Julius Nyerere : un projet panafricaniste revisité*, Thèse de doctorat en Anglais, Université de Toulouse, 2017, 393 p.
- Ndoye, Modou, « La fédération du Mali à l'épreuve de l'indépendance : chronique d'un échec », *Africa : Rivista Trimestrale Di Studie Documentazione De ll'Istituto Italiano per l'Africa e l'Oriente*, vol. 50, n°2, 1995, pp. 151-76.
- O'omeara, Dan, « Chapitre 12. Le constructivisme », dans Macleod, Alex et O'meara, Dan (dir.), *Théories des relations internationales. Contestations et résistances*, 2e édition, Montréal, Athéna, 2010, pp. 459-503.

- O'omeara, Dan, « Chapitre 3. La méthodologie », dans Macleod, Alex et O'meara, Dan (dir.), *Théories des relations internationales. Contestations et résistances*, 2e édition, Montréal, Athéna, 2010, pp. 100-145.
- Prunier, Gérard, *Africa's World War. Congo, the Rwandan Genocide, and the Making of a Continental Catastrophe*, Oxford, Oxford University Press, 2011, 576 p.
- Rickert, Heinrich, « L'un, l'unité, le un. Remarques sur la logique du concept de nombre », *Les Études philosophiques*, vol. 110, n°3, 2014, pp. 393-455.
- Roch, Jean-Jacques, *Relations internationales*, 5e éditions, Paris, LGDJ, coll. « Manuel », 2010, 394 p.
- Roch, Jean-Jacques, *Théories des Relations internationales*, 4e éditions, Paris Cedex 13, Montchrestien, coll. « Clefs/Politique, 2002, 214 p.
- Rossatanga-Rignault, Guy et Enongoue, Flavien, *L'Afrique existe-t-elle ? À propos d'un malentendu persistant sur l'identité*, Paris-Libreville, Dianoia-Fondation Raponda Walker, 2006, 127 p.
- Roussel, Stéphane et O'meara, Dan, « Chapitre 7. Le libéralisme classique », dans Macleod, Alex et O'meara, Dan (dir.), *Théories des relations internationales. Contestations et résistances*, 2e édition, Montréal, Athéna, 2010, pp. 264-302.
- Sagadou, Jean-Paul, « L'intégration africaine ou le désir de l'autre », *Itinéraire augustinienne*, vol, 54, n°4, 2015, pp. 41-48.
- Sayad, Abdelmalek, « Qu'est-ce que l'intégration ? », dans *Hommes et Migrations*, n°1182, décembre 1994, pp. 8-14.
- Sékou Touré, Ahmed, *Révolution, culture et panafricanisme*, Conakry, Revue du Parti, n°88, 1976, 219 p.
- Simão, L. Makiadi, « L'intégration régionale en Afrique : Un processus déjà ancien… pour quels résultats ?», *Mulemba*, vol. 6, n°12, 2016, pp. 51-71.
- Sindjoun, Luc, « L'Afrique dans la Science des Relations Internationales : Notes Introductives et Provisoires pour une Sociologie de la Connaissance Internationaliste », *African Sociological Review/Revue Africaine de Sociologie*, vol. 3, n°2, 1999, pp. 142-167.
- Sindjoun, Luc, *Sociologie des relations internationales africaines*, Paris, Karthala, 2002, 252 p.
- Sindjoun, Luc, « 12. L'Afrique au prisme des relations internationales », dans Gazibo, Mamoudou (dir.), *Le politique en Afrique. État des débats et pistes de recherche*, Paris, Karthala, 2009, pp. 319-341.
- Souare, Issaka K, « Regard critique sur l'intégration africaine. Comment relever les défis ? », *Institut d'Études de Sécurité, Paper*, n°140, juin 2007, pp. 1-12.
- Tété Godwin Tété-Adjalogo, *Marcus Garvey. Père de l'unité africaine des peuples. Tome 2*, Paris, L'Harmattan, 1995, 288 p.
- Tezi, Yüksek Lisans, *La critique de « l'utopie réaliste » de John Rawls : pour une société juste reconsidérée*, Mémoire, Marmara üniversitesi, Istanbul, 2013, 139 p.
- Tsala Tsala C. Christian (dir.), *Grand angle sur l'Union africaine*, Sénégal, Edition Cheikh Anta Diop, coll. « Politique Afrique en Mutation », 2020, 566 p.
- Tuquoi, Jean-Pierre, *L'Oubangui-Chari, le pays qui n'existait pas*, Paris, La Découverte, 2017, 294 p.

- Vander Borght, Christine, « Coopération. (cooperation – cooperación) », dans Vandevelde-Rougale, Agnès (dir.), *Dictionnaire de sociologie clinique*, Toulouse, Érès, coll. « Sociologie clinique », 2019, pp. 160-161.
- Wieviorka, Michel, « L'intégration : un concept en difficulté », *Cahiers internationaux de sociologie*, vol. 125, n°2, 2008, pp. 221-240.
- Yacine-Toure, Ben, « Chapitre V. De la coopération à l'unité », dans *Afrique. L'épreuve de l'indépendance*, Genève, Graduate Institute Publications, 1983, pp. 84-103.
- Zerbo, Yacouba, « La problématique de l'unité africaine », *Guerres mondiales et conflits contemporains*, vol. 4, n°212, 2003, pp. 113-127.

PARTIE II :

L'UNITE AFRICAINE AU MIROIR DES GRANDES PROBLEMATIQUES CONTEMPORAINES

Chapitre 1 :

L'Afrique et l'ONU : vers une révision de la place du continent africain dans la gouvernance mondiale ?

Cyrille Bienvenu Bediang [1]

Introduction :

Il est désormais de coutume qu'à presque toutes les AGNU depuis les années 2000, à côté des questions de sécurité qui prévalent dans le monde en général et en Afrique en particulier, des voix s'élèvent sur la nécessité de faire plus de place à l'Afrique dans les institutions onusiennes, et notamment au sein du Conseil de Sécurité des Nations Unies (CSNU). Les présidents africains se sont de plus en plus fait les hérauts d'une meilleure représentation de l'Afrique au sein de cet organe vital de l'ONU, où se prennent les décisions majeures sur le plan international. C'est ainsi que bon nombre de dirigeants africains se sont exprimés sur cette question. Alpha Condé en 2017 déclarait : « L'Afrique ne doit plus rester en marge des décisions qui la concernent ; comment comprendre que l'Afrique qui constitue la troisième puissance démographique du monde, ne soit pas représentée à un niveau approprié au sein du Conseil de sécurité, alors que 70% des questions qui y sont débattues là concernent ? »[2]. Robert Dussey, ministre des affaires étrangères du Togo quant à lui estimait que : « L'Afrique en général ne veut plus s'aligner sur les grandes puissances, qui veulent là réduire en une entité purement instrumentale au service de leur cause. Elles s'efforcent le plus souvent à mener les Africains à adhérer à leur narratif. En fin de compte, les Africains servent utilement à soutenir un camp contre un autre »[3]. Tandis que Macky Sall président du Sénégal considère qu': « Il est temps d'instaurer une gouvernance mondiale plus juste, plus inclusive et plus adaptée aux réalités de notre temps »[4]. Pour certains, il serait légitime d'avoir deux pays africains au Conseil de sécurité, l'Europe en a bien deux. Et cette réforme doit aller plus

---

[1] Docteur PhD en Science Politique/Relations Internationales Institut des Relations Internationales du Cameroun (IRIC), cbediang@yahoo.com.

[2] Discours du Président de la République de Guinée, Alpha Condé lors du débat général de la 72e session de l'AGNU tenue à New York du 12 au 17 septembre 2017.

[3] Discours du Ministre des affaires étrangères du Togo, Robert Dussey, lors du débat général de la 77e session de l'assemblée générale de l'ONU ténue du 13 au 26 septembre 2022.

[4] Discours du Président de la République du Sénégal, Macky Sall lors de la 77e session de l'assemblée générale de l'ONU.

loin qu'une révolution de palais[1]. C'est ainsi que la place jugée grandissante de l'Afrique sur les questions qui occupent l'ONU, ajoutée à une croissance démographique et économique continue qui en font un continent incontournable à l'heure actuelle, rendent obligatoire la prise en compte de ces revendications[2]. Des voix appellent ainsi à une révision des méthodes de travail du CSNU pour assurer sa démocratisation. Ses membres doivent augmenter pour qu'ils tiennent compte de nouveaux membres permanents et non-permanents du monde en développement, notamment de l'Afrique, berceau de la civilisation[3]. L'Afrique constitue le principal théâtre des opérations de maintien de la paix des Nations Unies avec notamment plus de deux tiers des conflits et par ricochet, plus du tiers de ces opérations. Cette raison suffirait à justifier et à revendiquer une réforme de l'ONU en faveur de la prise en compte d'une présence africaine au sein du Conseil de sécurité[4]. C'est dans cette perspective qu'un siège permanent au sein du CSNU permettrait au continent africain d'avoir un « regard africain » sur les problèmes africains lorsqu'ils sont débattus dans cette instance faitière de la sécurité internationale. Malgré ces diverses prises de position en faveur d'une révision de la place de l'Afrique au sein de l'ONU, les pays africains sont-ils entendus ? Est-ce que cette façon claire de réclamer une meilleure représentation a des chances d'être prise en compte dans cette assemblée dont les règles n'ont pas vraiment changé depuis sa naissance ? De quel poids et de quel levier dispose l'Afrique pour se faire entendre et pour pouvoir entrer dans le Conseil de sécurité ? Et si l'Afrique n'était pas encore prête à assumer une place de membre permanent au Conseil de sécurité avec droit de veto ? Ces différentes revendications qui sont légitimes et mêmes souhaitées se heurtent à l'épreuve des faits qui démontrent que le combat de l'Afrique réside prioritairement dans un besoin d'affirmation au plan interne en tant que continent capable de s'assumer afin de résoudre ses problèmes et, à parler d'une seule voix, gage de respectabilité sur le plan international. Ce qui pourra lui permettre de bénéficier utilement d'une réforme de l'ONU et d'avoir le mérite d'assumer une place de membre permanent au sein du Conseil de sécurité.

I. Le poids de l'Afrique à l'ONU et dans le monde : un argument essentiel pour une revendication de la réforme de l'ONU

Le continent africain regorge aujourd'hui d'un ensemble d'atouts démographiques et économiques qui sont des arguments majeurs et des atouts potentiels pour réclamer une réforme de l'ONU.

---

[1] Mouhamadou Moustapha Mbengue, *L'Afrique à l'ONU : quel mode de représentation ?* octobre 2013, p. 1.
[2] *Ibidem.*
[3] Pierre Abomo, « Conseil de sécurité : l'Afrique membre permanent ?, *revue Géopolitique,* 28 octobre 2013.
[4] Antoine Esteban, « Afrique et maintien de la paix », réseau de recherche sur les Opérations de Paix (ROP), consulté le 14 juin 2023. operationspaix.net.

A. Les atouts démographiques et les opérations de maintien de la paix comme arguments de revendication d'une réforme de l'ONU

Le poids démographique de l'Afrique au sein de l'ONU et le nombre élevé d'opérations de maintien de la paix qui se tiennent sur le continent africain sont mis en avant par les dirigeants africains comme arguments majeurs afin de réclamer une réforme du CSNU.

1. Les atouts démographiques de l'Afrique comme potentiels facteurs de puissance

Avec une AGNU qui a presque quasiment quadruplé en sept décennies, la majorité des États membres estiment qu'une démocratisation de l'institution sur la base de la représentativité régionale s'impose. L'Afrique qui pour sa part ne comptait que trois États membres sur les 51 à la création de l'ONU, enregistre aujourd'hui 54 pays sur les 193. Avec un tel effectif qui représente près d'un quart des membres de l'Assemblée Générale, le continent africain s'estime faiblement représenté avec trois sièges non-permanents. Ce poids non négligeable des Africains au sein de l'AGNU leur donne ainsi un pourvoir de vote capable d'influencer les résolutions au sein de cette assemblée. Ce poids au sein de l'ONU suscite une crainte de la part des autres États, bien que les pays africains ne soient pas toujours respectés, car ils sont souvent traités comme du « bétail électoral »[1].

En outre, la population africaine représente aujourd'hui près de 1,4 milliards de personnes, sur un total estimé à 8 milliards pour la population mondiale pour un ratio de près de 20 % de la population mondiale. Dans son ensemble, cette population a triplé entre 1980 et 2019, passant de 400 millions à plus de 1,3 milliard d'habitants[2]. Cette population qui verra ses deux tiers vivre dans les villes[3] devrait atteindre 2 milliards d'ici 2050 et 3 milliards d'ici 2065[4]. Pour sa part, la population des 15-24 ans devrait représenter à elle seule plus de 900 millions de personnes à cet horizon[5]. En vertu de ce poids démographique, les pays africains sous l'égide de l'UA dénoncent le fait que l'Afrique soit le seul continent absent du club des membres permanents[6]. Organisés autour de l'Union Africaine (UA), ces pays réclament ainsi depuis plusieurs décennies une représentation permanente avec droit de veto au

[1] Mark Paterson & Kudrat Virk, « The African Group at the United Nations », *Centre for Conflict Resolution,* 2013, pp. 16 – 19.

[2] Serge Rabier, « Les enjeux du dividende démographique pour les pays d'Afrique, une perspective genre », *Policy Paper,* 2020, pp. 1-27.

[3] Groupe de la Banque africaine de développement, « l'innovation comme accélérateur du développement », *Revue annuelle sur l'efficacité du développement,* 2015.

[4] Serge Rabier, « Les enjeux du dividende démographique pour les pays d'Afrique, une perspective genre », *Policy Paper*, *Op. Cit.* p. 5.

[5] http://ideas4develoment.org/afrique-dividente-demographique/

[6] L'Europe est représentée par la France, l'Angleterre et la Russie, l'Amérique est représentée par les USA, l'Asie par le Chine.

CSNU[1]. Ils exigent une place plus importante. Mais les défis liés à la prise en charge de cette population sans cesse croissante sont réels, notamment sur les plans de l'éducation, de la formation et de sa nutrition. Ce qui pose un réel souci de ressources humaines de qualité et de capital humain[2].

L'Afrique a beaucoup développé l'enseignement primaire au point d'en avoir généralisé l'accès à peu près partout, mais le niveau des compétences acquises reste bien en-deçà de ce qui est nécessaire pour assurer la transformation économique[3]. L'Afrique a besoin de centres d'excellences pour la formation d'une nouvelle génération de leaders pour les organes politiques, l'administration publique, les entreprises et la société civile.

L'Afrique fait face à des difficultés pour nourrir sa population. Ce continent dispose d'une forte main-d'œuvre et de vastes superficies de terres fertiles. Toutefois, le rendement agricole y est l'un des plus faibles au monde, avec une part dans la production mondiale estimée à 9 %[4] et une dépendance alimentaire qui s'amplifie. L'Afrique est ainsi un importateur net de produits agricoles depuis les années 1980. La production alimentaire n'ayant pas suivi la croissance démographique, le déficit d'approvisionnement a été comblé par les importations. La dépendance de l'Afrique à l'égard des importations alimentaires devrait atteindre 110 milliards de dollars d'ici 2025. Ce qui contribue à un déficit important de la balance commerciale agricole nette de l'Afrique. En 2021, le déficit a atteint 36,3 milliards de dollars[5]. Même si le niveau de vie de nombreux pays africains a augmenté au cours des deux dernières décennies, un Africain sur cinq a connu la faim en 2020[6].

L'Afrique connait aussi un nombre élevé de défis liés à la paix et à la stabilité.

---

[1] Le Conseil de Sécurité des Nations Unies (CSNU) est l'organe exécutif de l'organisation des Nations Unies. Il est investi de la responsabilité principale du maintien de la paix et de la sécurité internationale. Agissant au nom des États, il dispose des pouvoirs spécifiques tels que le maintien de la paix, l'établissement des sanctions internationales et l'intervention militaire. C'est une instance fondamentale dans la gouvernance mondiale. Le CSNU compte quinze membres, dont cinq permanents pourvus d'un droit de veto (Chine, Etats-Unis, France, Royaume-Uni, Russie) et dix autres élus pour une durée de deux ans (renouvelés de moitié tous les ans). C'est une configuration qui remonte à sa création le 17 janvier 1946. Outre le passage de 6 à 10 sièges de membres non permanent en 1963, aucune autre modification d'ampleur n'est venue ébranler ce dispositif immuable.

[2] Groupe de la Banque africaine de développement, « l'innovation comme accélérateur de développement », *Revue annuelle sur l'efficacité du développement, Op. cit.*

[3] *Ibidem.*

[4] Isabelle Ramdoo, L'Afrique des ressources naturelles, IISD, 2019, p. 1.

[5] Groupe de la Banque africaine de développement, « remettre l'Afrique sur sa trajectoire de développement », *Revue annuelle sur l'efficacité du développement,* 2022.

[6] *Ibidem.*

2. *Un nombre significatif d'opérations de maintien de la paix sur le continent africain*

L'Afrique constitue le principal théâtre des Opérations de Maintien de la Paix (OMP) des Nations Unies avec notamment plus de deux tiers des conflits et par ricochet, plus du tiers de ces opérations.
Sur les 61 opérations de maintien ou de rétablissement de la paix mises en œuvre par l'ONU, 23 ont été provoquées par des crises en Afrique[1]. L'Afrique est ainsi le continent qui a reçu le plus de résolutions du CSNU portant sur les questions de paix et de sécurité, c'est-à-dire le plus de conflits et de crises politiques dans le monde[2]. Il serait de ce fait inconcevable aujourd'hui selon certains dirigeants africains de présider aux destinées de l'Afrique sans les Africains[3].
C'est aussi sous cet angle d'approche que s'inscrit la logique de la requête africaine portant sur la réforme du CSNU. Les États africains exigent ainsi une représentation plus importante au sein du CSNU avec au moins deux sièges permanents et cinq non-permanents[4]. Ils l'ont fait savoir dans la déclaration des chefs d'États et de gouvernement de l'OUA à Hararé en 1997. En juillet 2005, ils ont soumis à l'AGNU une proposition commune africaine pour la réforme des Nations Unies intitulées « le Consensus d'Ezulwini »[5]. L'objectif de l'Afrique est ainsi d'être pleinement représentée dans tous les organes de prise de décisions des Nations Unies et particulièrement au Conseil de sécurité. Ce dernier étant le principal organe de prise de décision de l'organisation pour les questions liées à la paix et à la sécurité internationales[6]. La pleine représentation de l'Afrique au Conseil de sécurité signifie au moins deux sièges permanents avec tous les privilèges et prérogatives des membres permanents y compris le droit de veto et, cinq sièges non-permanents[7].
Ces OMP qui représentent plus du tiers des opérations de paix des Nations Unies dans le monde sont considérées comme une raison suffisante pour réformer l'ONU et attribuer à l'Afrique un statut de membre permanent avec droit de veto au Conseil de sécurité[8]. Une présence aussi nombreuse des OMP

---

[1] André Lewin, « les africains à l'ONU », *Presses Universitaires de France,* 2006/4 (N° 128) pp. 55-78.
[2] Kamguem Gervais Briand « l'Afrique au Conseil de sécurité : les défis pour une représentation efficace », *RG* Volume 4, n° 1, 2018.
[3] *Ibidem.*
[4] www.un.org/fr/africa/osaa/pdf/au/cap_screform_2005f.pdf
[5] Union Africaine, *Position commune africaine sur la réforme des Nations Unies,* Conseil exécutif, 7e session extraordinaire, 7-8 mars 2005, Addis-Abeba, Ext./EX.CL./2(VII), p. 10.
[6] *Ibidem.*
[7] *Ibidem.*
[8] Kamguem Gervais Briand « l'Afrique au Conseil de sécurité : les défis pour une représentation efficace », *RG* Volume 4, n° 1, *Op. Cit.* L'Afrique a accueillie 32 opérations de maintien de la paix sur les 71 décidées par le Conseil de sécurité des Nations Unies, soit près de la moitié des engagements militaires de l'ONU dans le monde. Aujourd'hui encore, sur les 15 missions de maintien de la paix en cours, huit sont localisées en Afrique. Sur un effectif total

sur le sol africain est pourtant la preuve que l'Afrique est encore incapable de prendre soin de ses propres problèmes et qu'il est important que ce continent prenne conscience de ses défis internes afin de trouver des voies et moyens pour y faire face. Car il faut le dire, les défis internes tels que ceux liés aux crises sécuritaires, les problèmes de corruption, de chômage des jeunes, de détournements de deniers publics, l'incapacité de certains pays africains à sécuriser l'ensemble de leur territoire national, le manque d'infrastructures routières, de centres de santé, d'écoles, le manque de fourniture en énergie électrique et en eau potable etc… sont encore aujourd'hui des réalités bien installées qui sévissent avec acuité en Afrique. Ce qui est une preuve de faiblesse et d'impuissance, dévalorisant ainsi l'image de l'Afrique à l'international. L'Afrique devrait réellement prendre conscience qu'elle n'arrive pas convenablement à nourrir et à soigner sa population[1], à trouver un emploi décent à ses fils et filles, à éviter les guerres, à offrir une formation de qualité et contextualisée à sa population, à lutter contre la pauvreté et les inégalités extrêmes etc. Tous ces fléaux sont autant de preuves suffisantes qu'en interne, l'Afrique a encore beaucoup de chemin à parcourir. L'Afrique doit acquérir la capacité à résoudre ses problèmes internes, ce qui pourra conduire à ce qu'elle soit plus considérée et respectée par la communauté internationale. Ce qui pourra lui permettre de mériter d'une réforme de l'ONU et d'un statut de membre permanent au Conseil de sécurité avec droit de veto.

B. Les atouts économiques de l'Afrique : une richesse conséquente en matières premières comme potentiel facteur de puissance

Avec sa richesse en ressources naturelles du sol et du sous-sol, l'Afrique possède un potentiel avéré pouvant lui conférer un statut de puissance tout en soutenant l'amélioration des conditions de vie de ses populations. Le grand enjeu demeure dans la capacité des dirigeants africains à transformer ces ressources naturelles pour qu'elles puissent véritablement contribuer à améliorer la vie des populations du continent.

A l'échelle mondiale, il est estimé qu'à elle seule l'Afrique possède 97 % de réserves mondiales de cuivre, 90 % de réserves de platinoïdes, 80 % de coltan, 70 % de tantale, 60 % de cobalt, 57 % d'or, 20 % de fer, 23 % d'uranium et de phosphate, 32 % de manganèse, 49 % de platine, 46 % de diamant et 14 % de pétrole[2]. L'Afrique disposerait ainsi à elle seule plus de 60 types de minerais différents[3]. Il n'est pas exagéré de dire que l'Afrique est le principal

---

de 110 481 personnes affectées à ces missions à travers le monde, l'Afrique en accueille 93 032, soit 84% du contingent (4), Par ailleurs le continent africain totalise le plus de résolution du CSNU portant sur les questions de paix et de sécurité dans le monde (5). Ceci démontre le rôle majeur détenu par le CSNU sur la destinée de l'Afrique et justifie à bien des égards la nécessité d'une prise en compte réelle d'un point de vue africain en son sein.

[1] Certains dirigeants africains sont généralement obligés de s'expatrier afin de recourir à des soins de santé de meilleure qualité en Europe.

[2] Isabelle Ramdoo, *L'Afrique des ressources naturelles,* IISD, 2019, p. 1.

[3] *Ibidem.*

réservoir des matières premières de la planète[1]. Malgré un tel potentiel, l'Afrique demeure le continent où sévit le plus de pauvreté, théâtre de la famine et des conflits armés. L'Afrique est constituée de 55 pays dont la majorité est parmi les plus pauvres du monde[2]. La faiblesse de leurs moyens financiers n'est plus à démontrer[3]. Les découvertes de ressources naturelles offrent de nouvelles sources de richesses, mais soulèvent aussi des questions complexes de gestion, de partage des recettes générées[4] et de leur contribution dans la mise en œuvre des infrastructures indispensables pour l'amélioration des conditions de vie des populations. L'Afrique est en effet confrontée à un énorme déficit en infrastructures de base, notamment dans les domaines de l'énergie, des transports ou des Technologies de l'Information et de la Communication[5].

Le taux d'électrification de l'Afrique se situe à 42 %, ce qui signifie que 620 millions de personnes et 10 millions de petites et moyennes entreprises n'ont pas accès à l'énergie[6]. Le rythme de l'électrification ne suit pas la croissance démographique. En Afrique subsaharienne, 145 millions de personnes supplémentaires ont été raccordées au réseau depuis 2000, mais pendant ce temps, le nombre de personnes privées d'électricité augmentait de 100 millions. Cette fracture entre les villes où l'électrification se situe à 65 % en moyenne et les campagnes où elle n'est que de 28 % est un puissant facteur d'inégalité[7]. Et même ceux qui ont accès à l'électricité sont confrontés à des coupures fréquentes et à des tarifs élevés. La pénurie d'électricité est un obstacle majeur pour les entreprises qui souhaitent investir dans le continent[8]. Un total de trente pays africains sur les cinquante-quatre sont ainsi confrontés à des coupures chroniques d'électricités[9].

La pandémie du Covid-19 a mis en évidence l'importance et l'urgence d'étendre l'accès à l'électricité mais aussi, les inégalités dans cet accès aujourd'hui. Or, la fiabilité en énergie électrique est essentielle pour alimenter les établissements de soins de santé ; assurer la fourniture en eau potable, l'assainissement et l'hygiène et permettre aux entreprises de fonctionner de manière sûre et efficiente[10]. Dans les pays en développement, 70 % des

---

1 https://www.rfi.fr/fr/podcasts/d%C3%A9bat-africain

2 http://www.banquemondiale/org/fr/news/press-release/2015/10/04/world-bank-forecasts-global-povertu-to-all-below-&à-for-firts-time-major-hurdles-remain-in-goal-to-end-poverty-by-2030

3 Kamguem Gervais Briand « l'Afrique au Conseil de sécurité : les défis pour une représentation efficace », *RG* Volume 4, n° 1, *Op. Cit.*

4 Groupe de la Banque africaine de développement, « l'innovation comme accélérateur du développement », *Revue annuelle sur l'efficacité du développement, Op. Cit.*

5 *Ibidem.*

6 *Ibidem.*

7 *Ibidem.*

8 *Ibidem.*

9 *Ibidem.*

10 *Ibidem.*

appareils médicaux tombent en panne en raison de la mauvaise qualité de l'alimentation électrique et seuls 28 % des établissements de santé disposent d'une électricité fiable. Dans le secteur de la santé, ce problème peut nuire à la conservation des stocks de vaccins et entraver le déploiement de la vaccination contre la Covid-19 et d'autres maladies. Améliorer l'accès à l'énergie présente des avantages considérables pour la qualité de la vie dans toute l'Afrique.

L'infrastructure de transport est, elle aussi une base nécessaire pour la transformation économique et la croissance inclusive. L'investissement dans cette infrastructure augmente grâce à des opérations panafricaines majeures telles que le Programme pour le développement des infrastructures en Afrique, mais il est encore loin de répondre aux besoins. Les routes représentent le principal moyen de transport en Afrique, acheminant 80 % des biens et 90 % des personnes. La densité du réseau routier (km de route par km^2 de personnes) a atteint 8,2 en 2014 contre 7,9 en 2010. Une grande partie du réseau routier n'est pas goudronnée et est donc impraticable en saison des pluies. Seuls 35 % des Africains ont accès à des routes praticables par tous les temps contre 67 % dans les pays en développement[1].

Dans le domaine de la santé publique, malgré une légère amélioration de la mortalité infantile passant de 177 décès pour 1000 naissances vivantes en 1990 à 98 en 2012, le problème de la mortalité néonatale demeure préoccupant avec des progrès qui doivent être réalisés dans la couverture de la vaccination[2]. L'accès à des soins de santé de qualité est une condition préalable au développement durable et à la réalisation du plein potentiel de l'Afrique. Une mauvaise santé mine la productivité économique dans tous les secteurs et coûte au continent 2400 milliards de dollars par an[3]. La moitié seulement des établissements de soins de santé primaires à accès à l'eau potable et à des installations sanitaires adéquates et seul un tiers environ des établissements a accès à une alimentation électrique fiable. A l'avenir, la croissance démographique de l'Afrique aggravera ces insuffisances.

L'accès à une source d'eau améliorée en Afrique est aussi un problème majeur car l'investissement ne suit pas la croissance démographique[4]. L'accès à l'eau propre et à l'assainissement transforme la santé des populations ainsi que la vie des femmes et des enfants qui, à la campagne, passent souvent plusieurs heures chaque jour pour aller chercher l'eau et dont le bien-être est très affecté par un accès insuffisant. C'est ainsi que l'eau et l'assainissement ont été pour de nombreux pays africains l'un des OMD les plus difficiles à atteindre.

De 2015 à 2019, la proportion d'Africains vivant sous le seuil de pauvreté est passée de 42 % à 33 %, mais la pandémie du Covid-19 a entrainé depuis une

---

[1] *Ibidem.*

[2] *Ibidem.*

[3] *Ibidem.*

[4] *Ibidem.*

augmentation du taux de pauvreté, qui a atteint 34,1 % pour le continent en 2021 et fera basculer 29 millions de personnes supplémentaires dans l'extrême pauvreté[1]. Les estimations actualisées montrent qu'en 2020 et en 2021, respectivement 26 et 29 millions d'Africains supplémentaires ont glissé dans l'extrême pauvreté et que 30 autres millions de personnes pourraient les rejoindre en 2022 et en 2023 en raison des retombées socio-économiques de la pandémie du Covid-19.

Toutes ces questions qui sont loin d'être exhaustives sont si urgentes pour l'Afrique et nécessitent une plus grande considération de la part des dirigeants africains.

II. Pour une révision de la place de l'Afrique dans la gouvernance mondiale

Le continent africain devrait concentrer prioritairement ses efforts d'affirmation sur le plan interne afin d'acquérir l'influence nécessaire pour bénéficier d'une réforme de l'ONU lui attribuant un statut de membre permanent au Conseil de sécurité. Pour cela, l'Afrique doit être capable de résoudre ses difficultés internes entre autres liées aux considérations sociales et sécuritaires, mais aussi, à son incapacité à parler d'une seule voix.

A. Acquérir la capacité de résoudre les problèmes internes de l'Afrique...

Le continent africain fait face à un ensemble de difficultés internes dont les plus urgentes sont liées aux défis sécuritaires et à son incapacité à parler d'une seule voix. Toutes choses qui constituent un préalable afin de pouvoir bénéficier d'une réforme de l'ONU lui attribuant un statut de membre permanent au Conseil de sécurité.

1. Un ensemble de défis sécuritaires qui minent le continent africain

Le continent africain fait actuellement face à un ensemble de défis sécuritaires qui mettent en danger la vie de nombreuses populations, contribuant ainsi à mettre à mal l'autorité de l'UA.

Malgré la volonté politique exprimée et la formulation d'une politique de sécurité par les instances panafricaines, le défi de la conflictualité reste encore à relever par l'Afrique[2]. Sur le plan continental, l'UA ne connait pas beaucoup de succès et son bilan en matière de résolution des conflits en Afrique reste largement en-deçà des attentes. Ces deux dernières décennies ont vu un accroissement inquiétant des conflits armés en Afrique. Que ce soit en Côte d'Ivoire lors de la crise post-électorale en 2010 ; en Libye lors des soulèvements de Benghazi en 2011 et en RCA, l'organisation continentale et son Conseil de paix et de sécurité ont non seulement été incapables de réagir militairement pour stopper ces crises, mais surtout l'UA est restée inaudible, incapable d'imposer une « vision africaine » sur un problème africain. La crise

[1] *Ibidem.*

[2] Pierre Abomo, « Conseil de sécurité : l'Afrique membre permanent ?, *revue géopolitique,* 28 octobre 2013.

post-électorale ivoirienne, le conflit libyen, les crises en RCA, au nord du Mali, en RDC et au Soudan ont dévoilé et continuent de mettre en évidence les limites de l'autorité de l'UA sur la gestion des affaires du continent. Le continent africain fait ainsi l'objet d'un nombre élevé d'OMP[1] qui sont autant de défis liés à la paix et à la stabilité du continent.

Parmi les facteurs qui favorisent ces conflits, il faut citer l'absence d'opportunités économiques, l'élévation du coût de la vie, une exclusion sociale prolongée, des inégalités extrêmes et la rivalité pour profiter des ressources naturelles, ce qui rappelle à quel point les conflits et la pauvreté se renforcent mutuellement. Et comme le souligne Bertrand Badie, parmi les facteurs de violences et de conflits dans le monde, figurent en bonne place les pathologies sociales telles que la famine, la pauvreté et les inégalités sociales entre les riches et pauvres[2].

Les questions sécuritaires sont des préoccupations urgentes pour l'Afrique dont l'issue dépend des Africains et non des OMP des Nations Unies. Le continent africain ne saurait prétendre à une prospérité et à l'amélioration des conditions de vie des populations sans une stabilité politique intérieure sur le long terme. Cette stabilité politique et sociale à moyen et à très long terme passe par une effectivité et une solidité des États-nations ; un processus politique de transition démocratique et pacifique garanti par le libre-jeu de la concurrence électorale supervisée, non pas par les observateurs internationaux, mais par les institutions républicaines des pays. En effet, la présence d'observateurs dits « internationaux et indépendants » est la preuve de la fragilité du processus politique et de l'instabilité étatique. Or, des États ayant à leur tête de telles épées de Damoclès vont difficilement être des « gardiens » de la stabilité. Il faut soi-même être fort, stable et en paix pour être capable de promouvoir et de procurer de tels bienfaits.

A côté des difficultés sécuritaires en Afrique, il y a davantage une question d'unité au sein du continent.

2. *Les difficultés du continent africain à parler d'une seule voix*

Une Afrique qui ne parle pas d'une seule voix ne saurait influencer ses interlocuteurs de la communauté internationale. Le continent africain ne saurait ainsi être crédible dans un contexte de division des États. Cette situation a été perceptible aussi bien lors des récents votes au sein de l'AGNU

---

[1] Les Opérations de maintien de la paix de l'ONU en vigueur en Afrique sont les suivantes : La MONUSCO (Mission Opérationnelle des NU pour la Stabilisation au Congo) ; la MINURSO (Mission des NU pour l'organisation d'un référendum au Sahara occidental) établis en 1991 ; la MINUSS (Mission des NU au Soudan du Sud) établie en 2011 ; la FISNUA (Force Intérimaire de Sécurité des NU pour Abiyé) établie en 2011 ; la MINUSMA (Mission Multidimensionnelle Intégrée des NU pour la Stabilisation au Mali) établie en 2013 ; la MINUSCA (Mission Multidimensionnelle Intégrée des NU pour la Stabilisation en Centrafrique), établie en 2014.

[2] Bertrand Badie, *Nous ne sommes plus seuls au monde, un autre regard sur l'« ordre international »*, Paris La Découverte, 2016, 252p.

en lien avec la guerre en Ukraine que sur la décision du Conseil de sécurité d'attaquer la Libye en 2011.

Les récents votes des États au sein de l'AGNU condamnant l'invasion de l'Ukraine par la Russie ont démontré la division et le manque d'unité des pays du continent africain, entre ceux qui ont voté pour, ceux qui ont voté contre, et ceux qui se sont abstenus. En se focalisant sur la résolution du 02 mars 2022, intitulée « l'agression contre l'Ukraine » et exigeant que la Russie cesse immédiatement de recourir à la force contre l'Ukraine[1], sur les 54 pays africains, 28 ont voté pour cette résolution (soit 51,85%) et les 26 autres ont préféré ne pas condamner la Russie ; l'Érythrée était le seul pays du continent à voter contre cette résolution. De même, la résolution intitulée « suspendre les droits de la Fédération de Russie en tant que membre du Conseil des droits de l'Homme des Nations Unies » a été adoptée le 7 avril 2022 par l'AGNU. Sur les 54 pays africains, 9 ont voté contre, 22 se sont abstenus et 13 n'ont pas pris part au vote. En ce qui concerne la résolution intitulée « Intégrité territoriale de l'Ukraine : défense des principes consacrés par la Charte des Nations Unies » qui condamnait l'annexion par la Russie des régions ukrainiennes de Louhansk, Donesk, Kherson et Zaporijia, et adoptée le 12 octobre 2022 par l'AGNU, les pays africains étaient une fois de plus divisés. Sur les 54 pays africains, 27 ont voté pour cette résolution tandis que 17 se sont abstenus.

Il ne serait pas inutile de mentionner que le Nigeria de Good Luck Jonathan, l'Afrique du Sud de Jacob Zuma et le Gabon d'Ali Bongo ont voté pour l'intervention occidentale en Libye en 2011, approuvant ainsi la résolution 1973 pour une intervention militaire en Afrique[2]. Alors que l'UA avait opté pour une solution axée sur un plan de cessez-le-feu et l'ouverture d'un dialogue national, ces trois pays représentant africains au CSNU ont voté pour une intervention militaire.

Les pays africains n'ont aucun poids pris individuellement et à cause de l'absence d'unité, de leadership et de vision, l'Afrique se trompe le plus souvent d'enjeux, rate les opportunités, n'anticipe pas les risques et de ce fait, est parfois obligée de payer les conséquences négatives de cette absence d'union.

Une position africaine autonome sur les questions auxquelles le monde est confronté et sur ses problèmes est plus qu'urgente et nécessite de la part des dirigeants africains une réelle prise de conscience des enjeux d'une telle unité, gage de crédibilité et de respectabilité sur la scène internationale.

---

[1] Francis Laloupo, « L'Afrique et le nouvel ordre mondial : leçons tirées du conflit russo-ukrainien » dans *« L'Afrique et le reste du monde : De la périphérie au centre ? »*, *Vigie Afriques*, Volume 5, n° 2, décembre 2022.

[2] Gervais Kamguem, « Conseil de Sécurité – l'Afrique est-elle prête pour plus de responsabilité ? », *Géopoweb*, Juillet 2020.

B. ...Signe de respectabilité de l'Afrique pour une place de choix dans la gouvernance mondiale : sens d'une place de membre permanent au sein du CSNU

Le sens fondamental qui se dégage d'une place de membre permanent au sein du Conseil de sécurité est celui de la responsabilité et de la capacité à garantir la paix et la sécurité dans le monde. Ce qui sous-entend que, le membre permanent est supposé être un modèle qui garantit sur le plan interne la stabilité, la paix et le fonctionnement harmonieux des institutions.

Le caractère qui devrait ressortir du statut de membre permanent du CSNU aujourd'hui organisé autour d'un nombre restreint d'entités laisse entrevoir une dimension de responsabilité et de capacité à assurer et maintenir la paix et la sécurité dans le monde[1]. Bénéficier d'une place de membre permanent au Conseil de sécurité revient à détenir une capacité d'influence significative sur la gouvernance mondiale. C'est avoir la propension à faire valoir une opinion qui peut être contradictoire, et d'en garantir son respect au-delà de tous les enjeux. C'est en quelque sorte pouvoir dire « non » et assumer, lorsque tout le monde dit « oui » et inversement. Le sens à attribuer au statut de membre permanent avec droit de veto est ainsi celui de posséder une voix entendue et respectée.

Si l'Afrique souhaite avoir une place de membre permanent au CSNU, elle se doit d'être capable d'assurer le respect de son veto. L'observation des faits révèle que les 55 pays membres de l'UA ont de la peine à parler d'une seule voix, mais aussi, ont du mal à garantir la paix et la stabilité sur le continent. La quasi-totalité des conflits en Afrique trouvent leur épilogue avec un soutien ou une intervention extérieure. Ce qui est loin d'être un signe de capacité et de respectabilité.

Derrière cette revendication d'un siège de membre permanent au sein du CS, se trouve en réalité une invitation à la reconnaissance par ses pairs du statut de puissance, un appel à être convié à la table des « maitres du monde », dans le huis clos des puissances[2]. Cette aspiration est certes légitime et même souhaitée pour l'Afrique. Néanmoins, elle est subordonnée à un ensemble d'exigences préalables et endogènes. Aussi, l'Afrique doit-elle éviter toute fuite en avant et intégrer l'idée que la véritable affirmation qu'elle recherche passe par une victoire sur ses défis internes. Elle doit en outre se résoudre à considérer qu'une puissance ne se décrète pas, mais se constate notamment à l'épreuve des faits. De même, le statut de membre permanent ne se revendique pas, il se mérite.

Ce serait de la naïveté et de l'illusion pour les dirigeants africains de songer à ce que l'Afrique puisse bénéficier d'un siège de membre permanent au CSNU sans un changement radical de sa situation actuelle, dominée par des conflits

---

[1]Novosseloff, A. (2006). « L'élargissement du Conseil de sécurité : enjeux et perspectives », *Relations internationales,* 128, (4), 3-14

[2] Pierre ABOMO, *Conseil de sécurité : l'Afrique membre permanent ? Op. Cit.*

et des prestations sociales minimales. Ce ne serait même pas de bon augure d'attribuer cette place en l'état actuel au continent africain car, ce continent présente trop de défis internes qu'il doit d'abord relever avant de prétendre à ce statut de membre. Il ne faudrait pas oublier que les cinq membres permanents du CSNU sont d'abord et avant tout des puissances nucléaires et ce statut de puissance nucléaire est un des aspects importants qui permettent de garantir le respect du droit de veto des différents membres du CSNU. Cet état de puissance nucléaire laisse penser qu'un potentiel veto accordé à l'Afrique pourrait être bafoué à tout instant.

L'Afrique devrait chercher à se faire respecter en apprenant à parler d'une seule voix, en menant des victoires sur ses nombreux défis internes et pourquoi pas, en cherchant à se procurer une arme nucléaire. C'est pour cette raison que de manière unanime, l'Afrique devrait également penser à se désolidariser du Traité de Non-Prolifération des armes nucléaires afin d'initier son programme nucléaire ; car le statut de puissance nucléaire procure de la respectabilité dans les relations internationales. L'Afrique doit normalement être capable de mériter cette place et de l'assumer par la suite et non de vouloir l'arracher comme beaucoup de dirigeants africains le souhaitent.

Conclusion :

Dans les conditions actuelles, cela ne représenterait qu'un intérêt symbolique, une sorte de « discrimination positive »[1] pour l'Afrique d'avoir un statut de membre permanent au Conseil de sécurité avec un droit de veto. Siéger au Conseil de sécurité sans capacité inhérente au statut de membre permanent peut s'avérer contre-productif, voire confiner le continent africain au ridicule étant donné que son droit de veto peut être bafoué à chaque résolution. L'Afrique devrait consolider ses acquis économiques et concentrer prioritairement ses efforts d'affirmation sur le plan interne afin d'acquérir la respectabilité internationale et l'influence nécessaire pour siéger utilement au Conseil de sécurité des Nations Unies. Il est ainsi crucial pour l'UA de s'affirmer en premier lieu sur le plan continental comme une autorité diplomatique et stratégique avant de prétendre à une ambition mondiale. Cette affirmation sur le plan continental est tributaire de la considération qu'accordent les États membres à l'Union Africaine et de leurs contributions financières utiles pour s'affranchir des financements extérieurs.

Références bibliographiques :

- Abomo Pierre, « Conseil de sécurité : l'Afrique membre permanent ?, *Revue géopolitique,* 28 octobre 2013.
- André Lewin, *Les Africains à l'ONU*, Paris, Presses Universitaires de France, 2006.

---

[1] Pierre Abomo, « Conseil de sécurité : l'Afrique membre permanent ?, *revue géopolitique, Op. Cit.*

- Badie Bertrand, *Nous ne sommes plus seuls au monde. Un autre regard sur l'« ordre international »,* Paris La Découverte, 2016, 252p.
- Esteban Antoine, « Afrique et maintien de la paix », réseau de recherche sur les Opérations de Paix (ROP) ?
- Groupe de la Banque africaine de développement, « l'innovation comme accélérateur du développement », *Revue annuelle sur l'efficacité du développement,* 2015.
- Groupe de la Banque africaine de développement, « Remettre l'Afrique sur sa trajectoire de développement », *Revue annuelle sur l'efficacité du développement,* 2022.
- Kamguem Gervis Briand, « Conseil de Sécurité – l'Afrique est-elle prête pour plus de responsabilité ? », *Géopoweb,* Juillet 2020.
- Kamguem Gervis Briand, « l'Afrique au Conseil de sécurité : les défis pour une représentation efficace », *ReseachGate* Volume 4, n° 1, 2018.
- Laloupo Francis, « L'Afrique et le nouvel ordre mondial : leçons tirées du conflit russo-ukrainien » dans *« L'Afrique et le reste du monde : De la périphérie au centre ? »*, *Vigie Afriques,* Volume 5, n° 2, décembre 2022.
- Moustapha Mbengue Mouhamadou, *L'Afrique à l'ONU : quel mode de représentation ?* octobre 2013, 2p.
- Novosseloff, A. (2006). « L'élargissement du Conseil de sécurité : enjeux et perspectives », *Relations internationales,* 128, (4), 3-14.
- Paterson Mark & Krudrat Virk, « The African Group at the United Nations », *Center for Conflict Resolution*, 2013, pp. 16-19.
- Rabier Serge, « Les enjeux du dividende démographique pour les pays d'Afrique, une perspective genre », *Policy Paper*, 2020, pp. 1-27.
- Ramdoo Isabelle, *L'Afrique des ressources naturelles*, IISD, 2019.
- Union Africaine, *Position commune africaine sur la réforme des Nations Unies,* Conseil exécutif, 7e session extraordinaire, 7-8 mars 2005, Addis-Abeba, Ext./EX.CL. /2(VII).

Chapitre 2 :

L'Union Africaine face aux problèmes sécuritaires en Afrique

Hanse Gilbert Mbeng Dang[1]

Introduction :

Au lendemain de la seconde guerre mondiale, la Communauté Internationale s'est rendu compte que les pertes humaines et matérielles pour l'humanité sont très importantes. Aussi, s'est-elle rendue à l'évidence que la recherche d'une paix véritable passe par une solidarité mondiale tant économico-sociale que politico-diplomatique. C'est ainsi que la judicieuse idée de la création de l'Organisation des Nations Unies (ONU) en 1945 dont les activités en faveur de la paix et dans la gestion des conflits à travers le monde entier ont poussé certains continents à créer par mimétisme juridique, leur organisation internationale à compétence continentale. Pratiquement, la proximité y jouant, il s'est avéré que ces organisations internationales à caractère continental recherchent une plus grande efficacité, ce qu'elles ne pourraient conquérir qu'en ayant les moyens de leur politique. A titre d'exemple, nous citerons l'Union Européenne pour l'Europe et l'Union Africaine pour le continent africain qui retiendra beaucoup plus particulièrement notre attention. L'Union Africaine qui est la transformation, pour ne pas dire l'ajustement de l'Organisation de l'Unité Africaine (OUA) aux nouveaux défis posés à celle-ci alors qu'elle semblait encore chercher son cap parmi des vents contraires, offrant ainsi l'occasion à certains « penseurs » de qualifier l'Afrique comme le berceau de « l'instabilité politique chronique » depuis les années des indépendances et dont les États « sont secoués de troubles sociaux, de guerres civiles, d'interventions militaires à outrance et de coups - d'État»[2]. L'Afrique apparaît effectivement comme la « région du monde la plus affectée par les luttes armées ou les crises politiques porteuses de germes de guerre »[3]. Cependant, depuis la moitié de cette dernière décennie qui coïncide avec l'effectivité des activités de l'Union Africaine, l'Afrique a fait beaucoup de progrès parmi lesquels, le plus marquant de sa volonté de redonner une

---

[1] Enseignant-chercheur, Département d'Histoire, Société Savante Cheikh Anta Diop (SS-CAD) Membre Société Camerounaise d'Histoire (SCH) Coordonnateur du GERHIRIDIPS Membre de l'ONG : ADEC *Courriel :* hansegilbert@yahoo.fr/mbengdangh@gmail.com.

[2] Augustin Doui-Wawaye, Réflexion tirées dans son fascicule sur la Théorie des Relations Internationales, p. 41.

[3] A. Ayissi, « Le défi de la sécurité régionale en Afrique après la guerre froide, vers la diplomatie préventive et la sécurité collective », *Travaux de recherche de l'UNIDIR, New York et Genève,* n° 27, 1994, cité dans D. Bach et L. Sindjoun, « Ordre et désordre en Afrique », *Polis, Revue camerounaise de science politique*, vol. 4, n° 2, 1997, p. 3-18, www.polis.sciencespobordeaux.fr/vol4n2/intro.html, consulté le 14 février 2020.

nouvelle image d'elle au reste du monde, fut la création du conseil de paix et de sécurité de l'Union Africaine lors de la 37ème session de la conférence des Chefs d'État et de Gouvernement de l'Organisation de l'Unité Africaine (OUA). Véritable instance de gestion de crises et conflits au sein du continent, sa création marque la fin d'une période de dépendance entière, en matière de gestion de crises envers l'Occident et plus précisément à l'égard de l'Organisation des Nations Unies, ce qui témoigne une certaine maturité responsabilisante[1]. L'Union Africaine (UA) a progressivement intégré la dimension de sécurité dans ses activités en construisant une sécurité collective régionale dans le prolongement des dispositions du chapitre VIII de la Charte des Nations Unies avec son organisation, l'APSA (Architecture Africaine de paix et sécurité)[2]. Le nouvel organisme vit le jour dans un contexte de montée des violences dans et entre les pays de l'UA. En effet, l'Afrique, depuis la chute du mur de Berlin en 1990, et plus singulièrement au lendemain des attentats du 11 septembre, est devenue un lieu important de la cartographie sécuritaire à l'international. D'un côté, les grandes puissances et les multinationales se démerdent et parfois au *forcing* pour s'établir sur le continent Noir[3]. Malheureusement, les groupes terroristes sont aussi dans cette mouvance. La collusion des visées et les problèmes spécifiques d'une Afrique dont le taux d'accroissement naturel évolutif, créent des situations délicates, fait envisager à long terme, le pire aux dirigeants africains qui entendent arrimer l'institution panafricaine aux défis de demain. L'UA, n'a pas manqué de se redéfinir pour faire face à ces nouveaux enjeux. Devant les réalités de terrain et les pesanteurs institutionnelles, l'UA tente de se frayer un couloir d'efficacité à travers l'APSA qui, quoi qu'on dise, constitue un cas d'école et une opportunité à parfaire pour redorer le blason de l'institution panafricaine

I. Dynamique panafricaine et opportunité de l'Architecture Africaine de Paix et de Sécurité (APSA)

La littérature sur le contexte d'émergence de l'OUA est suffisamment dense pour qu'on y revienne de façon exhaustive. De façon condensée, rappelons qu'aux lendemains des indépendances se posa le problème de l'unité transcontinentale. Les partisans de la fédération par étape eurent gain de cause sur leurs adversaires regroupés au sein du groupe de Casablanca. L'OUA se dota de structures et d'infrastructures qui malheureusement, démontrèrent

---

[1] G. A. Gbenenoui, « Le rôle du Conseil de Paix et de sécurité de l'Union Africaine dans la prévention et la résolution des conflits en Afrique : analyse appliquée au cas du Darfour », Mémoire de Maitrise en droit public (relations internationales), Université de Bangui, 2006.

[2] Elle est constituée du Conseil de Paix et sécurité, de la Force africaine en attente, du Groupe des sages, du Système d'alerte rapide et du Fonds de la paix.

[3] M. Rakotonirina Haingo, « Le dialogue interrégional UE-Afrique depuis Cotonou : le cas de la facilité de soutien à la paix en Afrique », in *Politique européenne*, n° 2/2007 (n° 22), pp. 125-147.

leurs limites, et c'est ainsi que l'organisation tomba en désuétude. C'est fort de ses héritages et des nouveaux défis de l'Afrique à l'aube du troisième millénaire que l'organisation fut remplacée par l'UA.

A. De l'OUA à l'UA

Le passage de l'Organisation de l'Unité Africaine (OUA) à l'Union africaine (UA) à l'aube du nouveau millénaire, a inauguré un tournant décisif dans la dynamique d'intégration du continent. Il ne s'agissait pas seulement d'un changement de dénomination, mais d'une véritable transformation structurelle en vue de relever deux challenges majeurs : permettre à l'Afrique de tirer son épingle du jeu de la mondialisation et répondre aux différentes crises qui sévissaient sur le continent. Yves Amaïzo montre que la décision de créer l'Union africaine a mûri en l'espace de trois (03) ans à travers plusieurs rencontres[1] :

- Le sommet extraordinaire de Syrte en Libye en septembre 1999 (dit Syrte I). L'idée était lancée sous le nom d'États-Unis d'Afrique par M. Kadhafi qui renouait ainsi avec les projets des maximalistes des années 1960 tels que K. Nkrumah et Sékou Touré.
- Le 36e sommet de l'OUA à Lomé (Togo) en juillet 2000, qui vit apparaître, comme dans les années 1960, des divisions entre dirigeants africains au sujet de la portée de l'intégration. L'idée d'États-Unis fut finalement abandonnée, au profit d'une union qui allait moins loin. Le projet, qui resta flou, n'est initialement adopté que par vingt-sept (27) dirigeants sur 53[2].
- Le sommet extraordinaire de Syrte en Libye en mars 2001 (dit Syrte II), à l'occasion duquel le traité constitutif de l'UA fut adopté.
- Le sommet de Lusaka en Zambie en juillet 2001, à l'occasion duquel l'UA fut proclamée après la ratification du traité par les deux tiers de ses membres.
- Le sommet de Durban, en Afrique du Sud, le 9 juillet 2002, à l'occasion duquel l'UA fut véritablement lancée, après la dissolution de l'OUA.

L'acte constitutif de l'UA recycla le principe de l'intangibilité des frontières issues de la colonisation et le respect de la souveraineté des États qui étaient des principes cardinaux de l'OUA, tout comme certains principes et institutions. Cependant, on ne peut pas dire, et ce tout de go, de l'UA qu'elle est une simple réplique de l'OUA. Sa création introduit plusieurs changements

---

[1] Y. Ekoué Amaïzo, « De l'OUA à l'Union africaine : les chemins de l'interdépendance », *in Afrique contemporaine,* n° 197, 1er trimestre 2001, pp. 97-107.

[2] L'acte constitutif contient 53 signatures, les autres pays ayant signé plus tard ; voir www.africa-union.org/root/au/Documents/Treaties/List/Constitutive % 20Act % 20of % 20 the % 20African % 20Union. Pdf, consulté le 19 février 2020.

au-delà des proclamations voulant qu'elle permette de conjurer les problèmes dont l'OUA n'avait pu se départir et qui finalement, en avait constitué le terreau d'enlisement. Ces modifications portent aussi bien sur les institutions qui l'animent que sur leurs objectifs.
Sur le plan institutionnel, l'UA a été dotée des compétences politiques et économiques, ainsi que d'institutions dont l'OUA était parfois dépourvue. À la Conférence, composée des chefs d'État et de gouvernement, et au Conseil exécutif, composé des ministres désignés par les gouvernements des États membres, il faut ajouter la Commission, composée du président, du vice-président et de huit (08) commissaires responsables chacun d'un portefeuille. C'est l'une des véritables innovations (empruntée à l'Union Européenne) de la nouvelle Union. Il faut aussi ajouter le Conseil économique et social, la Cour de justice de l'Union, les Commissions techniques spécialisées et, à l'horizon 2021, les institutions financières africaines, à savoir la Banque Centrale Africaine, le Fonds Monétaire Africain et la Banque Africaine d'Investissement. Il faut enfin souligner, non des moindres, la naissance d'un Conseil de Paix et de Sécurité (CPS) et du Parlement panafricain (voir ci-dessous).

Tableau 1 : Les principaux organes de l'Union africaine et leurs objectifs

Institutions	Niveau décisionnel	Compétences
La Conférence	Chefs d'État	Organe suprême d'orientation et de nomination
Le Conseil exécutif	Ministres des Affaires étrangères	Assure la coordination et décide des politiques dans les domaines d'intérêts communs
Le Parlement panafricain	Députés désignés (pour le moment) par les États par membres	Organe législatif (consultatif pour le moment)
La cour de Justice	Cour Africaine de Justice	Litiges entre États Droits de l'homme
La commission de l'Union	Président de la Commission	Autorité exécutive
Les institutions financières	Banque Centrale Africaine, Fonds Monétaire Africain, Banque Africaine d'Investissement	Monnaie, prêts, politiques économiques, investissement et développement
Le Conseil de paix et de sécurité	15 pays élus sans droit de *veto* ; force	Prévention et gestion des conflits

	d'intervention de 15 000 hommes	(interventions, sanctions, même en cas de refus du pays concerné…)

Source : Mamoudou Gazibo, *Introduction à la politique africaine, « L'intégration politique »*, Presses de l'Université de Montréal, pp. 237-251.

B. Radiographie de l'Architecture Africaine de Paix et de Sécurité

La création de l'APSA[1] s'inscrit dans le cadre de la mutation de l'Organisation de l'OUA en UA[2]. Cette mutation procède de l'évolution tant en Afrique que dans le reste du monde à l'issue de la Guerre froide[3]. Dès 1990, l'OUA avait adopté une déclaration sur la situation politique et socio-économique en Afrique, eu égard aux changements fondamentaux qui se produisaient dans le monde[4]. Cette déclaration marqua le début d'une nouvelle ère dans le traitement qu'elle réservait aux questions des droits de l'homme, de démocratie, de paix, ainsi que la sécurité et le développement. L'OUA plaça ces questions au cœur de ses nouvelles politiques, même si elle continua de considérer les questions de paix et de sécurité comme du ressort exclusif des États membres. Chaque fois que l'OUA était invitée à intervenir dans des conflits internes ou des atteintes systématiques aux droits de l'homme, elle déclinait l'offre en insistant sur les principes de souveraineté et de non-ingérence dans les affaires internes (article III de la Charte de l'OUA). Les conflits en Somalie, au Libéria, en Sierra Leone et le génocide rwandais révélèrent douloureusement les failles de cette politique[5].

L'UA voit le jour en 2002 pour succéder à l'OUA et symboliser le passage normatif de la non-intervention à la non-indifférence, avec la mise en place

[1] L'Architecture Africaine de Paix et de Sécurité (APSA) s'ordonne autour de structures, d'objectifs, de principes et de valeurs, ainsi que de processus décisionnels portant sur la prévention, la gestion et le règlement des crises et conflits, la reconstruction et le développement post-conflit sur le continent. Le Protocole relatif à la création du Conseil de Paix et de Sécurité (CPS), adopté à Durban (Afrique du Sud) en juillet 2002, et entré en vigueur en décembre 2003, décrit les différentes composantes de l'APSA et les responsabilités respectives qui sont les leurs. D'autres documents ont été adoptés par la suite pour faciliter et accélérer la mise en œuvre opérationnelle de l'APSA.

[2] S. Desmidt, *Peacebuilding, conflict prevention and conflict monitoring in the African Peace and Security Architecture*, ECDPM background note, March 2016.

[3] Lire à ce propos, Sophie Desmidt et Volker Hauck« Gestion des conflits dans le cadre de l'Architecture Africaine de Paix et de Sécurité (APSA) », Résultats d'une analyse des interventions menées par l'Union africaine et les Communautés économiques régionales en vue de résoudre et de prévenir des conflits violents en Afrique au cours de la période 2013-2015, n° 211, juillet 2017, https://ecdpm.org/wp-content/uploads/DP211-Gestion-conflits-APSA-Desmidt-Hauck-ECDPM-j, consulté le 6 mars 2020.

[4] Selon cette Déclaration, la « [...] réalisation des objectifs que nous nous sommes fixés sera freinée tant qu'un climat de paix et de stabilité ne prévaudra pas en Afrique ». Traduction libre de la Déclaration sur la situation politique et socio-économique en Afrique et les changements fondamentaux qui se produisent dans le monde.

[5] S. Dersso, « The African Peace and Security Architecture», in T. Murithi, (Ed)., *Handbook of Africa's International Relations Publisher*, London, Routledge, 2013, pp. 7-8.

d'une architecture institutionnelle sophistiquée[1]. Les signataires de l'Acte constitutif de l'UA (2000) s'engagent, entre autres choses, à respecter les principes démocratiques, les droits de l'homme, l'état de droit et la bonne gouvernance (article 4 (m)), le caractère sacro-saint de la vie humaine (article 4(o)), à condamner et à rejeter des changements anticonstitutionnels de gouvernement (article 4 (p)). Mais l'Acte constitutif entérine surtout un principe fondamental, celui qui confère à l'UA le droit « d'intervenir dans un État sur décision de la Conférence, dans certaines circonstances graves, à savoir : les crimes de guerre, le génocide et les crimes contre l'humanité » (article 4 (h))[2]. La création de l'UA s'accompagne de celle d'un Conseil de Paix et de Sécurité de l'Union africaine (CPS), seule instance décisionnelle de l'UA et point d'ancrage du cadre institutionnel de l'APSA[3].

Cela étant dit, l'élément de souveraineté est rappelé avec force dans l'Acte constitutif de l'UA, comme en témoigne l'article 4 (h) qui parle du « droit de l'Union d'intervenir dans un État membre sur décision de la Conférence, dans certaines circonstances graves, à savoir : les crimes de guerre, le génocide et les crimes contre l'humanité ». L'article 3 rappelle en outre que les objectifs de l'UA sont de « défendre la souveraineté, l'intégrité territoriale et l'indépendance de ses États membres » (article 3 (b)) puis, de « promouvoir la paix, la sécurité et la stabilité sur le continent (article 3 (f)). Bien que le CPS occupe une place toujours plus importante dans la définition de l'agenda et des orientations stratégiques de l'UA en matière de prévention et de gestion des conflits, le fait que la Conférence de l'UA soit « l'organe suprême de l'Union » (article 6 (2)) montre bien que les chefs d'État et de gouvernement des États membres de l'UA restent à la manœuvre. Les récentes situations conflictuelles au Soudan du Sud[4] et au Burundi[5] notamment, laissent à penser que les interventions de l'UA et / ou des organisations régionales dans les situations de conflit restent subordonnées aux « lignes rouges » que les États membres continuent de tracer et ce, en dépit des changements normatifs qui ont accompagné la mutation de l'OUA en UA. Comme la montre en revanche la situation en Gambie, l'UA et les CER ont appliqué les principes de démocratie et d'état de droit inscrits dans l'acte constitutif de l'UA. En soi, le

[1] Le socle normatif de l'APSA est formé par l'acte constitutif de l'Union Africaine, le Protocole relatif à la création du Conseil de Paix et de Sécurité de l'Union africaine (Protocole relatif à la création du CPS) et la Politique africaine Commune de Défense et de Sécurité (PACDS).

[2] Union africaine (UA), Acte *constitutif*, 2000.

[3] L'APSA comprend les trois instruments centraux de l'UA, des Communautés Économique Régionales (CER) et des Mécanismes Régionaux (MR): la prévention des conflits, la gestion des conflits et consolidation de la paix.

[4] Paul D. Williams, *Key Questions for South Sudan's*, New Protection Force, 12 September 2016, p. 6.

[5] S. Dersso, To Intervene or Not to Intervene? An inside view of the AU's, decision-making on Article, 2016, p. 33.

fonctionnement et l'opérationnalisation de l'APSA devraient être fermement mis en œuvre en fonction des réalités politiques[1].

II. Les stratégies de l'Union Africaine face aux problèmes sécuritaires

Les interventions de l'UA et des CER dans le cadre de l'APSA ont été analysées à l'aune de quatre types d'interventions, à savoir : les interventions diplomatiques (i), la médiation (ii), les Opérations de Soutien à la Paix (OSP) (iii) et les activités de Reconstruction et de Développement Post-Conflit (RDPC) (iv). Le suivi de la période 2013-2015 s'est effectué sur une base annuelle, au travers d'études de documents du domaine public[2] et s'est concentré sur tous les conflits dépassant un certain niveau de violence. L'analyse a porté sur les interventions de l'UA et des CER / MR dans 24 à 29 conflits violents chaque année, sur la période 2013-2015. Ces conflits violents se situaient un peu partout sur le continent africain, mais la plupart des conflits recensés avaient pour théâtre l'Afrique centrale, la corne de l'Afrique et le Sahel. En raison de problèmes méthodologiques et de la difficulté à trouver des documents pertinents, le suivi s'est concentré sur les interventions (i) à (iii) et a dû, de facto, exclure les interventions de RDPC. Notre recherche repose sur une analyse des documents accessibles au public, à quoi il faut ajouter des déclarations, communiquées, rapports officiels, etc. Il est probable que l'UA et les CER / MR déploient davantage d'efforts conjoints, mais ils n'ont pas (encore) été portés à la connaissance du public.

A. Les interventions diplomatiques

Les interventions diplomatiques couvrent un large éventail d'activités et de décisions, qui vont de la tenue de réunions sur des situations de conflit (à différents niveaux politiques), à toutes sortes de déclarations diplomatiques (formulation), en passant par la prise de mesures telles que la création de panels de haut niveau et l'adoption de sanctions. Les interventions diplomatiques sont le fait d'un large éventail d'intervenants, tant de l'UA que

---

[1] Lire à ce propos, S. Desmidt et Volker Hauck« Gestion des conflits dans le cadre de l'Architecture Africaine de Paix et de Sécurité (APSA) », Résultats d'une analyse des interventions menées par l'Union africaine et les Communautés économiques régionales en vue de résoudre et de prévenir des conflits violents en Afrique au cours de la période 2013-2015, n° 211, juillet 2017, https://ecdpm.org/wp-content/uploads/DP211-Gestion-conflits-APSA-Desmidt-Hauck-ECDPM-j, consulté le 6 mars 2020.

[2] Ces études se sont appuyées sur un très large éventail de sources publiques. À commencer par les déclarations publiques, les communiqués officiels et les rapports de l'UA et des CER / MR qui sont des documents officiels et constituent la principale source d'information. Parmi les autres sources consultées figurent des rapports des Nations Unies, des analyses expertes de groupes de réflexion et de centres de recherche sur les conflits, des bases de données sur les conflits (telles que celle de l'*Uppsala Conflict Database Programme* (UCDP), du projet *Armed Conflit Location & Event Data* (ACLED), du *Peace Research Institute Oslo* (PRIO), et de *l'International Conflict Group Crisis Tracker*, pour ne citer qu'elles) et des informations et analyses internationales.

des CER / MR[1]. Nous nous sommes aussi intéressés aux efforts de diplomatie préventive déployés dans les pays qui n'ont pas encore connu de vague de violence ou qui risquent d'en connaître une bientôt. Sans surprise, trouver des informations publiques au sujet de ces actions préventives relève de la gageure. Par définition, la diplomatie préventive précède l'escalade du conflit et un engagement visible de l'UA et des CER / MR au travers d'une diplomatie plus silencieuse.

B. Tentatives de médiation et diplomatie préventive

Pour ce qui concerne la médiation, nous nous sommes principalement concentrés et avons analysé en tant que telles les tentatives de médiation entre des parties en conflit, y compris des partis politiques ou des parties belligérantes, en y incluant les efforts entrepris dans le cadre des missions du groupe des sages et des missions électorales. Ces dernières ont pour habitude de rencontrer les différents partis en lice dans les compétitions électorales et ces consultations ont été analysées comme telles. Par tentatives de médiation, nous entendons une série d'actions, qui vont de la constitution d'équipes de médiation à la conclusion d'un accord de paix intermédiaire ou définitif en passant par l'organisation de consultations entre les parties.

C. Opérations de Soutien à la Paix (OSP) et Reconstruction et Développement Post-Conflit (RDPC)

Un troisième volet important concerne les OSP et toutes les activités qui gravitent autour de l'autorisation, du déploiement et du maintien des opérations sus évoquées[2]. En général, les activités analysées dans le cadre de ce type d'instruments vont de l'organisation d'une réunion de mobilisation des ressources à l'autorisation ou l'octroi d'un mandat de déploiement d'une OSP, en passant par le déploiement de cette opération ou la prorogation de son mandat. Depuis la création de l'UA en 2001, celle-ci et les CER / MR ont lancé onze (11) OSP en Afrique, avec une configuration organisationnelle, des modalités de financement et une composition des troupes différentes à chaque fois[3]. Vu l'importance des soutiens financiers externes pour mener de telles opérations de soutien à la paix et de maintien de la paix en Afrique, l'UA passe par la diplomatie pour maintenir le dialogue politique avec les donateurs externes[4]. Le Conseil de Sécurité des Nations Unies (CSNU) étant la

---

[1] S'agissant de la situation au Soudan du Sud en 2014, par exemple, notre méthode de suivi a considéré une déclaration demandant la création d'une Commission d'enquête (internationale ou régionale) et l'adoption des mesures nécessaires pour en préparer la mise en place comme des interventions diplomatiques.

[2] Les constatations livrées dans cette partie de l'analyse reposent sur d'autres travaux de la GIZ et l'apport de consultants extérieurs.

[3] A. Boutellis and P. D. Williams, *Peace Operations, the African Union, and the United Nations: Toward More Effective Partnerships*, International Peace Institute (IPI). New York, 2013, p. 11.

[4] Il s'agit essentiellement des Nations Unies, de l'Union Européenne, des États-Unis d'Amérique, de la Chine et de quelques autres donateurs, comme les États du Golfe.

principale instance en matière de paix et la sécurité internationales, toutes les OSP mandatées par la Conférence de l'UA cherchent, dans l'idéal, à obtenir l'assentiment du CSNU, au prix parfois de négociations et de concessions ardues. Des tensions sont en outre apparues entre l'UA et les CER / MR pour savoir qui lançait et dirigeait les OSP, la question de la subsidiarité et du leadership régional n'étant pas réglée[1].

Par ailleurs, Dans le cadre du suivi des activités menées par l'UA et les CER / MR au titre de l'APSA, nous avons essayé de recenser les initiatives et les tentatives de RDPC[2]. Les activités de RDPC sont souvent mises en œuvre à un niveau de gouvernance inférieur, par les gouvernements nationaux par exemple, plutôt qu'au niveau régional. Cette question de la subsidiarité percole tous les instruments déployés dans le cadre de l'APSA et constitue un élément important de l'actuel réexamen du cadre politique de la RDPC. La période d'évaluation d'une durée d'un an, est assurément trop courte pour jauger pleinement les répercussions et la qualité des mesures de RDPC dans un environnement conflictuel spécifique[3].

III. L'Union Africaine et les enjeux sécuritaires actuels

Dans le domaine du maintien de la paix, l'UA s'inspire de l'ONU par la création d'un « Conseil de paix et de sécurité »[4]. Est-ce que cette volonté peut mener l'Afrique vers une union pacifique et pacifiante ? La réponse qu'apportera cette organisation aux problèmes de l'Afrique participera à modeler sa vocation ; Les enjeux de l'UA étant en effet ceux de l'Afrique tout entière[5].

---

[1] On a pu clairement s'en apercevoir en 2013, pendant la mise en place de la Mission Internationale de Soutien au Mali sous conduite Africaine (AFISMA), lorsque la CEDEAO et l'UA ne parvenaient pas à s'entendre sur la question du leadership et que certains s'inquiétaient de l'engagement de pays non-membres de la CEDEAO comme le Tchad.

[2] Le Cadre Politique de la Reconstruction et du Développement Post-Conflit (RDPC) n'a été adopté qu'en 2006, mais il fait partie de l'APSA. Il a pour vocation d'aborder les questions de démobilisation, de désarmement et de réinsertion des anciens combattants ; du retour et de la réinsertion des populations déplacées ; de la réconciliation au niveau local ; et de jeter les bases d'une bonne gouvernance, dans les sphères politique et socio-économique, Union africaine. RDPC Framework Document, 2006, p. 6.

[3] Lire à ce propos, S. Desmidt et Volker Hauck « Gestion des conflits dans le cadre de l'Architecture Africaine de Paix et de Sécurité (APSA) », consulté le 6 mars 2020.

[4] Le Conseil de paix et de sécurité (CPS) a été proposé au Sommet de Lusaka en 2001 et établi en 2004 par un protocole annexé à l'acte constitutif et adopté par la Conférence en juillet 2002. Le protocole définit le CPS comme un organe de sécurité collective et de prévention visant à faciliter la prise de décisions effectives face aux conflits et à la reconstruction qui s'en suit. Enfin, il vise à mettre en place une politique commune de défense. Le CPS est composé de quinze (15) membres élus sur une base régionale par la Conférence.

[5] Ils sont ceux du développement (au sens large du terme) : gestion des problèmes sanitaires, gestion pacifique des crises régionales, bonne gouvernance politique, bonne gouvernance économique. Les défis à relever sont nombreux.

A. Contribution aux Droits de l'Homme et crises politiques en Afrique

Pendant des dizaines d'années, la protection des droits fondamentaux en Afrique semblait avoir pour principaux défenseurs une poignée de courageux militants de la société civile. Mais depuis plusieurs années, à mesure que la démocratie gagne du terrain sur le continent, il est plus souvent admis que le respect des droits de l'homme est essentiel à la sécurité et au développement à long terme de l'Afrique. Les institutions africaines sont de plus en plus nombreuses à se pencher sur différents aspects des droits de l'homme.

L'OUA, ancêtre de l'UA prônait déjà le respect de la souveraineté et la non-ingérence. À l'inverse, l'UA se donne un droit d'ingérence dans certaines situations (génocide, crimes de guerre). Elle joue depuis sa création un rôle dans ce domaine, même si cette prérogative est limitée par des problèmes de financement et les procédures bureaucratiques.

Les deux acteurs au sein de l'UA agissant dans ce domaine sont le président de la conférence des chefs d'État et le CPS. Pour l'ancien président de l'UA Jean Ping, les tentatives de médiations de l'UA sont mises à mal par certains pays occidentaux. Ce dernier, pour appuyer sa déclaration, évoque la situation post élective de 2012 en Côte d'Ivoire et celle de 2011[1] en Libye. Ces précédentes mésaventures ne sont pas isolées car à cette défaillance, On peut s'étendre aux cas du Togo, de la Mauritanie et du Zimbabwe.

En réponse à la mort de Gnassingbé Eyadema, président du Togo, le 5 février 2005, les chefs d'États de l'UA considérèrent la nomination de son successeur Faure Gnassingbé comme un coup d'État militaire[2] car La constitution du Togo prévoyait que le président du Parlement devait assurer l'intérim en cas de vacances constatée de la présidence de la république. Dès lors, ce dernier se devait de convoquer une élection présidentielle pour choisir le nouveau président dans un délai de 60 jours. Or, Faure Gnassingbé passa outre cette obligation de la loi fondamentale pour se porter à la tête du pays. La contestation de l'UA força ce dernier à tenir une élection présidentielle dans les conditions elles-mêmes massivement décriées. Finalement, il fut élu président officiellement le 4 mai 2005, malgré d'importantes allégations de fraude[3].

Le 3 août 2005, un coup d'État en Mauritanie entraina la suspension du pays de toutes activités internationales. Le Conseil militaire qui prit contrôle de la Mauritanie promit l'organisation d'élections présidentielles dans les deux ans. Ces élections eurent lieu en début 2007. Il s'agit des premières élections de

---

[1]J. Ping, « *Fallait-il tuer Kadhafi ?* », in Le *Monde diplomatique*, 1er août 2014, consulté le 18 février 2020.

[2]« *AU denounces Togo 'military coup'* » , in *BBC* News, 6 février 2005 consulté le 18 février 2020.

[3]Emad Awwad, « Le conseil de paix et de sécurité de l'Union africaine », dans J. Coulon (dir.), *Guide du maintien de la paix 2006*, Montréal, Athéna Éditions, 2005, pp. 167-169.

Mauritanie généralement considérées comme au-dessus des standards acceptables. À la suite de celles-ci, la Mauritanie fut réintégrée dans l'Union. Cependant, le 6 août 2008, un nouveau coup d'État démit le gouvernement élu en 2007. L'UA annonça dès lors la suspension de la Mauritanie[1].

D'un autre côté, la crise politique au Zimbabwe fut débattue par l'UA, mais aussi par la Communauté de Développement d'Afrique Australe. Au niveau de l'UA, la situation au Zimbabwe fut l'objet de discussions controversées au Conseil exécutif après la remise des rapports de la Commission Africaine des Droits de l'Homme et des Peuples. Lors du 11e Sommet de l'UA qui s'est tenu à Charm-el-Cheik en Égypte, en juillet 2008, le Zimbabwe a été le principal sujet de discussion de certains États, dont le Sénégal, le Bénin, le Burkina Faso, la Zambie, le Botswana, le Nigeria, le Kenya, et d'autres se prononcèrent. Ceux-ci soutenaient une action forte contre le Zimbabwe en réponse aux problèmes posés par le second tour de l'élection présidentielle se tenant en juin. Le Premier Ministre du Kenya Raila Odinga appela, parmi d'autres, à la suspension de Robert Mugabe[2]. Toutefois, une résolution fut finalement adoptée, celle-ci ne prenait pas de sanction contre le gouvernement de Robert Mugabe, mais exhortait les principaux partis du Zimbabwe à négocier pour résoudre leurs différends.

B. Extension de la médiation et de la diplomatie préventive

Un des objectifs de l'UA est de « promouvoir la paix, la sécurité et la stabilité du continent »[3]. Parmi ces principes se trouve la « résolution pacifique des conflits parmi les États membres de l'Union au travers des moyens appropriés décidés par l'Assemblée »[4]. Le premier organe chargé de mettre en œuvre ces objectifs et principes est le CPS. C'est en 2003 que l'UA a adopté le protocole portant création du CPS de l'Union africaine pour se donner les outils nécessaires à la mise en œuvre de deux principes énoncés dans son Acte constitutif qui stipulent « le droit de l'Union d'intervenir dans un État membre sur décision de la Conférence, dans certaines circonstances graves, à savoir : les crimes de guerre, le génocide et les crimes contre l'humanité ». Il en est de même du « droit des États membres de solliciter l'intervention de l'Union pour restaurer la paix et la sécurité ». Le Conseil, composé de quinze (15) membres se devait de disposer d'une force d'intervention de 15 000 hommes répartis en brigades régionales, positionnées dans les pays respectifs, mais pouvant être rapidement déployées sur les théâtres des opérations en Afrique. Le CPS a le pouvoir, entre autres, d'autoriser des missions de soutien de la paix, d'imposer des sanctions en cas de changements anticonstitutionnels de gouvernement, et de prendre des initiatives et des actions jugées appropriées

[1]« *All is rather easily forgiven* », in *The Economist,* 23 juillet 2009, consulté le 18 février 2020.
[2]« *Kenya urges AU to suspend Mugabe* », in BBC, 30 juin 2008 consulté le 18 février 2020.
[3]Article 3(f) de l'Acte constitutif.
[4]Article 4(e) de l'Acte constitutif.

en réponse à des conflits en cours ou potentiels. Il est un organe décisionnel de plein droit, et ses décisions sont contraignantes pour les États membres.
L'article 4(h) de l'acte constitutif, repris dans l'article 4 du Protocole de l'acte constitutif du CPS, reconnaît aussi le droit, pour l'Union, d'intervenir dans les États membres dans les cas de crimes de guerre, génocide et crimes contre l'humanité. Toute décision d'intervention dans un État membre prise en vertu de l'article 4 de l'Acte constitutif doit l'être par la Conférence sur recommandation du CPS. Depuis sa première rencontre en 2004, le CPS a été actif lors des crises au Darfour, aux Comores[1], en Somalie, en République Démocratique du Congo, au Burundi, en Côte d'Ivoire et dans d'autres pays. Il a adopté des résolutions mettant en place les opérations de maintien de la paix de l'UA en Somalie et au Darfour et à imposer des sanctions contre les personnes remettant en cause la paix et la sécurité (tels que l'interdiction de voyager, le gel des avoirs, etc.). Cet organe supervise la mise en place d'une « force de réserve » pour servir de force de paix africaine permanente[2].
Une lecture réelle des différentes interventions en Somalie, au Darfour et en Lybie montre, sans négation aucune, le rôle laudatif de l'UA en Afrique. La mission en Somalie, généralement appelée AMISOM[3], acronyme de l'anglais *African Union Mission in Somalia*, est une mission régionale de maintien de la paix en Somalie menée par l'UA avec l'aval des Nations Unies, à la suite de la guerre civile somalienne.
Depuis 2013, l'UA s'implique dans les négociations de paix et dans la médiation d'un nombre croissant de conflits violents. Au cours des dernières années, elle était d'ailleurs le seul acteur régional impliqué dans les efforts de médiation d'un certain nombre de conflits violents : en Lybie, par exemple, ou en Égypte, après le soulèvement populaire et le printemps arabe, voire dans le conflit autour du Sahara occidental[4]. Cela s'explique en partie par l'absence d'une CER opérationnelle en Afrique du Nord. Il convient toutefois de nuancer le contenu et la portée de ces efforts de médiation de l'UA dans les conflits nord-africains. En Égypte, l'UA a surtout organisé des réunions de concertation avec le gouvernement et la société civile à la suite du « printemps arabe », et les membres de son groupe des sages n'étaient, à l'origine, pas admis dans le pays[5]. En Libye, l'UA a soutenu une médiation conduite par

---

[1] L'invasion d'Anjouan de 2008, également connue sous le nom de code opération *Démocratie aux Comores*, est un assaut amphibie militaire qui eut lieu le 25 mars 2008 sur l'île d'Anjouan. L'assaut est mené par les Comores avec le soutien de l'Union africaine, du Soudan, de la Tanzanie et du Sénégal, ainsi que l'appui logistique de la Lybie et de la France.
[2]J. Cilliers, 'The African Standby Force. An Update on Progress'', in *Institute for Security Studies*, South Africa, March 2008, pp. 21- 28.
[3] Lire à ce propos « *Conférence internationale à Londres pour « accélérer la guérison » de la Somalie* », in Le *Monde*, 11 mai 2017.
[4]E. F. Ngagoum, « Jean Keutcha. Vie et parcours d'un grand commis de l'État camerounais 1923-2012 », mémoire de Master en Histoire, Université de Douala, 2015, p.125.
[5] I. Crouzel, « La renaissance africaine », p 176.

l'ONU. Elle n'en était pas l'acteur principal, mais elle y a apporté son soutien au travers de son envoyé spécial pour la Libye (nommé par la Présidente de la Commission de l'UA). En ce qui concerne le Sahara occidental, l'UA a légèrement intensifié ses efforts au cours des dernières années, mais sans grand résultat jusqu'ici. Compte tenu de la récente réadmission du Maroc dans l'UA en janvier 2017, de nouveaux efforts sont en cours afin de résoudre la question du Sahara occidental. Depuis janvier 2017, plusieurs conférences et réunions de l'UA ont été interrompues et reportées en raison de la présence du Sahara occidental et du Maroc. Le Maroc, par exemple, n'a pas participé à une session du CPS consacrée au Sahara occidental, car il ne reconnaît aucune prérogative à l'UA dans ce dossier[1].

Au Soudan, le Groupe de Mise en œuvre de Haut niveau de l'UA (GMHUA) s'implique fortement depuis 2009 dans les efforts de médiation et les pourparlers de paix entre le gouvernement, les groupes d'opposition et les factions armées. C'est lui l'acteur régional le plus important, même si l'IGAD surveille également les pourparlers de paix. Il concentre ses efforts de médiation à la fois sur le conflit entre le gouvernement soudanais et les groupes armés du Darfour, sur le conflit entre le gouvernement et l'opposition politique dans le cadre du dialogue national, et sur la situation à Abyei. Au Mali, l'UA soutient le processus de paix conduit par l'Algérie, notamment depuis la nomination du haut représentant de l'UA pour le Mali et le Sahel, en octobre 2012[2].

À la vérité, depuis le début des années 1990, la Somalie se trouvait sans gouvernement central fonctionnel. Un accord de paix, qui visait à mettre fin à la guerre civile qui commença par la chute du régime de Siad Barre, fut signé en 2006 après plusieurs années de pourparlers. Toutefois, le nouveau gouvernement fut presque immédiatement menacé par les violences. Pour soutenir temporairement la base militaire du gouvernement, des soldats de l'Union, environ 8 000 hommes, furent envoyés à Mogadiscio à partir de Mars 2007 en tant que force de maintien de la paix. L'Érythrée rappela ses ambassadeurs auprès de l'Union africaine le 20 novembre 2009 après que celle-ci eut demandé au Conseil de sécurité des Nations unies de leur imposer des sanctions du fait de leur soutien supposé aux islamistes somaliens qui tentaient de renverser le gouvernement fédéral de transition de Somalie[3]. Le 22 Décembre 2009, le Conseil de sécurité vota la résolution 1907 qui imposa un embargo sur l'Érythrée, des interdictions de séjours pour les dirigeants érythréens, et le gel des avoirs pour les officiels érythréens. L'Érythrée critiqua fortement la résolution. En janvier 2011, l'Érythrée rétablit sa mission auprès de l'UA à Addis Abeba[4].

---

[1] E. F. Ngagoum, « Jean Keutcha », p. 125.

[2] A. Boutellis and P. D. Williams, *Peace Operations*, pp. 135-137.

[3] *Le Monde*, 11 mai 2017, article déjà cité.

[4] Ibid.

Le cas du Darfour est aussi à élucider. En réponse au conflit du Darfour au Soudan, l'UA a déployé 7 000 soldats de maintien de la paix, originaires principalement du Rwanda et du Nigeria. Bien que la conférence des donateurs, qui s'est tenue à Addis-Abeba en 2005, ait permis d'amasser des fonds pour financer les soldats de maintien de la paix pour l'année en cours et la suivante, l'UA a déclaré au cours de l'année 2006 que les soldats se retireraient à la fin septembre de cette année, date à laquelle son mandat expire[1]. Éric Reeves a critiqué les Forces de Maintien de la Paix en déclarant que celles-ci étaient souvent inefficaces du fait du manque de fonds, de personnels et d'expertise. La taille de la zone à surveiller, à peu près la taille de la France, a rendu encore plus difficile de soutenir une mission efficace. En juin 2006, le Congrès des États-Unis a accordé 173 millions de dollars pour soutenir les forces de l'UA. Le *Génocide Intervention Network* a appelé les Nations unies (ONU) ou l'Organisation du Traité de l'Atlantique Nord (OTAN) à intervenir pour augmenter et/ou remplacer les forces de maintien de la paix de l'UA. L'ONU a envisagé le déploiement de forces de maintien de la paix, même si elle ne serait intervenue qu'à partir d'octobre 2007[49]. La mission sous-financée et mal équipée de l'UA, qui devait expirer le 31 décembre 2006, fut prolongée jusqu'au 30 juin 2007 et a fusionné avec la Mission conjointe des Nations Unies et de l'UA au Darfour en octobre 2007. En juillet 2009, l'Union africaine cessa de coopérer avec la Cour pénale internationale, en refusant de reconnaître le mandat d'arrêt international qu'elle avait émis à l'encontre du dirigeant soudanais Omar el-Béchir pour crimes de guerre et crimes contre l'humanité[2]. L'Union ne procéda pas à son arrestation lors de ses visites dans les États parties au Statut de Rome[3]. Cela s'explique notamment par les relations tendues entre l'UA et la Cour pénale internationale. En effet, cette dernière voit sa légitimité remise en cause par des accusations de colonialisme en ne poursuivant que des africains[52].
Par ailleurs, l'UA chercha à s'imposer comme médiateur au début de la Guerre civile libyenne de 2011 en formant un comité *ad hoc* de cinq présidents (le président congolais Denis Sassou Nguesso, le président malien Amadou Toumani Touré, le président mauritanien Mohamed Ould Abdel Aziz, le président sud-africain Jacob Zuma, et le président ougandais Yoweri Museveni) pour mettre en place une trêve. Cependant, le début de l'intervention militaire menée par l'OTAN en mars 2011 empêcha le Comité de se rendre en Libye pour rencontrer le dirigeant libyen et ancien président de l'Union africaine (en 2010) Mouammar Kadhafi[54]. En tant qu'Union, l'UA

[1]« *African move on Bashir dismissed* », in BBC News, 5 juillet 2009, consulté le 18 février 2020.
[2] Ibid.
[3]https://www.lemonde.fr/afrique/article/2013/07/16/le-president-soudanais-el-bechir-echappe-a-nouveau-a-la-cpi_3448454_3212.html, in Le Monde, « l'Union Africaine refuse d'arrêter un responsable de génocide, l'Afrique corrompue ? », consulté le 18 février 2020.

se détache nettement de la décision du Conseil de sécurité des Nations Unies de créer une zone d'exclusion aérienne en Libye, bien que quelques États membres, tels que le Botswana, le Gabon, la Zambie, et d'autres exprimèrent leur soutien à la résolution.
En conséquence de la défaite de Kadhafi à la seconde bataille de tripoli, la bataille décisive de la guerre, en août 2011, la ligue arabe vota la reconnaissance du Conseil National de Transition (CNT) comme gouvernement légitime du pays avant la tenue d'élections[1]. Cependant, bien que le Conseil ait été reconnu par plusieurs États membres de l'Union, dont deux sont aussi membres de la ligue arabe, le CPS de l'UA posa son veto à la reconnaissance le 26 Août 2011, insistant sur le fait qu'un cessez-le-feu devait être conclu et qu'un gouvernement d'union nationale devait être formé par les deux partis lors de la guerre civile. Un certain nombre d'États membres de l'Union à la tête desquels se trouvaient l'Éthiopie, le Nigeria et le Rwanda demandèrent que l'UA reconnaisse le CNT comme autorité gouvernementale d'intérim[2] et plusieurs autres États membres reconnurent le CNT sans prendre en compte la décision du CPS[3]. Cependant, l'Algérie et le Zimbabwe ont indiqué qu'ils ne reconnaîtraient pas le CNT, l'Afrique du Sud exprima quant à elle des réserves. Le 20 Septembre 2011, l'UA reconnut officiellement le CNT comme représentant légitime de la Libye.
Pour le dire clairement, la médiation de l'UA doit être d'une grande importance sur deux dossiers : Sur le dossier libyen, le vide politique a favorisé l'implantation des groupes terroristes affiliés à Daesh et malgré la médiation des Nation-Unies, le processus politique évolue plus lentement que l'expansion de Daesh[4]. L'UA devrait donc jouer sa partition pour l'avancement du processus politique en multipliant les contacts avec les différentes parties pour obtenir la validation d'un gouvernement d'union nationale. L'UA se doit de peser de tout son poids dans le Maghreb pour relancer la coopération sécuritaire bloquée à cause du différend qui oppose Rabat à Alger. Cette coopération est d'autant plus nécessaire que cette région grouille de factions islamistes qui, du fait de leur grande mobilité, échappent allègrement aux mailles sécuritaires des États.

[1]« *Arab League Recognizes Libyan Rebel Council* », in RTT News, 25 août 2011, consulté le 18 février 2020.
[2]« *Libya-NTC : National Transitional Council in Libya* », in Afrique en ligne, 27 août 2011, consulté le 18 février 2020.
[3]« *Chad recognizes rebel council as only legitimate authority in neighboring Libya* », in Aljazeera.net, 24 août 2011, consulté, le 18 février 2020.
[4]Selon les mots de Martin Kobler, chef de la mission de l'ONU en Libye, cité par Joseph Léa Nkalwo Ngoula, « L'Union africaine à l'épreuve du terrorisme : forces et challenges de la politique africaine de sécurité », Cameroun, avril 2016, http://www.irenees.net/bdf_fiche-analyse-1076_fr.html, consulté le 3 mars 2020.

C. L'Union Africaine face à la problématique de la récurrence des coups d'État en Afrique

La gouvernance démocratique a été au cœur de la renaissance constitutionnelle des États dans les années 1990. Se posant en rupture avec les errements autocratiques des décennies précédentes, elle constitue le terreau de la démocratie, de l'État de droit et du respect des droits de l'homme, des valeurs qui en sont les références motrices. Mais aujourd'hui, elle se fait terrasser par une forme de gouvernance politique qui révèle effectivement la survivance du présidentialisme négro-africain et les traces indélébiles de la patrimonialisation de l'État. A l'évidence, les peuples africains ont fondé leur espoir dans la démocratie. Mais en décidant de personnaliser le pouvoir politique de façon à faire passer leurs intérêts strictement privés et ceux d'une caste fermée avant le bien commun, les élites africaines ont déçu les espérances des citoyens. La mauvaise gouvernance et les dissensions identitaires qui en résultent attisent des tensions sociales souvent génératrices de coups d'État. Face à la situation qui prévaut dans certains pays africains qui n'acceptent pas perpétuellement les principes de la démocratie, certains régimes militaires ont décidé de prendre le pouvoir par des coups d'État. D'août 2020 à janvier 2022, quatre coups d'État se sont succédés dans l'espace francophone au Mali, au Tchad, en Guinée et au Burkina Faso. Ces nouveaux coups d'État, tout comme celui au Soudan survenu en octobre 2011 menacent de la ramener aux années 1980 et à l'ère des régimes militaires, en dépit des condamnations et des sanctions de la CEDEAO, de l'UA, de l'ONU et d'autres organismes.

Face à cette situation, l'UA doit redoubler d'efforts pour prévenir les coups d'État en sanctionnant la mauvaise gouvernance et les tentatives des présidents de prolonger leur mandat. Par conséquent, elle pilote l'élaboration des politiques et la mise en œuvre des décisions visant à faire en sorte que l'Afrique réalise l'Aspiration 4 de l'Agenda 2063 qui aspire à « Une Afrique vivant dans la paix et dans la sécurité » en recourant à des mécanismes favorisant une approche centrée sur le dialogue pour une paix durable. L'UA et les CER doivent sanctionner le « maintien anticonstitutionnel au pouvoir » afin de prévenir les coups d'État[1].

D. Suivi, matérialisation et mise en implémentation des Forces Armées en Attente (FAA) et mieux murir le rôle des forces armées de la CEAC

La Force africaine en attente (ou FAA) est une force de maintien de la paix africaine prépositionnée constituée de contingents interarmes qui agiraient

[1] Le Mali, le Burkina Faso et la Guinée, trois pays d'Afrique de l'Ouest dirigés par des militaires arrivés au pouvoir à la faveur de coups d'État depuis 2020, sont suspendus des organes de décision de l'UA ainsi que de la Communauté économique des États de l'Afrique de l'Ouest (Cédéao).

dans les crises africaines sous la direction de l'Union africaine[1]. La première base logistique de la FAA a été inaugurée en janvier 2017 au Cameroun (dans un ancien aéroport de Douala, quartier de Bonapriso). Son lancement a été repoussé à plusieurs reprises et elle n'a pas d'existence opérationnelle en 2020.
La FAA doit être composée de cinq brigades, disposant chacune de son propre commandement, correspondant aux cinq blocs politico-économiques du continent : Afrique du Nord, de l'Ouest, centrale, australe et de l'Est[2], baptisés communautés économiques régionales (CER). Les unités qui composent les brigades en attente sont fournies par les pays de chacun de ces CER. Les cinq brigades en attente prévues sont : SADCBRIG (Brigade de la CER d'Afrique australe) ; EASBRIG (Brigade de la CER d'Afrique de l'Est) ; ECOBRIG (Brigade de la CER d'Afrique de l'Ouest) ; ECCASBRIG ou FOMAC (Brigade de la CER d'Afrique centrale) et NARC (Capacité régionale d'Afrique du Nord). Ces brigades sont interarmes et avoir pour effectif jusqu'à 6 000 hommes[2]. Chaque CER est censée avoir un élément de planification permanent, un quartier-général cadre à partir duquel est assemblé brigade.
De nombreuses difficultés entravent son fonctionnement. L'Union africaine n'a pas l'argent que nécessite la FAA et dépend donc fortement dans ce domaine des apports étrangers (Union européenne, ONU et États-Unis notamment). L'opérationnalisation de la FAA rencontre aussi d'importantes difficultés pratiques : qualité inégale des troupes, absence de langue commune dans certains cas, matériels incompatibles ou trop variés (transmissions, munitions, etc.). La relation entre l'UA et les CER est chaotique, car régie par un grand nombre de textes et souvent marquée par la compétition.
Par ailleurs, il faut murir et assigner des rôles novateurs à la Force multinationale de l'Afrique centrale. La Force multinationale de l'Afrique centrale (FOMAC) est une force armée multinationale africaine non permanente sous l'égide de la Communauté Économique des États de l'Afrique Centrale (CEEAC)[3]. Constituée des contingents militaires des États membres de la CEEAC, son but est d'assurer les missions de paix, de sécurité et d'aide humanitaire. Elle est appelée à intervenir notamment en cas d'agression ou de conflits dans tout État membre, de conflits internes ou en cas de renversement des institutions constitutionnelles d'un État membre. La FOMAC a été déployée en République centrafricaine dans le cadre de la Mission de consolidation de la paix en Centrafrique (MICOPAX). Compte tenu de

---

[1] *Protocol relating to the establishment of the Peace and Security Council of the African Union (en)* » [archive], peaceau.org, *African Union* (consulté le 12 mai 2024).
[2] Amandine Gnanguênon, « *Sécurité en Afrique : et l'Union africaine dans tout ça ?* », *Le Point*, 15 mai 2023.
[3] La Communauté économique des États de l'Afrique centrale (CEEAC) est une organisation internationale créée le 18 octobre 1983 pour le développement économique, social et culturel de l'Afrique en vue de la création des structures régionales pouvant progressivement aboutir à un Marché commun. Il s'agit d'une communauté économique régionale (CER). La CEEAC découle du Plan d'action de Lagos d'avril 1980.

l'instabilité politique chronique en Centrafrique, la CEMAC met en place, en décembre 2002, la Force Multinationale en Centrafrique (FOMUC). La FOMUC, dont la création était avant tout une initiative du Gabon, avait pour mandat initial d'assurer la sécurité du président Ange-Félix Patassé, de restructurer les forces armées et de surveiller le travail des patrouilles mixtes le long de la frontière avec le Tchad. À partir de 2004, après la prise de pouvoir de François Bozizé, il soutient l'organisation du processus électoral qui débouchera sur la tenue de plusieurs scrutins en 2005. Au plus fort de sa présence, la mission militaire atteint 380 soldats du Gabon, de la République du Congo, du Tchad et du Cameroun.

Par sa position à la tête du comité *ad hoc* qui a mis sur pied la mission, le président gabonais a été en mesure d'obtenir que les deux commandants à la tête de la FOMUC au cours de ses six années de déploiement soient Gabonais. Au cours de l'été 2008, pour des raisons de cohérence légale, la CEMAC transfère les responsabilités de la FOMUC à la CEEAC et prend alors le nom de Force multinationale de l'Afrique centrale (FOMAC), déployée en Centrafrique dans le cadre de la Mission de consolidation de la paix en Centrafrique (MICOPAX)[1].

Conclusion :

L'UA pilote l'élaboration des politiques et la mise en œuvre des décisions visant à faire en sorte que l'Afrique réalise l'Aspiration 4 de l'Agenda 2063 qui aspire à « Une Afrique vivant dans la paix et dans la sécurité » en recourant à des mécanismes favorisant une approche centrée sur le dialogue pour la prévention et la résolution des conflits et l'instauration d'une culture de paix et de tolérance entretenue chez les enfants et les jeunes d'Afrique par l'éducation pour la paix. L'initiative phare de l'Agenda 2063, à savoir « Faire taire les armes d'ici 2020 », est au cœur des activités devant être mises en place pour faire de l'Afrique un continent plus pacifique et stable. L'organe clé de l'UA pour la promotion de la paix et de la sécurité sur le continent est le Conseil de Paix et de Sécurité qui est l'organe décisionnel permanent de l'UA pour la prévention, la gestion et la résolution des conflits. Il s'agit d'un dispositif collectif de sécurité et d'alerte précoce destiné à faciliter des ripostes

[1] La Mission de consolidation de la paix en Centrafrique (MICOPAX) est une mission de la Force Multinationale des États d'Afrique Centrale (FOMAC), sous l'égide de la Communauté Économique des États de l'Afrique Centrale (CEEAC) et bénéficiant du soutien financier et logistique de l'Union Européenne et de la France pour assurer la sécurité des populations de la République centrafricaine. Mise en place le 12 juillet 2008, elle a pris fin le 15 décembre 2013. Elle a été créée pour remplacer la Force multinationale en Centrafrique (FOMUC), sous l'égide de la CEMAC, fondée le 2 octobre 2002. La MICOPAX a joué un rôle mineur lors de la deuxième guerre civile de Centrafrique en 2012. La MICOPAX prend fin le 15 décembre 2013, remplacée par la Mission internationale de soutien à la Centrafrique sous conduite africaine (MISCA), pilotée par l'Union africaine, qui sera à son tour remplacée par la Mission multidimensionnelle intégrée des Nations unies pour la stabilisation en Centrafrique (MINUSCA) le 15 septembre 2014.

en temps opportun et efficaces aux situations de conflit et de crise en Afrique. Il est également le pilier clé de l'Architecture africaine de paix et de sécurité, qui constitue le cadre de promotion de la quiétude, de la sécurité et de la stabilité en Afrique.

L'UA a veillé à ce que divers traités et politiques soient mis en place pour garantir la bonne gouvernance ainsi que la protection des libertés civiles et la préservation des droits des citoyens africains. Au nombre des Traités de l'UA sur les droits de l'homme, figurent la Charte africaine des droits et du bien-être de l'enfant, la Charte africaine des droits de l'homme et des peuples , le Protocole à la Charte africaine des droits de l'homme et des peuples relatif aux droits de la femme en Afrique, la Charte africaine de la jeunesse et la Convention de l'Union africaine sur la protection et l'assistance aux personnes déplacées internes en Afrique .

Références bibliographiques :

- Amandine Gnanguênon, « *Sécurité en Afrique : et l'Union africaine dans tout ça ?* », *Le Point*, 15 mai 2023.
- Ayissi A., « Le défi de la sécurité régionale en Afrique après la guerre froide, vers la diplomatie préventive et la sécurité collective », Travaux de recherche de l'UNIDIR, New York et Genève, no 27, 1994.
- Boutellis A. and Williams P. D., *Peace Operations, the African Union, and the United Nations: Toward More Effective Partnerships, International Peace Institute (IPI)*. New York, 2013.
- Coulon J. (dir.), *Guide du maintien de la paix 2006*, Montréal, Athéna Éditions, 2005.
- Crouzel Ivan, « La renaissance africaine, un discours sud-africain », in Politique *africaine*, no 77, mars 2000, pp. 171-182.
- Dersso S., To Intervene or Not to Intervene? An inside view of the AU's decision-making on Article, 2016.
- Desmidt S., *Peace building, conflict prevention and conflict monitoring in the African Peace and Security Architecture*, ECDPM background note, March 2016.
- Ekoué Amaïzo Y., « De l'OUA à l'Union africaine : les chemins de l'interdépendance », in *Afrique contemporaine*, n° 197, 1er trimestre 2001, pp. 97-107.
- Emad Awwad, « Le conseil de paix et de sécurité de l'Union africaine », pp. 167-169.
- Emdev, *Les avatars de l'État en Afrique*, Paris, Ed Karthala, 1997.
- Kwame Nkrumah, *L'Afrique doit s'unir*, Paris, éd. Payot, 1964.
- Lecoutre Delphine, « Le Conseil de paix et de sécurité de l'Union africaine, clef d'une nouvelle architecture de stabilité en Afrique ? », in *Afrique contemporaine*, no 212, 4/2004.
- Murithi T., (Ed)., *Handbook of Africa's International Relations Publisher*, London, Routledge, 2013.
- Pinto et Grawitz M., *Méthodes des sciences sociales*, Paris, éd. Dalloz, 1971.

- Rakotonirina Haingo M., « Le dialogue interrégional UE-Afrique depuis Cotonou : le cas de la facilité de soutien à la paix en Afrique », in *Politique européenne*, n° 2/2007, pp. 125-147.
- Williams Paul D., *Key Questions for South Sudan's*, New York, New Protection Force, 2016.

Chapitre 3 :

L'émergence économique africaine à l'épreuve du défi climatique : à propos de la nécessité de la définition et de la consolidation d'un modèle régional d'entre-deux climat-développement

Louis Narcisse Ngono [1]

Introduction :
L'avènement du concept « pays émergent » dans les années 1980 donne depuis quelques décennies, une nouvelle lecture de l'économie internationale en termes de reconfiguration des rapports de force et de leadership. Il consacre un monde fonctionnant désormais à trois vitesses entre les anciennes puissances industrialisées, les puissances économiques en pleine expansion qualifiées d'émergentes et les pays en développement. Les relations qui s'établissent entre ces trois catégories renseignent sur leur place dans l'échiquier mondial et sur leur influence mutuelle. Elles établissent clairement que les pays émergents sont réellement engagés dans une dynamique de rattrapage et parfois de dépassement des anciennes puissances industrialisées. Ils sont de ce fait craints à juste titre et deviennent des forces avec lesquelles, il faut compter sur tous les sujets de la gouvernance internationale[2]. Le commerce international et la question climatique donnent à cet effet, l'occasion de vérifier leur poids sur les autres catégories d'acteurs et sur les processus de décision[3]. A côté de ces deux catégories d'acteurs qui se craignent, on retrouve celle des pays en développement, dans laquelle, la majorité des pays africains est logée[4]. Cette catégorie a la particularité d'être à la périphérie du leadership mondial et est caractérisée par le rêve et/ou l'ambition de franchir un palier sur le plan économique pour peser également dans cet environnement international compétitif.
C'est la raison pour laquelle, la hantise des pays africains sur le plan économique est d'émerger pour tirer avantage de cette mondialisation qui se nourrit des faibles. Elle est aussi liée à la volonté de faire face aux défis

---

[1] *Docteur PhD en Science Politique/Relations Internationales* Institut des Relations Internationales du Cameroun (IRIC).
[2] Inès Trépant, « Pays émergents et nouvel équilibre des forces », *Courrier Hebdomadaire du CRISP*, Vol 6-7 N° 1991-1992, 2008, pp. 6-54
[3] Stefan C. Aykut, Amy Dahan, *Gouverner le climat ? Vingt ans de négociations internationales*, Presses de Sciences Po, 2015.
[4] François Bourguignon, Pauvreté et développement dans un monde globalisé, Leçon inaugurale prononcée le jeudi 3 avril 2014, Paris, Collège de France, 2015.

croissants qui s'imposent à ces pays et dont une meilleure situation économique serait porteuse de solutions. Même si le concept semble mal défini, il est très fréquent de parler d'émergence en Afrique pour tendre vers ce cercle vertueux fait de performances et de progrès importants sur le plan économique et social[1]. Si l'Afrique est perçue comme étant le continent de l'avenir, c'est notamment sur la base d'un certain potentiel qui le prédispose à cette émergence si toutes les conditions sont réunies. A côté des ressources humaines et naturelles mobilisables, la gouvernance a souvent été évoquée comme un facteur déterminant pour l'expansion de l'Afrique sur le plan économique[2]. Cependant, une donnée fondamentale semble mise de côté dans ces projections économiques heureuses, qu'espèrent les populations africaines. Elle n'est pas suffisamment intégrée dans les visions de développement ou tout simplement minimisée et cantonnée dans son traitement sectoriel.

Il s'agit des considérations climatiques dont on sait qu'elles ont de plus en plus une incidence sur les performances économiques. L'Afrique étant sous l'emprise des inondations, des grandes sécheresses, des incendies et de la montée des eaux, est exposée à ces différents évènements qui peuvent compromettre sa trajectoire de développement faisant pourtant de l'émergence régionale l'objectif à atteindre ces prochaines décennies. En effet, si on se fie aux dernières projections du Groupe Intergouvernemental des Experts sur le Climat (GIEC), l'Afrique est menacée d'un réchauffement climatique plus prononcé comparé à la moyenne mondiale[3]. Le niveau de réchauffement étant corrélé à l'ampleur des phénomènes extrêmes, elle est donc l'espace géographique qui subira le plus, les affres du changement climatique avec des implications diverses. Les changements climatiques peuvent notamment renforcer les pressions inflationnistes dans une fourchette de temps plus ou moins longue. Plus largement, les phénomènes climatiques extrêmes peuvent affecter les infrastructures, la santé des populations, la productivité et par conséquent, les structures de production et de prix notamment par une rareté de ressources, l'incertitude accrue qu'ils créent ainsi que les pertes d'activité etc[4]. Or, on parle de manière lancinante de l'émergence de l'Afrique et les plans y dédiés sont développés par la quasi-totalité de ses pays. Ces plans qui s'apparentent à un effet de mode tiennent-ils comptent de la variable climat ? Comment les changements climatiques peuvent-ils rogner les performances économiques de l'Afrique, voire compromettre sa transfiguration économique ? De par son influence sur les

[1] Frédéric Meunier, « Quel rôle pour l'Afrique dans le monde ? », Revue Conflits, Publié le 02 octobre 2020.

[2] Les différents rapports Doing Business font abondamment état des conditions favorables au développement des affaires parmi lesquelles la gouvernance est évoquée.

[3] Cf. Sixième rapport du GIEC, 2022

[4] Cf. Premier rapport complet du Réseau pour le verdissement du système financier, Un appel à l'action - Le changement climatique comme source de risque financier, Avril 2019

prouesses économiques, comment les changements climatiques devraient-ils être intégrés dans les ambitions économiques du continent ? Au-delà du sens que peut recouvrir la notion d'émergence économique, en termes de principaux ressorts et des performances qui consacreraient cette transformation structurelle, cette contribution tend à montrer que l'émergence du continent africain ne peut se faire sans l'intégration des considérations climatiques dans les plans de développement. Cette logique de prospérité passe par la définition et la consolidation d'un modèle de société intégré et autocentré d'entre-deux climat-développement qui fait de la lutte contre les changements climatiques et la poursuite de la trajectoire de développement de l'Afrique fondée sur l'émergence, deux impératifs qu'il faudrait prendre en compte.

I. L'émergence économique de l'Afrique à l'épreuve du défi climatique

L'émergence économique du continent africain est fondée sur un certain nombre de déterminants socioéconomiques qui prédisposent la région à une émergence économique. Toutefois, les vulnérabilités de l'Afrique à l'égard des changements climatiques sont à prendre en compte notamment en termes de fragilisation des prouesses économiques du continent pouvant compromettre l'émergence tant souhaitée.

A. Les déterminants socioéconomiques de l'émergence économique du continent africain

Le continent africain a le potentiel pour être une puissance émergente. Beaucoup d'experts s'accordent à dire que c'est la région du futur[1]. Avec la quasi-totalité des secteurs en friche, il dispose de potentialités susceptibles d'en faire un espace compétitif mais surtout un centre économique mondial. Sur le plan socioéconomique, ses ressources humaines avec sa population jeune en font un vivier en matière de main-d'œuvre mobilisable. Il est estimé qu'à la moitié du siècle, environ 2.5 milliards de personnes peupleront ce continent[2]. A la fin de ce siècle, cette population aurait atteint une taille considérable mondialement au point où une personne sur trois habitera l'Afrique[3]. Ces projections en font dans les trois décennies à venir et plus, un marché régional très intéressant dans la mesure où une population importante et en augmentation croissante est également déterminante pour stimuler la consommation et mettre à disposition une main d'œuvre en quantité.

Le continent africain n'a pas seulement d'énormes potentialités sur le plan démographique. C'est un espace qui n'a rien à envier à un autre en termes de ressources naturelles variées. Cette richesse naturelle dans l'hypothèse d'une valorisation efficace est susceptible de faire de ce continent une place incontournable pour l'économie mondiale. A ce sujet, nombres d'économistes

---

[1] Frédéric Meunier, op.cit.
[2] Ibid.
[3] Ibidem.

sont unanimes et arguent que l'Afrique est le continent du 21ème siècle[1]. Les raisons sont multiples et connues de tous. En effet, le continent jouit de terres arables, de ressources minières encore non exploitées et parfois insoupçonnées. Les ressources halieutiques, forestières, et les sources d'énergies variées sont des atouts qui peuvent propulser le continent à un niveau remarquable sur le plan socioéconomique. Cependant, des défis sont à relever en termes de bonne de gouvernance et de mise en cohérence des politiques publiques pour une expansion économique de la région. Ces belles perspectives économiques, avec des infrastructures dans les secteurs de l'eau, de l'énergie, des transports et de la mobilité, de la formation et des technologies numériques sont atteignables. Elles sont de nature à changer la face de l'Afrique.

Depuis quelques temps, le contient fait sa mue sur le plan socioéconomiques. Les puissances économiques telles que l'Afrique du Sud, le Nigéria, l'Égypte et le Maroc ; l'organisation rapide du Rwanda, la croissance impressionnante de l'Éthiopie, du Kenya ; l'émergence de grandes multinationales africaines dans tous les secteurs sont le signe d'une région prête à connaitre un nouveau tournant dans l'histoire économique contemporaine et future. Les exemples sont légion et la dynamique régionale amorcée dans la structuration d'un des marchés les plus importants au monde avec la création de la zone de libre-échange continentale, place le continent dans une voie de développement appréciable[2]. Avec ce processus de régionalisation économique et commercial qui met ensemble des pays à revenu faible, à revenu intermédiaire de la tranche supérieure et inférieure ainsi que des pays à revenu élevé, le continent est appelé à définir une zone d'échanges fondée sur la complémentarité et la solidarité[3].

Ce processus d'intégration régionale en cours n'a pas que des bénéfices intrarégionaux, il pourrait constituer une rampe d'insertion des économies africaines sur le marché mondial à travers une bonne fenêtre d'opportunités. Il serait de ce fait, une passerelle pour les économies africaines pour la participation et l'accroissement de leur poids dans l'économie mondiale. Cependant cette émergence peut être compromise par une variable climatique qui semble minimisée dans les visions d'émergence et les plans de développement en Afrique. Il importe plus que jamais de l'intégrer dans les projections nationales, sous régionales et régionales. La prise de conscience d'un climat fonctionnant de manière déroutante devrait être de mise si le continent africain veut exploiter de manière optimale tout son potentiel. L'urgence de cet entre-deux trouve son fondement sur le retard que pourrait

[1] Jean-Hervé Lorenzi, « L'avenir, c'est l'Afrique », Chronique, Les Échos, Publié le 20 nov. 2019.

[2] Rapport, La zone de libre-échange continentale (ZLEC) en Afrique, vue sous l'angle des droits de l'homme, Friedrich Ebert Stiftung, Bureau de Genève, Octobre 2017

[3] Ibid.

accuser l'Afrique en matière de transition par rapport aux autres régions. Il s'agit d'un aspect de compétitivité non négligeable qui fait de l'adaptation aux considérations écologiques, un critère de hiérarchisation future des économies. Il devrait de ce fait interpeller une Afrique qui affiche la plus grande vulnérabilité face aux changements climatiques pouvant rogner ses prouesses économiques ou compromettre à long terme sa trajectoire de développement.

B. Une émergence économique future fragilisée par les vulnérabilités africaines aux changements climatiques

La vulnérabilité des espaces géographiques est fonction des dérèglements climatiques, de leur sensibilité et de leur capacité de résilience. Cette sensibilité est très élevée en Afrique dans la mesure où une grande partie des activités dont dépendent les populations est adossée aux ressources naturelles qui elles-mêmes dépendent de l'état du climat. C'est le cas spécifique des ressources agricoles et côtières sur lesquelles les populations africaines tirent l'essentiel de leurs moyens de subsistance[1]. A titre d'illustration, sept africains sur dix survivent grâce à l'agriculture, tandis que les communautés côtières vivent essentiellement de la pèche[2]. Si certaines régions du monde peuvent mieux répondre à certains impacts des changements climatiques, l'Afrique reste dans un état d'exposition préoccupant. Cette situation est due au fait que la capacité d'adaptation des territoires dépend d'un ensemble de facteurs asymétriquement repartis à travers le monde. Ainsi, les richesses des États, leur niveau d'avancement technologique, les informations à leur disposition, les compétences dont ils sont nantis et l'accessibilité aux ressources financières, déterminent leurs capacités de réponse[3].

Au regard de ces déterminants, il est difficile pour les pays africains en l'état actuel, de faire face aux changements climatiques[4]. Ils disposent en effet de moins de facteurs de résilience et font du continent dans son entièreté, l'aire géographique la plus vulnérable. Sur les dix pays au monde considérés comme étant les plus vulnérables, sept sont d'Afrique. Il s'agit notamment de la République centrafricaine, du Soudan du Sud, de la Sierra Leone, de l'Éthiopie, du Nigéria, du Tchad et de l'Érythrée[5]. Les changements

---

[1] Trisos, C.H., et al, Africa. In: Climate Change 2022: Impacts, Adaptation and Vulnerability. Contribution of Working Group II to the Sixth Assessment Report of the Intergovernmental Panel on Climate Change, (Cambridge and New York: Cambridge University Press, 2022), pp. 1285-1455.

[2] Banque Africaine de Développement, *Contribution de la Banque africaine de développement à la réunion de la COP21 à la CCNUCC. L'Afrique et le climat : une opportunité pour s'adapter et prospérer*, 2015, p. 1.

[3] Alain François et Mohamed Taabni, « L'Afrique face aux changements climatiques », *Les Cahiers d'Outre-Mer*, no. 260 (2012), p. 459.

[4] UNESCO, *Le changement climatique en Afrique : Guide à l'intention des journalistes*, 2014, p. 3.

[5] SoAR, *Améliorer les mesures sur l'adaptation en Afrique, Document de discussion,* Rapport sur l'état d'adaptation en Afrique, 2018, p. 2.

climatiques se manifestent déjà en Afrique avec gravité et continueront d'exercer des pressions sur les ressources en eau, en perturbant le renouvellement des ressources souterraines ; sur la sécurité alimentaire, en réduisant les rendements agricoles ; sur la sécurité transfrontalière, en transnationalisant le stress hydrique et les migrations climatiques ; sur la santé publique, en exposant les populations aux maladies infectieuses et en déplaçant les zones impaludées[1]. À cause des évènements extrêmes, entre 2.6 millions à 3.4 millions personnes ont dû se déplacer en Afrique sub-saharienne de 2018 à 2019. Cette dynamique migratoire pourrait concerner 17 millions à 40 millions d'ici 2050 pour une hausse de température moyenne de 1.7 °C. En matière de sécurité alimentaire, l'Afrique accuse déjà le coup avec une productivité agricole qui a diminué de 34% depuis 1961[2]. Cette tendance baissière pourrait s'accélérer dangereusement avec un réchauffement compris entre 1.5 °C à 2 °C, tandis que 10 millions de personnes seront exposées aux maladies infectieuses pour les mêmes températures[3].

L'Afrique est donc fortement exposée au risque climatique. Les sécheresses d'envergure, les inondations et leurs bilans humains et matériels, considérées aujourd'hui comme étant des extrêmes climatiques épisodiques, pourraient devenir le quotidien des générations futures[4]. En effet, la tendance des précipitations au cours d'une année pourrait amplement varier d'une sous-région à une autre. Cette dynamique préoccupante laisse entrevoir des hausses de précipitations en Afrique orientale, tandis que la partie méditerranéenne du continent, la façade occidentale de l'Afrique australe et le nord du Sahara seront confrontés à une baisse des précipitations. Les zones côtières fortement urbanisées, seront quant à elles vulnérables de manière singulière aux effets de l'augmentation du niveau des eaux. En 2030, entre 108 millions et 116 millions de personnes sur le continent africain seront exposées à la hausse du niveau des eaux soit le double par rapport à l'an 2000[5]. L'érosion des côtes entrainera la fragilisation des activités humaines ancrées dans des pratiques ancestrales[6]. La grande inquiétude est relative au fait que ces impacts n'adviendront pas de manière séparée ou isolée. Ils auront tendance à se renforcer mutuellement en créant des conditions de vie très précaires par

---

[1] Banque Africaine de Développement, *Contribution de la Banque africaine de développement à la réunion de la COP21 à la CCNUCC*, p. 2.

[2] Trisos, C.H., et al, Africa. In: *Climate Change* 2022, pp. 1285.

[3] Banque Africaine de Développement, *Contribution de la Banque africaine de développement à la réunion de la COP21 à la CCNUCC. L'Afrique et le climat : une opportunité pour s'adapter et prospérer*, 2015, p. 2.

[4] Bulletin de la Banque de France, *Impact du changement climatique sur l'Afrique subsaharienne : vulnérabilités, résilience et financements*, 2020, p. 1.

[5] Trisos, C.H., et al, Africa. In: *Climate Change* 2022, pp. 1287.

[6] Martial Bernoux et Hubert Mazurek., ''Les émissions de gaz à effet de serre'', in Magali Reinert., Serge Janicot (eds.), *Changement climatique : quels défis pour le Sud ?* (Marseille : IRD Éditions, 2015), p. 75.

interaction[1]. Agissant cumulativement, ils sont susceptibles de saper les efforts de développement entrepris jusqu'ici en amplifiant au passage l'écart avec les autres régions du monde.

C. Les prévisions socioéconomiques du continent africain sous l'emprise du défi climatique

Les changements climatiques ont déjà une emprise certaine sur les économies africaines. Ils influencent l'essentiel des secteurs productifs du continent en rognant leurs résultats. Cette incidence négative sur les déterminants économiques est censée s'accroitre avec des scénarios de réchauffement élevé. Quel que soit l'élévation de la température à la surface du globe, le continent devra faire face aux risques significatifs de développement[2]. Elle dresse en effet un ensemble de menaces et de contraintes supplémentaires pour l'expansion économique de l'Afrique. Si les impacts y relatifs ne sont pas internalisés dans la planification régionale, ils sont susceptibles de compromettre la trajectoire de développement de l'Afrique. Ces impacts sont de nature à réduire la croissance économique et à creuser les inégalités au sein du continent comme c'est déjà le cas. Il est estimé qu'entre 1991 et 2010, le Produit Intérieur Brut (PIB) par habitant en Afrique a été de 13.6% inférieur à ce qu'il aurait dû être sans changements climatiques[3]. Cette perte en croissance est préoccupante pour un continent qui aspire à sortir la grande majorité de sa population de la pauvreté. En effet, les prouesses du secteur agricole, du tourisme, de l'industrie manufacturière et des infrastructures sont de plus en plus amputées dans leur apport au PIB régional. A titre d'illustration dans une fourchette temporelle longue allant de 1974 à 2008, les rendements de maïs et de blé ont respectivement diminué de 5.8% à 2.3% en Afrique subsaharienne[4].

Ces pertes pourraient encore être plus importantes dans les années à venir avec des scénarios de réchauffement élevé. Pour un niveau de réchauffement de 2 °C, dans le secteur du bétail, la productivité nette de parcours est censée diminuer de près de 42% en Afrique de l'Ouest d'ici 2050 avec les maladies à transmission vectorielle et les durées de stress thermique sévère récurrentes[5]. Dans le secteur de la pêcherie qui constitue la source principale en protéine de 200 millions de personnes et de subsistance de 12.3 millions de personnes environ, la menace préoccupe également. Un réchauffement de 1.5 °C occasionnerait une diminution du potentiel de pêche de l'ordre de 3 à 41% entre 2081 et 2100, et de 12 à 69% pour un réchauffement de 4.3 °C pour la

[1] Banque Africaine de Développement, *Contribution de la Banque africaine de développement à la réunion de la COP21 à la CCNUCC,* p. 2.
[2] Commission Économique pour l'Afrique, *Effets des changements climatiques sur la croissance économique de l'Afrique*, 2017, p. 1.
[3] Trisos, C.H., et al, Africa. In: *Climate Change* 2022, pp. 1288.
[4] Trisos, C.H., et al, Africa. In: *Climate Change* 2022, pp. 1288.
[5] Trisos, C.H., et al, Africa. In: *Climate Change* 2022, pp. 1289.

même période en référence au niveau de 1986 à 2005. Les pays tropicaux seraient les plus touchés avec des conséquences socioéconomiques évidentes[1]. Les changements climatiques sont susceptibles de créer les conditions d'une pauvreté endémique en Afrique. S'agissant par exemple du niveau de vie des populations africaines, les scénarios de réchauffement élevé entraineraient une diminution du PIB par habitant de l'ordre de 15% environ pour l'Afrique de l'Ouest et l'Afrique de l'Est ; de 10% environ pour l'Afrique du Nord et l'Afrique australe ; et 5% environ pour l'Afrique centrale d'ici à 2050[2]. Sur la base des projections statistiques, un réchauffement de 2.3 °C occasionnerait une diminution du PIB de 12% en Afrique subsaharienne d'ici 2050[3] et de 80% pour un réchauffement supérieur à 4 °C en 2100[4]. A partir de 2030, il est estimé que près de 40 millions d'africains se retrouveront dans une situation d'extrême pauvreté à cause des changements climatiques. La force de travail dans les secteurs sensibles comme l'agriculture qui dépend à 90% des précipitations appelées à diminuer, est fortement menacée tout comme le secteur informel qui concentre 85,8% du total des emplois en Afrique (71,9% en excluant le secteur agricole). Même s'il n'est pas comptabilisé dans le PIB, il participe à la vivacité de certaines activités socioéconomiques et au bienêtre des populations. C'est davantage les femmes, les jeunes et les personnes âgées qui ont trouvé refuge dans divers métiers de survie qui seront touchés. Ceux-ci ont la particularité d'être basés dans les milieux peu sûrs, opérant majoritairement dans le secteur de la construction, du transport, du travail ménager et de la vente ambulante[5].

D'une manière générale, un futur avec un réchauffement additionnel aura une incidence négative sur la croissance économique régionale et compromettrait les efforts de développement du continent[6]. De plus, les besoins d'adaptation seraient si importants qu'ils détourneraient le continent de sa vision stratégique originelle de développement à long terme. Ces projections nécessitent une action immédiate et ambitieuse pour éviter le point de non-retour. Ils invitent l'Afrique à intégrer davantage la variable climatique dans sa trajectoire de développement.

---

[1] Trisos, C.H., et al, Africa. In: *Climate Change* 2022, pp. 1290.

[2] Commission Economique pour l'Afrique, *Effets des changements climatiques sur la croissance économique de l'Afrique*, p. 2.

[3] Florent Baarsch et al, *The impact of climate change on incomes and convergence in Africa*, World Development, 126, 104699, 2020, p. 5 org/10.1016/j.worlddev.2019.104699.

[4] Marshall Burke, Solomon Hsiang, Miguel Edward, ''Global non-linear effect of temperature on economic production'', Nature, no. 527 (2015b), pp. 235.

[5] Trisos, C.H., et al, Africa. In: Climate Change 2022, pp. 1292.

[6] Maricelis Acevedo et al, ''A scoping review of adoption of climate-resilient crops by small-scale producers in low- and middle-income countries, *Nat Plants*, no. 6 (2020), pp. 1232.

II. De la définition à la consolidation d'un modèle de développement d'entre deux climat-développement pour l'émergence économique de l'Afrique

Au regard des potentialités et de ses vulnérabilités, définir et consolider un modèle de développement d'entre-deux climat-développement devient opportun si l'Afrique veut réellement émerger sur le plan économique. Cette approche s'enracine dans la conciliation de l'intérêt double de préservations du climat et de la trajectoire de développement du continent africain en s'écartant des conceptions classiques de l'expansion économique du continent africain et s'appuyant sur des secteurs prioritaires pouvant porter ce modèle.

A. La conciliation de l'intérêt double de préservations du climat et de la trajectoire de développement du continent africain

Dans la définition et la consolidation d'un modèle de développement d'entre-deux, les gouvernements africains sont appelés à mettre en place des politiques économiques autocentrées[1], en cohérence avec les besoins, les spécificités et les vulnérabilités des différents pays. Autrement dit, les projections économiques sur le continent ne devraient pas négliger les exigences climatiques. Ces prouesses économiques étant dépendantes de l'état du climat, il devient judicieux de concilier cet intérêt double qui est de promouvoir le développement du continent tout en luttant farouchement contre les changements climatiques. Dans un continent essentiellement agricole par la main-d'œuvre qui s'y emploie, par le lien entre le monde rural et les centres urbains en termes de ravitaillements et dans la contribution à la richesse nationale, un tel modèle signifierait que l'agriculture fasse l'objet d'une refondation en intégrant les différents scénarios de réchauffement climatique. Une telle réflexion devrait également être menée en matière de mobilité, d'énergie, de construction, d'industrialisation.

Cette attitude proactive est opportune lorsqu'on sait que les effets de ce réchauffement sont appelés à s'intensifier pour deux principales raisons. Dans un premier temps, la gouvernance internationale est loin d'inverser la tendance des émissions planétaires et à mettre l'humanité à l'abri de ce chaos programmé. En trois décennies de négociations, les émissions de gaz à effet de serre ont explosé[2]. Les pays industrialisés et les pays émergents sont restés attachés aux questions de compétition et de leadership mondial sur le plan économique. Le dossier climatique a de ce fait évolué à l'image des rationalités de ces acteurs, consacrant un schisme entre le problème climatique et les solutions mises sur la table[3]. Dans un second temps, le niveau de

---

[1] Yacine-Touré, B. 1983. Chapitre VII. Les perspectives du développement africain. In *Afrique : l'épreuve de l'indépendance.* Graduate Institute Publications. doi :10.4000/books.iheid.4344

[2] Louis Narcisse Ngono, *L'Afrique dans les négociations internationales sur les changements climatiques : analyse de l'influence africaine sur le régime climatique onusien,* Thèse de Doctorat, Institut des Relations Internationales du Cameroun, Yaoundé. 2022.

[3] Ibid.

réchauffement actuel découlant de la concentration des gaz à effet de serre dans l'atmosphère est responsable d'effets irréversibles qu'il faut tout simplement prendre en compte dans les différentes politiques publiques[1]. L'Afrique ne saurait continuer dans une posture d'attentiste ou réactionnaire au gré des évènements climatiques et des moyens limités qui lui sont proposés dans le cadre de la prise en charge du problème au niveau international.
C'est la raison pour laquelle, une telle approche d'émergence est nécessaire en posant les bases d'un modèle d'entre-deux climat-climat développement qui trouve ses fondements dans les enjeux et défis contemporains propres à l'Afrique. Il s'agit ici d'un modèle durable et résilient aux prouesses économiques remarquables qui tire le meilleur des potentialités africaines en termes de ressources humaines, naturelles et matérielles en tenant comptes des différentes limites relatives aux ressources et des capacités de transfert des potentialités aux générations futures. Les intérêts de l'Afrique ne peuvent donc plus être uniquement définis sur le plan purement économique[2]. Ils ne résident pas de ce fait, exclusivement dans une croissance économique forte qui ne protège pas les générations futures ou qui ne leur offre pas un cadre prospère, viable et vivable. Cette manière de voir les choses requiert des réformes structurelles aux plans socio-économique et politique actuels sur le continent. Elle fait appel à une redéfinition des priorités, à une mobilisation des ressources dans leurs capacités de régénération et des capitaux qui ont vocation à répondre aux besoins de l'Afrique, à des énergies renouvelables dont le potentiel est énorme et à des politiques publiques efficaces et cohérentes[3].

B. La nécessaire rupture avec les conceptions classiques de l'expansion économique du continent africain

Le modèle de développement d'entre-deux climat-développement devrait faire appel à un réexamen des logiques qui sous-tendent le développement sur le continent. Puisqu'il est prouvé que les logiques qui ont marché dans un espace ne sont pas nécessairement transposables dans un autre, c'est pourquoi il est nécessaire de sortir de deux prisons dans lesquelles l'Afrique à tendance à s'enfermer. Il s'agit de quitter cette logique qui consiste à expliquer sa réalité avec les instruments de lecture des autres et de vouloir à tout prix faire comme les autres. Même si l'expérience des réalités externes peut constituer une rampe de lancement pour les économies africaines, il est de plus en plus indiqué de prendre conscience que le continent africain est une réalité singulière qui peut échapper aux canevas développementalistes d'ailleurs. De ce fait, la spécificité africaine devrait conduire les Africains eux-mêmes à appréhender le développement autrement. L'idée serait alors de sortir de ces

---

[1] Ibid.
[2] *Ibid.*
[3] *Ibidem.*

logiques matérialistes qui font du développement une donnée majoritairement quantitative au détriment des aspects qualitatifs.
Cela suppose que nombre de théories qui ont guidé l'action publique en Afrique doivent être questionnées ou réajustées en fonction de la spécificité africaine. La pratique est également questionnable en ce sens que soixante années après les indépendances, la lutte contre la pauvreté continue d'être l'assise des politiques de la majorité des pays africains en lieu et place d'un développement réel qui tend à prendre des allures d'un rêve hors de portée. Au moment où le monde se tourne vers les préoccupations écologiques en général et climatiques en particulier, une analyse des paradigmes de développement est nécessaire pour fixer le cap vers lequel devrait tendre l'Afrique conformément à sa trajectoire de développement définie dans son agenda 2063 et aux impératifs climatiques. Cela suppose que cet agenda devrait davantage prendre en considérations les exigences de durabilité et le risque climatique qui sont de nature à éloigner l'Afrique de cette trajectoire[1].
De ce fait, une politique africaine de développement régional d'entre-deux climat-développement, est appelée à tirer les leçons des différents échecs en matière de planification du développement en soixante années de processus d'unité africaine. Elle devrait intégrer la complexité des instruments socio-économiques et de durabilité pour leur meilleure maitrise. Cela devrait amener les politiques publiques à appréhender le développement dans un sens large. Elles ne seraient plus de ce fait, cantonner à des objectifs de simple croissance économique, mais se positionneraient davantage pour la transformation des structures socio-économiques et politiques, conciliant notamment croissance et équité sociale[2].
Un tel modèle est une refondation du développement à l'africaine consacrant par exemple l'abandon de stratégies favorisant les placements dans les industries d'exportation ou encore dans les importations de substitution. En d'autres termes, l'extraversion des économies africaines sans véritable valeur ajoutée est appelée à laisser place à une approche intégrée et autocentrée privilégiant notamment les investissements dans les secteurs agricole, éducatif, de la santé, de la capacitation de la main-d'œuvre jeune, des énergies sobres en carbones, des services sociaux, etc.[3] En d'autres termes, la réduction du rôle du capital et des projets de haute technique qui ne sont pas portés, maitrisés par les africains et dont le transfert de technologies est hypothétique devraient laisser place à la création d'emplois et aux techniques appropriées aux besoins locaux. Dans un tel cas de figure, une plus grande décentralisation est attendue des politiques d'investissements permettant la consolidation d'une approche participative de développement privilégiant les besoins spécifiques des secteurs et des territoires. Cela implique une planification plus

---

[1] Yacine-Touré, B. *op. cit.*
[2] *Ibid.*
[3] Ibidem.

fonctionnelle, avec des programmes à impact sur la condition humaine en Afrique.

C. Les secteurs prioritaires de structuration d'un modèle régional de développement d'entre-deux climat-développement

Les changements climatiques ne laissent pas beaucoup de choix et imposent une transformation du modèle de société actuel. Or, dans ce contexte, l'Afrique est le continent le plus vulnérable et le plus distancé sur le plan économique. Il est donc davantage sollicité par des défis qui sont plus que jamais liés. En effet, les conséquences des changements climatiques sont une source de fragilisation diverse. Ils amplifient déjà sur certains territoires les difficultés socioéconomiques, politiques et écologiques auxquelles le continent africain est confronté. Cette situation devrait l'amener à accroitre ses ambitions et définir une position d'entre-deux qui la couvre des risques climatiques et qui favorise son émancipation économique. Ce positionnement devrait s'accompagner d'une capacité à repenser sa trajectoire de développement et implique une révision des processus de production et de consommation pour les aligner aux exigences de durabilité. En questionnant les différents secteurs émissifs et en procédant à leur restructuration, il place le continent à la croisée des chemins en lui donnant la possibilité d'amorcer une transition économique et écologique[1]. A travers cet entre-deux climat-développement, les secteurs de l'énergie et de l'industrie manufacturière sont appelés à faire peau neuve.

Sur la question énergétique, l'Afrique possède un avantage comparatif sur le reste du monde en matière de verdissement en concentrant les plus grandes ressources d'énergies renouvelables[2]. En faisant le choix des énergies renouvelables, l'Afrique a la possibilité d'asseoir avec moins de contraintes une transition énergétique et un leadership mondial sur la question. Les projections de l'Agence Internationale pour les Énergies Renouvelables (IRENA), comme celles de l'Agence Internationale de l'Energie (AIE) partagent cet optimisme de voir l'Afrique éclairée à près de 70% par les énergies renouvelables dans un scénario de transition durable d'ici 2030[3].

Cette sobriété en carbone dans le secteur de l'énergie est appelée à se faire en cohérence avec le septième objectif de développement durable (ODD7) et les objectifs régionaux de développement. L'impératif de transition énergétique devrait alors rencontrer celui du développement dans une logique de remplissage des conditions optimales à différents étapes et moments. Cela

---

[1] Jayaram, Kartik et al. *L'Afrique à la croisée des chemins Vers une transition économique et écologique pour l'industrie manufacturière,* McKinsey & Compagnie, 2021.

[2] IRENA, 2019b. Panorama des innovations pour un avenir alimenté par les énergies renouvelables : Solutions pour intégrer les énergies renouvelables variables, https://www.irena.org/publications/2019/Feb/Innovation-landscape-for-a-renewable-powered-future-FR

[3] Birol, Fatih. « L'Afrique a le plus à gagner de la transition vers des énergies propres », *Groupe d'Études Géopolitiques*, Working Paper, 2022.

veut dire qu'il faudrait aller vers un volume d'investissements conséquents évalués à plus de190 milliards de dollars par an dans le secteur énergétique entre 2026 et 2030 dont les deux tiers reposeraient sur les énergies renouvelables[1]. La part des investissements dans le domaine énergétique projetée sur le PIB régional atteindrait dans ce cas les 6,1% dans un scénario de transition durable du continent, soit un niveau légèrement au-dessus de la moyenne des économies émergentes et en développement[2]. Tout le challenge réside donc à ce niveau ; il faut mobiliser les marchés des capitaux et les institutions financières internationales et régionales en créant un cadre d'investissement adéquat pour la transition énergétique en Afrique[3].

Le secteur manufacturier africain quant à lui représente environ 40 pour cent des émissions régionales. Celles-ci peuvent être amenées à doubler en l'absence d'efforts de décarbonation. Bien qu'il soit faiblement émissif par rapport aux autres régions du monde, le statu quo ne saurait être maintenu. Dans cette hypothèse, les émissions africaines passeraient de 440 mégatonnes d'équivalent de dioxyde de carbone (Mt éq.CO2) actuellement, à 830 Mt éq.CO2 d'ici 2050[4]. Cette dynamique serait lourde de conséquence pour les économies africaines pour deux principales raisons. D'une part ce serait ramer à contrecourant des objectifs globaux de baisse d'émissions, d'autre part, elle serait désavantageuse pour le continent en termes de compétitivité quand on sait que les marchés internationaux intègrent progressivement les exigences de durabilité en termes de normes à respecter[5].

Ce secteur doit alors s'inscrire dans une dynamique de croissance verte. Il pourrait se développer en faisant profil bas carbone, tout en consolidant sa compétitivité à l'échelle globale. Cette posture suppose que les pays africains alignent leurs engagements en matière de contributions déterminées au niveau national (CDN) sur la moyenne mondiale et que cette ambition soit suivie par des politiques publiques supplémentaires et d'actions privées en matière de réduction des émissions de GES[6]. Dans cette hypothèse, l'industrie manufacturière africaine tendrait vers une réduction de ses émissions de 56% voire vers la neutralité carbone en 2050 par rapport à 2018. Cependant, cette dynamique de développement sobre en carbone portée vers une neutralité vertueuse est onéreuse. Elle nécessiterait un investissement supplémentaire colossal de près de 2 000 milliards de dollars dans les secteurs de l'énergie et de l'industrie d'ici 2050[7].

---

[1] *Ibid.*
[2] *Ibidem.*
[3] Berahab, Rim. « Énergies renouvelables en Afrique : Enjeux, défis et opportunités », *Policy Center for the New South.* Policy paper. 2019.
[4] Jayaram et al, op. cit.
[5] *Ibid.*
[6] *Ibid.*.
[7] *Ibidem.*

Conclusion :

L'entre-deux climat-développement est un modèle de société à définir et à consolider pour une Afrique aux potentialités diverses qui se veut émergente sur le plan économique. L'émergence économique du continent africain fondée sur un certain nombre de déterminants socioéconomiques qui prédisposent la région à une expansion économique devrait davantage prendre en compte les vulnérabilités de l'Afrique à l'égard des changements climatiques. Cette approche s'enracine dans la conciliation de l'intérêt double de préservations du climat et de la trajectoire de développement du continent africain en s'écartant des conceptions classiques de l'expansion économique du continent africain et s'appuyant sur des secteurs prioritaires pouvant porter ce modèle. Autrement dit, pour l'Afrique économiquement en retrait et vivant dans un monde très carboné, il s'agit d'être acteur d'une nouvelle approche de prospérité qui concilie développement économique et préservation du climat.

Références bibliographiques :

- Acevedo Maricelis et al, ''A scoping review of adoption of climate-resilient crops by small-scale producers in low- and middle-income countries'', *Nat Plants*, N° 6, 2020.
- Aykut Stefan C., Amy Dahan, *Gouverner le climat ? Vingt ans de négociations internationales*, Presses de Sciences Po, 2015.
- Baarsch Florent et al., *The impact of climate change on incomes and convergence in Africa*, World Development, 126, 104699, 2020.
- Banque Africaine de Développement, *Contribution de la Banque africaine de développement à la réunion de la COP21 à la CCNUCC. L'Afrique et le climat : une opportunité pour s'adapter et prospérer*, 2015.
- Banque Africaine de Développement, *Contribution de la Banque africaine de développement à la réunion de la COP21 à la CCNUCC,* 2015.
- Berahab, Rim. « Énergies renouvelables en Afrique : Enjeux, défis et opportunités », *Policy Center for the New South.* Policy Paper. 2019.
- Bernoux Martial et Hubert Mazurek., « Les émissions de gaz à effet de serre », in Magali Reinert., Serge Janicot (Eds.), *Changement climatique : quels défis pour le Sud ?* Marseille : IRD Éditions, 2015
- Birol, Fatih. « L'Afrique a le plus à gagner de la transition vers des énergies propres », *Groupe d'Études Géopolitiques*, Working Paper, 2022.
- Bourguignon François, Pauvreté et développement dans un monde globalisé, Leçon inaugurale prononcée le jeudi 3 avril 2014, Paris, Collège de France, 2015.
- Bulletin de la Banque de France, *Impact du changement climatique sur l'Afrique subsaharienne : vulnérabilités, résilience et financements*, 2020.
- Burke Marshall, Solomon Hsiang, Miguel Edward, « Global non-linear effect of temperature on economic production », Nature, N°. 527, 2015b
- Commission Économique pour l'Afrique, *Effets des changements climatiques sur la croissance économique de l'Afrique*, 2017.
- François Alain et Mohamed Taabni, « L'Afrique face aux changements climatiques », *Les Cahiers d'Outre-Mer*, N°. 260, 2012.

- IRENA, 2019b. Panorama des innovations pour un avenir alimenté par les énergies renouvelables : Solutions pour intégrer les énergies renouvelables variables, *https://www.irena.org/publications/2019/Feb/Innovation-landscape-for-a-renewable-powered-future-FR.*
- Jayaram, Kartik et al. L'Afrique à la croisée des chemins Vers une transition économique et écologique pour l'industrie manufacturière, McKinsey & Compagnie, 2021.
- Lorenzi, Jean-Hervé « L'avenir, c'est l'Afrique », Chronique, *Les Échos*, Publié le 20 nov. 2019
- Meunier Frédéric, « Quel rôle pour l'Afrique dans le monde ? », Revue Conflits, Publié le 02 octobre 2020.
- Ngono Louis Narcisse, L'Afrique dans les négociations internationales sur les changements climatiques : analyse de l'influence africaine sur le régime climatique onusien, Thèse de Doctorat, Institut des Relations Internationales du Cameroun, Yaoundé. 2022.
- Premier rapport complet du Réseau pour le verdissement du système financier, Un appel à l'action - Le changement climatique comme source de risque financier, Avril 2019
- Rapport, La zone de libre-échange continentale (ZLEC) en Afrique, vue sous l'angle des droits de l'homme, Friedrich Ebert Stiftung, Bureau de Genève, Octobre 2017
- SoAR, *Améliorer les mesures sur l'adaptation en Afrique, Document de discussion,* Rapport sur l'état d'adaptation en Afrique, 2018.
- Trépant Inès, « Pays émergents et nouvel équilibre des forces », *Courrier Hebdomadaire du CRISP*, Vol 6-7 N° 1991-1992, 2008, pp. 6-54
- Trisos, C.H., et al, Africa. In: Climate Change 2022: Impacts, Adaptation and Vulnerability. Contribution of Working Group II to the Sixth Assessment Report of the Intergovernmental Panel on Climate Change, (Cambridge and New York: Cambridge University Press, 2022), pp. 1285-1455.
- UNESCO, *Le changement climatique en Afrique : Guide à l'intention des journalistes*, 2014.
- Yacine-Touré, B. Chapitre VII. Les perspectives du développement africain. In *Afrique : l'épreuve de l'indépendance.* Graduate Institute Publications. doi :10.4000/books.iheid.4344, 1983.

Chapitre 4 :

Afrique, vulnérabilités socioéconomiques et assoupissement géopolitique sous l'OUA et l'UA (1963-2023)

Aurélien Pascal Nguefouet Modio[1]

Introduction :

Malgré l'apport méconnu de l'Afrique à l'humanité et son rôle essentiel dans l'histoire sur la marche du monde, le discours sur l'Afrique est toujours entaché de clichés qui continuent de nourrir les imaginaires occidentaux. Le sommet fut atteint lorsque, en juillet 2007, dans un discours prononcé à Dakar devant un parterre d'universitaire et chercheurs sénégalais, le président français Nicolas Sarkozy crut pouvoir affirmer à l'image de nombre de ses contemporains émules d'Hegel que les Africains n'étaient pas réellement entrés dans l'histoire. Discours dont la réplique fut sans ambages venant à la fois d'intellectuels africains et africanistes européens, mais également de la classe politiques africaine convoquant les travaux du célèbre savant sénégalais Cheikh Anta Diop (1923-1986)[2], que "l'Égypte est en Afrique"[3]. Autant dire

---

[1] Docteur/ PhD en Histoire, Université de Yaoundé I Spécialiste des relations internationales, de l'histoire militaire et de la géostratégie Chercheur au CREPS de l'Université de Yaoundé II et au CRD-EIFORCES.

[2] La trajectoire et l'influence intellectuelle de l'homme sont capitales pour être soulignées ici. Par ses nombreux écrits, le savant sénégalais posa les fondements mêmes de l'avenir politique incontournable des nations nègres contemporaines : l'unité politique de l'Afrique noire sous forme d'un Etat fédéral. En 1966, Cheikh Anta Diop se voyait décerner en même temps qu'un autre illustre Noir Africain, William E.B. Dubois (1868-1963), le prix du premier Festival des Arts nègres, récompensant l'écrivain qui avait exercé la plus grande influence sur la pensée nègre du XXe siècle. Il avait 43 ans et avait déjà publié l'essentiel de sa pensée à travers quatre ouvrages fondamentaux : *Nations nègres et cultures* (1955), *L'Unité culturelle de l'Afrique noire* (1960), *L'Afrique noire précoloniale* (1960), *Les fondements économiques et culturels d'un Etat fédéral d'Afrique noire* (1960). On peut donc dire que les idées diopiennes constituent une césure, rupture radicale avec toutes les conceptions aussi fantaisistes qu'erronées qui avaient cours sur l'Afrique et le Monde noir ; conceptions qui, faut-il le souligner, se développèrent et s'amplifièrent depuis le déclin des nations nègres antiques dont on peut situer le début à la mise à sac de Thèbes par les Assyriens en 663, suivie de la conquête de l'Egypte par Cambyse II en 525 avant notre ère, et la fin à la défaite de l'empereur Samory Touré (1837-1900) contre l'envahisseur européen en 1898.

[3] C'est la substance de sa pensée diopienne soutenue par le Professeur Théophile Obenga. Pour le résumé de la pensée du maître et de son disciple, voir D. Gnonsea, *Cheikh Anta Diop, Théophile Obenga : Combat pour la Re-naissance africaine*, Paris, L'Harmattan, 2003. A la lumière des évènements que vit l'Afrique aujourd'hui, nul doute que les intellectuels africains, plus particulièrement les plus jeunes générations, trouveront, dans ce livre, les raisons d'assumer enfin leurs responsabilités historiques, c'est-à-dire d'être les propres acteurs de la Re-naissance de l'Afrique.

que le malaise continental ne relève pas de la fatalité, mais d'une juxtaposition des facteurs combinés, aux plans exogène et endogène.

Au cœur de la colonisation entre les métropoles et les colonies, mais aussi des échanges économiques entre les nouveaux États et leurs anciens maîtres, les liens commerciaux ont, tout au long de l'Histoire, par ses aspects unificateurs, offert un lieu de rencontre fécond entre peuples voisins ou lointains que constituent l'offre et le demande, le marché. C'est ainsi qu'en dehors du rôle purement économique, le commerce a très souvent constitué un volet cardinal à la politique, plus singulièrement à la diplomatie, science des rapports internationaux. Sous ce prisme, l'économiste français Samuel Ricard écrivait en 1704 : " Le commerce attache les uns les autres à travers l'utilité réciproque." Une idée reprise en substance, après plus de quatre décennies, par le baron de la Brède et de Montesquieu dans *L'Esprit des lois* en 1748 : "L'effet naturel du commerce est de porter à la paix. Deux nations qui négocient ensemble se rendent réciproquement dépendantes : si l'une a intérêt d'acheter, l'autre a intérêt à vendre ; et toutes les unions sont fondées sur des besoins mutuels."[1] Cela atteste bien le rôle et la place que jouent les échanges commerciaux dans la diplomatie internationale. Au XIXe siècle, son compatriote et grand économiste libéral Frédéric Bastiat lui faisant écho ajoutait que "si les marchandises ne traversent les frontières, les soldats le feront." Une pensée que prolonge Richard Cobden : "Le libre échange est la diplomatie de Dieu. Il n'existe aucun moyen plus sûr d'unir les peuples."

Si en théorie le libéralisme économique semble porter les germes de la solidarité internationale, la tâche du chercheur est dès lors de vérifier cette hypothèse dans l'histoire africaine des relations économiques internationales, mieux de la mondialisation globale et libérale. Comment comprendre les fragilités socioéconomiques africaines ? Cette réflexion qui vise globalement à montrer que la guerre est au cœur de l'économie capitaliste et que les enjeux économiques guident depuis la colonisation au XVe siècle les grandes manœuvres des puissances internationales nous amène à questionner l'histoire récente du continent africain pour y dénicher initialement quelques défaillances socio-économiques et des crises ou faiblesses culturelles (II) dans un contexte de regain d'intérêts belligène permanent des puissances géopolitiques et géostratégiques mondiales. C'est autant de défis à relever pour raffermir la conscience géopolitique des dirigeants africains. La conséquence est l'impuissance de l'Afrique à l'échelon planétaire. Chose qu'il

[1] Il ajoutait ces considérations qui ne sont pas sans valeur pour éclairer notre temps : "Si l'esprit de commerce unit les nations, il n'unit pas de même les particuliers. Nous voyons que, dans les pays où l'on n'est affecté que de l'esprit de commerce, on trafique de toutes les actions humaines, et de toutes les vertus morales : les plus petites choses, celle que l'humanité demande, s'y font, ou s'y donnent pour de l'argent". Cité par P. De Senarclens, *La mondialisation. Théories, enjeux et débats*, Paris, A. Colin, 2005, p. 184.

faut corriger dans la perspective de l'agenda 2063 de l'Union Africaine (UA). Car sans puissance interne, pas puissance extérieure.

I. De la déconnexion économique et les inconstances sociales de l'Afrique postcoloniale, les revers d'une indépendance stratégique manquée

Depuis les indépendances, l'essor de l'Afrique est perturbé ou retardé par de nombreux obstacles économiques et sociaux. L'assistance (aide-liée) fournie par les pays riches et les institutions internationales n'a pas été la solution efficiente parce qu'intéressée et mal employée. Elle relève plus d'une générosité calculée qu'un geste d'humanisme sincère. L'Afrique, comme certains pays d'Europe et d'Asie ou toute autre partie du monde, soulève l'énigme du développement : pourquoi, comment tel peuple entre-t-il dans la modernité ? Pourquoi, comment tel autre échoue-t-il devant cette épreuve ? Depuis l'époque des indépendances, les économies africaines traversent les difficultés qu'il convient d'examiner en filigrane les traits principaux.

A. Aperçu d'une économie africaine désarticulée et extravertie

L'Afrique est pourtant riche par son sous-sol, où se concentrent, surtout en Afrique centrale et australe, les réserves du nombre de matières premières "stratégiques" ; diamant, or, cobalt, vanadium, platine, chrome, manganèse, cuivre... La plupart des économies africaines sont fragiles, marquée par la forte dépendance vis-à-vis de l'extérieure. C'est une économie extravertie, résultante du pacte colonial. Le commerce extérieur est très dépendant de l'Occident qui fixe très souvent les prix et les règles du jeu en sa faveur à travers l'Organisation Mondiale du Commerce (OMC). A cela s'ajoute la détérioration des termes de l'échange qui entraine le déficit de la balance commerciale et l'endettement des États. Les monnaies africaines dépendent toujours des monnaies occidentales et/ou y sont subordonnées. 1 euro, c'est 600 FCFA, 1 ECO, c'est 1200 euro ! L'impérialisme monétaire du dollar et de l'euro accable les économies du continent. Les différences monétaires posent un véritable problème dans les échanges internationaux surtout que certaines monnaies africaines ne sont pas convertissables au plan international.

Le néocolonialisme est la domination multisectorielle (politique, militaire, économique, culturelle) des anciennes colonies par les anciennes métropoles. Les économies des États africains sont obérées, asphyxiées ou endettées par des aides en provenance des pays du Nord. En cherchant les aides et des protecteurs, les États africains ont plutôt trouvé des maîtres. Or, comme nous le rappelle fort bien l'homme d'État égyptien Gamal Abdel Nasser vers les années 1955, "les solutions réelles aux problèmes d'un peuple ne peuvent être calquées sur les expériences des autres peuples", quoique l'on puisse s'inspirer de l'ailleurs.

En quelques années, Pékin est devenu le premier fournisseur du continent et son troisième partenaire commercial. Face aux critiques suscitées par ses méthodes, et après l'euphorie de la "conquête", l'empire du Milieu fait évoluer son offensive sur le continent dans les coulisses de ce qui est désormais appelé la "Chinafrique"[1]. En fait, la politique africaine de la Chine s'appuie sur un discours Sud-Sud, et joue sur son double statut de pays émergent et de grande puissance[2].

Il ne faut surtout pas l'influence des acteurs non-étatiques et opportunistes illégales (mafias, groupes terroristes et guérillas)[3] qui fragilisent le tissu économique du continent. L'Afrique devient le nouveau champ de manœuvre de certains narcotrafiquants. Pour des raisons politiques et morales, le trafic de drogue connaît une croissance foudroyante : du fait de la "porosité des frontières"[4] et "de la perte des repères et de certaines valeurs"[5] dans une partie de la jeunesse. L'on redoute même une corruption de la vie politique par l'argent de la drogue. Un journaliste sénégalais trace un tableau encore plus inquiétant : "Après les navigateurs-explorateurs-commerçants d'il y a plusieurs siècles, les missionnaires, les colons tout-court, les multinationales, voilà la pègre internationale qui découvre l'éden africain et veut y prospérer. Les pays occidentaux sont de mieux en mieux organisés et de plus en plus outillés pour faire face aux prédateurs, voire les éradiquer à défaut de pouvoir les contrôler. Les pays de l'Est qui ont récemment retrouvé le monde "libre" se sont bien vite retrouvés saturés de délinquance. Ils cherchent désormais à y mettre le holà. Seul le Sud est encore une terre à prendre. Vierge d'institutions démocratiques et stables, avec ses richesses naturelles à même le sol, son soleil toute l'année, ses plages à perte de vue, ses sites paradisiaques, ses populations vivant en majorité en dessous du seuil de pauvreté, sa corruption, son blanchiment d'argent, ses régimes politiques affairistes et criminels, l'Afrique est assurément une aubaine pour la pègre internationale"[6]. Ce sont les raisons citées par ce journaliste ouest-africain qui amènent certains analystes à assimiler certains pays africains aux " zones grises" ou de " non droits", ou à ce que Naim Moisés dans le cadre de ses récents travaux a pu qualifier de " trous noirs géopolitiques"[7].

---

[1] Pour plus de précision, se référer aux écrits de l'éditorialiste François Soudan, "Chine : le grand bon vers l'Afrique", in *Jeune Afrique*, N°2479, du 13 au 19 juillet 2008, pp. 20-24.

[2] P. Airault, "Diplomatie : Realpolitik à la pékinoise", in *Jeune Afrique*, N°2479, du 13 au 19 juillet 2008, p. 25.

[3] Sur ce point, voir les récents travaux de l'historien français Patrice Gourdin, *Manuel de géopolitique*, Chapitre 32 : "le jeu des entités opportunistes illégales", éditions Diploweb.com, 2015.

[4] S. C. Beldh'or, "Un continent sous l'influence des narcotrafiquants", in *Le Pays*, reproduit dans *Courier international*, 10 octobre 2008.

[5] Ibid.

[6] F. Madior, "Un nouvel éden pour la pègre internationale", in *Sud Quotidien*, publié dans *Courier international*, le 9 juillet 2008.

[7] Propos de Naím Moisés, recueillis par J. Nessi, "Mondialisation : l'explosion planétaire de tous les trafics", in *Le Figaro Magazine*, 23 mars 2007.

B. Une industrie embryonnaire dominée par une agriculture en retard

L'Afrique est le continent le plus naturellement doté mais le moins développé sur le plan économique. Quel paradoxe ?! L'économie coloniale n'a guère profité à l'Afrique (cultures de rente pour exportation, exploitations minières). Les économies africaines sont marquées par la prédominance de l'agriculture qui, aujourd'hui, utilise les techniques archaïques et produisent les cultures de rente destinées à la commercialisation dans les pays développés. Pour la plupart, l'on produit ce qu'on ne consomme pas et on consomme ce qu'on ne produit pas. Scandale ! (Combien d'années après le fameux discours de l'ex-président burkinabè Thomas Sankara à ce sujet à un sommet de l'OUA ?). Dans la plupart des pays d'Afrique subsaharienne, l'agriculture qui est le poumon de l'économie nationale est encore traditionnelle. Les activités informelles (débrouillardise) ont le vent en poupe.

L'industrialisation est faible. Les capitaux disponibles sont mal gérés, d'aucuns diraient "détournés" par les gouvernants avec la complicité des bailleurs de fonds bilatéraux ou institutionnels. Le poids des multinationales comme Orange, Total, Bolloré… qui veulent contrôler toutes les économies. La corruption est rampante et flambante à tous les niveaux. D'où les réseaux mafieux, les sectes et les pratiques occultes qui font reculer la compétence et le mérite au profit de la médiocrité, du favoritisme, de la mal gouvernance, de la contestation, de la paupérisation, de la pauvreté et des soulèvements partout en Afrique. Ceci complique la tâche aux investisseurs, d'où le faible taux d'investissement. Les taxes élevées transforment ces pays en cimetières industrielles. Dans ce sens, comment comprendre que le transport d'un produit sur l'axe Douala-Ndjamena qui est de 1.500 km soit 6 fois plus cher que le transport de ce même produit sur l'axe Douala-Hong-Kong qui est de 12.000 km ?!

En tout cas, l'expérience de la mondialisation montre que la dotation en matières premières telles que le pétrole, le café ou le cacao ne constitue nullement un avantage comparatif dans la compétition internationale. Pour tirer profit de leur dotation en ressources naturelles, les pays doivent s'organiser pour maximiser leurs gains dans les secteurs concernés et utiliser les ressources tirées de ces activités pour construire des avantages compétitifs plus durables dans d'autres secteurs. L'expérience de la mondialisation montre également que des changements sont nécessaires pour renforcer l'intégration de l'Afrique à l'économie mondiale. Pour développer les industries d'import-substitution, les Africains doivent aller vers l'intégration régionale, en vue de créer des marchés plus vastes, permettant de déployer de nouvelles technologies, de réaliser des économies d'échelle et de baisser les coûts. A en croire Eugène Nyambal dans une réflexion consacrée à l'analyse des pistes de sortie de crise en contexte mondialisé, "la bataille pour la compétitivité doit être ambitieuse et systématique"[1].

II. Les dysfonctionnements sociaux paralysent le développement et hypothèquent la construction nationale, précondition de l'Unité Africaine

La plupart des États africains contemporains ne sont pas nés dans les années 1960, comme l'affichent les dates d'indépendance et le soutient une certaine opinion. Colonisation et décolonisation sont inséparables[2] ; c'est dire qu'on ne peut pas comprendre l'une séparément de l'autre. Il importe de passer préalablement en revue les faiblesses sociales qui impactent négativement l'unité nationale des États.

A. Des difficultés socioculturelles endémiques : le mythe de la sécurité sociale ?

Les États africains ont commencé à prendre forme bien avant, dès que leur territoire a été déterminé, entre la conférence internationale de Berlin (1885) et 1900 (hormis l'Union Sud-africaine blanche, indépendante en 1910)[3]. L'Afrique, avec ses 282 millions d'habitants en 1960 ; 476 en 1980 ; 784 en 2000 ; entre 1125 et 1394 en 2020 est un continent au dynamisme démographique remarquable. Sur le plan démographique, la natalité est très forte et la mortalité est aussi en nette augmentation. Le taux de morbidité est croissant motivé par le paludisme, le VIH/ Sida, la mal nutrition, la sous-alimentation et des maladies liées à l'eau. La mortalité infantile est très élevée en Afrique subsaharienne. Les épidémies et les endémies font des ravages. Le chômage est endémique. Les ouvriers sont payés au lance-pierre avec des faibles salaires. Le salaire minimal interprofessionnel garanti (SMIG) est faible : 36 000 au Cameroun !

La ville, création accentuée du Blanc, se peuple de Noirs. Les villes ont existé en Afrique précoloniale (Tombouctou, Djenné, etc.), mais la plupart des villes africaines sont des villes coloniales. L'exode rural et le gonflement des agglomérations créent de nouveaux problèmes difficiles à endiguer dans les bidonvilles affreux. Les faubourgs d'Abidjan, Dakar, Douala…servent parfois de refuges aux hors-la-loi. Les cadres socio- traditionnels se désagrègent. La famille étendue cède place au couple à l'européenne, fondé sur l'inclinaison

---

[1] E. Nyambal, *Afrique : les voies de la prospérité. Dix clés pour sortir de la pauvreté*, Paris, L'Harmattan, 2008, p. 42.

[2] C. Coquery-Vidrovitch, *Petite histoire de l'Afrique. L'Afrique au sud du Sahara de la préhistoire à nos jours*, Paris, La Découverte, 2011, p. 244.

[3] C'est au cours de cette période que furent reconnues les frontières-lignes des territoires coloniaux : à la différence des frontières-zones des États africains antérieurs dont l'extension, assez floue, pouvait varier, les frontières-lignes furent dessinées sur des cartes et donc fixées dans les chancelleries européennes. Leur intangibilité fut confirmée dans la charte de l'OUA en 1963. Les jeunes États estimèrent à l'époque qu'ils avaient d'autres problèmes bien plus urgents et aigus à résoudre dans l'immédiat, à commencer par la libération des colonies qui demeuraient sous le joug colonial.

réciproque ; l'individu, la femme s'affranchissent ; la polygamie décline. Le cadre tribal connaît une décadence parallèle s'il n'est pas instrumentalisé à des fins politiciennes. Cette situation ne va pas sans conflits de générations et sans désarroi.
Par ailleurs, les disparités entre les couches sociales sont grandissantes. Ce qui crée les tensions sociales. Les infrastructures scolaires, universitaires, sanitaires, routières, sont insuffisantes. Les équipements sont vétustes et rares. Les jeux au hasard importés pullulent (Pari mutuel urbain, Pari Foot, Poker...) et détournent la jeunesse du continent des vraies priorités. Tout ce tableau sombre est complété par un chômage rampant créateur de délinquance, vandalisme, banditisme, prostitution, migrations clandestines, etc.
Que dire du déclin de certains pans de notre civilisation ? Que les croyances traditionnelles africaines reculent devant le christianisme et l'Islam dont les fidèles sont groupés en plusieurs confréries qui, jusqu'à nos jours ne se sont pas complètement décolonisés des pratiques impérialistes ou colonialistes. Pourtant, le clergé africain et ses fidèles, pas moins de 160 millions de catholiques[1], attendent toujours un pape africain ! Cette réflexion met en lumière et traduit aussi les insurmontables écueils qui hypothèquent l'avenir de l'idéal communautaire tant espéré du plus grand nombre.
Même s'il n'y a pas de relation mécanique entre éducation, croissance et développement économique, il semble bien que ce soit dans ce que l'on pourrait appeler le "cercle vertueux du développement" que la qualité du système éducatif intervient pour constituer l'un des caractères vertueux du développement. Pour l'économiste Christian Penda Ekoka[2] en 1997, le développement, le déclenchement de la mutation décisive qui conduit au développement est lié à l'interaction de deux facteurs qui constituent le fameux "cercle vertueux" de ce phénomène précieux : le développement authentique. Ces deux facteurs sont : la ressource humaine d'une part, et l'environnement physique et institutionnel d'autre part. Pour le sociologue de l'éducation André Mvesso, le système éducatif doit être le lieu où les ressources humaines, véritables facteurs du développement économique, se forment. Il doit être le lieu où des idées nouvelles éclosent et se diffusent pour produire un Africain nouveau, armé de la volonté inébranlable d'entreprendre, de créer des richesses, de transformer son environnement et de parvenir au développement[3]. L'auteur précité ajoute avec pertinence en concluant qu': "Au Cameroun et en Afrique, le monde de l'éducation et celui de l'économie

---

[1] Le continent, en 2008, compte 160 millions de fidèles, et aujourd'hui plus. Malgré la concurrence des Églises évangéliques et de l'islam, leur nombre est en constante augmentation. Une vitalité peu récompensée par le Vatican et toujours une sous-représentation des cardinaux. Lire à ce sujet, Tshitenge Lubabu M. K., "Religion : les blues des catholiques africains", in *Jeune Afrique*, N°2487, du 7 au 13 septembre 2008, pp. 22-27.
[2] C. Penda Ekoka, *Le Cameroun, vers le troisième millénaire*, Yaoundé, Edi'Action, 1997.
[3] A. Mvesso, *Pour une nouvelle éducation au Cameroun. Les fondements d'une école citoyenne et de développement*, Yaoundé, PUY, 2005, p. 119.

doivent s'arrimer par des liens fonctionnels et structurels pour une finalité supérieure"[1]. Penda Ekoka, s'indignant de cette inadéquation écrivait : "les deux mondes s'ignorent au lieu de se nourrir et de se renforcer mutuellement…"[2]

Le système éducatif occidentaliste ou calqué sur celui de l'Occident[3] demeure aujourd'hui inopérant, toujours inapte à porter le développement du continent. Que nous apprend l'histoire ? Celle de l'Allemagne post-1945 massivement ruinée et vite redressée ? Celle des pays émergents, en particulier ceux d'Asie, notamment la Chine et la Corée ? Nul n'ignore qu'après les révoltes nationalistes chinoises menées par les Taiping et Boxers face aux Occidentaux au XIXe siècle dans le cadre des traités inégaux de l'impérialisme colonial, Pékin décida d'accepter de prendre des leçons de l'Occident en empruntant ses techniques : construction d'arsenaux et de navires à vapeur, création d'une école d'interprète, envoi d'étudiants à l'étranger (1872). La politique de cette élite se résuma dans la formule suivante : "la sagesse chinoise comme base, la technique occidentale comme moyen". Elle fut mise en place par un certain nombre de membres de l'ancienne bureaucratie céleste et de marchands. S'il est périlleux de ne pas évoluer comme de voler, il n'est pas interdit de s'inspirer de l'autre ou de tricher chez lui, à condition de se fixer des objectifs de décollage pour ne pas tricher éternellement.

B. Quelques déficiences culturelles handicapantes pour l'unité

La mise en œuvre d'une politique nationale de développement, enrichie de l'expérience historique des autres peuples qui ont su sortir du sous-développement et atteint des niveaux de croissance records tout en réduisant les inégalités, en satisfaisant les besoins fondamentaux de leurs populations et en augmentant le niveau de vie de ces dernières comme l'a fait la Corée du Sud, dont l'exemple brille au firmament des succès économique les plus récents. Qu'est-ce qui peut expliquer le "miracle économique" allemand, chinois ou coréen contemporain ? Pour l'Allemagne, le travail industriel et l'abnégation, le quête effrénée de la notoriété qualitative. Pour la Corée, un système de valeurs liées au confucianisme (doctrine de Kong Fu Tseu), philosophie d'essence chinoise qui a marqué profondément toute l'aille culturelle de la sphère Asie-Pacifique, dont les pays vont du Japon à Singapour, en passant par la Chine et l'ensemble des deux Corées.

Le confucianisme affirme que l'idéal de l'homme sur la terre est de travailler à sa propre perfection, de mettre en ordre sa famille, son pays et finalement

---

[1] Ibid., p. 119.

[2] C. Penda Ekoka, *Le Cameroun, vers…*, p. 166.

[3] Rappelons vite qu'à l'origine, *Occidens* faisait référence à l'ancien "monde" du bassin méditerranéen en opposition à Byzance, et à l'Islam qui occupait la moitié sud de cet ancien monde. Après l'an mille, l'histoire européenne se développa à partir de Rome et de Byzance, l'*Occidens* devint "l'Europe occidentale". Cf. l'historien hongrois J. Szucs, *Les trois Europes*, Paris, L'Harmattan, 1985, pp. 13-14 (128p). Aujourd'hui, le concept a évolué pour intégrer aussi les l'Amérique du Nord et ses dérivés.

l'univers tout entier. Certains autres éléments, familiers à la culture et au système valoriel africain sont promus par Kong Fu Tseu, notamment la piété filiale, le respect des vieux, de l'expérience et de la hiérarchie, toutes des valeurs africaines. Mais également la glorification du travail et de l'éducation, la valorisation de la science et des savants, l'esprit communautaire et le sens de l'intérêt général. Voilà, en filigrane, ce qui explique la percée actuelle de la Chine et des États riverains. On ne peut tout copier d'ailleurs, on ne peut tout importer, on ne peut tout demander, on ne peut tout nous "donner" : si on ne peut vivre sans aide, l'aide permanente est un danger et aucune politique ne tient en dehors des réalités. Y a-t-il du mal à copier ce qui est bien ? Il est permis d'en douter. N'y a-t-il pas des seuils de similitudes entre les valeurs chinoises et les traditions africaines ? Assurément : la piété filiale, le respect des vieux et de la hiérarchie, la primauté du groupe sur l'individu, etc. sont autant de valeurs propres à l'Afrique et aux Africains. Il serait plutôt urgent de revoir le cadre ou la gouvernance institutionnelle africaine qui semble *a priori* constituer un goulot d'étranglement. Le pessimisme n'a plus droit au chapitre car la splendeur de l'Égypte antique, Chaka Zoulou, le rayonnement mondial de l'empire du Mali au Moyen-Âge sont des précédents historiques africains et non d'ailleurs.

Tout ceci montre puissamment bien qu'il n'y a pas de miracle et que les acquis historiques sont une accumulation de conquêtes des peuples qui s'appuient sur leur système éducatif, leurs cultures, leurs traditions et leurs civilisations. La culture n'a rien de sacré ni de figé, ce qui ne veut pas dire qu'il n'y ait pas d'aspects sacrés dans chaque culture et qu'il faille toujours garder ce qui est mauvais au motif qu'il relève du culturel et du sacré. Il n'y a pas de peuples hostiles au développement et au progrès et il serait rationnel de se condamner dans la léthargie et au dépérissement au nom d'un caractère sacré de certains aspects culturels.

L'Afrique traîne mais le monde ne l'attend pas, il avance. Preuve, la mondialisation tous azimuts. Le complexe de colonisé doit mourir pour que naisse la conscience de nos déficiences ainsi que l'élan d'orgueil et de fierté qui met les peuples debout, conduisant au rayonnement. Nous devons d'abord penser, puis travailler pour ne pas mourir. Pour citer un adage qui s'applique bien aux États africains et à toutes les autres nations sous-développés de notre planète, "aide-toi, le ciel t'aidera." Et, comme l'affirme, avec raison, Tomasi Di Lampedusa, " si nous voulons que tout continue, il faut d'abord que tout change"[1]. Enfin, l'histoire de l'humanité enseigne que la puissance, qui est une tâche de Sisyphe, fut toujours donnée à ceux qui gardèrent l'avantage technique et scientifique.

III. La question de l'aide et regard sur l'Afrique actuelle

Pendant longtemps, les discours sur l'aide internationale ont marqué les débats sur le développement de l'Afrique. Entre les opposants et les adjuvants

[1] G. Tomasi Di Lampedusa, *Le Guépard*, Paris, Seuil, 1985, p. 35.

à l'aide, la question persiste aujourd'hui et l'on est fondé à la relancer : l'aide internationale est-elle la solution au mal africain ? Peut-elle accompagner ou porter le salut du continent ?

A. La "coopération au développement" : qu'est-ce que c'est ?

L'idée de coopération ou aide au développement est née de la volonté de la communauté internationale d'atténuer, de juguler ou de remédier aux inégalités socio-économiques dans le monde. Il s'agit, par un élan de solidarité, pour les plus riches c'est-à-dire le "Nord" de faciliter le développement du "Sud" pauvre, en mettant à sa disposition des ressources financières et techniques nécessaires. Cette coopération s'effectue dans un cadre bilatéral ou multilatéral. Elle est bilatérale lorsque l'État fournisseur accorde directement son aide sans intermédiaire, à ses partenaires du Sud, et multilatérale lorsque cette aide passe par le canal d'organismes internationaux de financement du développement. Cette dernière forme d'aide est cependant moins importante que l'aide bilatérale, pourtant elle semble plus désintéressée et entraîne moins de subordination politique directe même si son affectation n'obéit pas toujours aux seuls critères économiques.

En revanche, l'aide bilatérale est la plupart des temps motivée par des considérations d'ordre économique, politique et stratégique. En effet, le pays bénéficiaire se trouve contraint de dépenser dans l'État donateur des fonds fournis par ce dernier pour l'achat des biens d'équipement nécessaires à son développement et ce, à moindre coût dans un autre pays ou sur le marché international. Dans ce cas, l'aide est utilisée par le donateur comme un moyen de promouvoir ses exportations. L'aide bilatérale tient également compte des intérêts politiques et stratégiques. Elle a d'abord pris son essor à l'Est comme à l'Ouest, à la faveur de la compétition entre les deux blocs. On note ainsi que les apports financiers ne vont pas toujours aux plus nécessiteux. Ainsi, les Etats-Unis ou l'Union soviétique du temps de la Guerre froide dirigeaient leurs aides en priorité vers les États qu'ils tenaient à maintenir dans leur sphère d'influence (aussi bien en Europe à travers les programmes de reconstruction tels le plan Marshall et le Kominform qu'en Asie, en Afrique et en Amérique latine dans le cadre des aides au développement en guise de stratégie de lutte contre la pauvreté et le sous-développement).

L'aide permet ainsi aux grandes puissances de s'affirmer dans le monde sur le plan international en tant que vecteur et attribut de la puissance, de s'assurer des bases militaires, de recruter une clientèle sur le plan idéologique et un soutien diplomatique sur la scène internationale. C'est donc une "coopération postcoloniale" qu'une "coopération engagée" vue sous l'angle de Maurice Flory[1].

L'aide multilatérale est accordée par plusieurs gouvernements à travers des organismes intergouvernementaux dont la plupart font partie du système des

---

[1] M. Flory, "Essai de typologie de la coopération bilatérale pour le développement", in *AFDI*, 1973, pp. 697-719.

Nations-Unies (PNUD, FAO, UNESCO, Banque Mondiale, FMI, etc.). Les organismes internationaux dispensateurs d'aide sont en principe neutres et n'agissent pas au nom d'un pays quelconque. Mais quelle que soit la forme d'aide et à l'exclusion des dons et subventions, elle est toujours remboursable et porte les germes de l'exploitation ou de la domination, voire la marque des États qui contribuent, généralement les États du Nord.

Ainsi, l'expérience africaine de la coopération au développement depuis près de six décennies, c'est-à-dire depuis les indépendances politiques n'est pas triomphale du fait des pesanteurs endogènes et exogènes, contrairement à certains pays d'Amérique latine et d'Asie qui réussissent actuellement à surmonter en partie leurs problèmes de sous-développement et à acquérir le statut de NPI, Nouveaux pays industriels, puis de Pays émergents (Brésil, Singapour, Taiwan, Hong Kong, ...). Là où le bât blesse, c'est qu'en Afrique, et comme l'ont si bien montré Pierre Jalée et Tibor Mende, l'aide étrangère a très souvent servi de paravent à la diplomatie économique, à la diplomatie de la canonnière ou à l'ingérence. Appréhendée dans cette logique, l'aide internationale est, comme le précise Pascal Chaigneau, "un acte essentiellement politique et stratégique"[1]. Elle est le lubrifiant de l'extraction de la rente, un goulot d'étranglement : l'aide-liée, l'objet de la recolonisation. C'est la face cachée de l'aide internationale qui est limitée pour accompagner le développement du continent. A contrario, nous encourageons plutôt l'aide qui nous aide à nous passer de l'aide, dans le sens de Christian Castéran et non des aides-piège : " la fin de l'aide, dit-il, ne doit pas être le début de l'aide, mais la fin de l'aide".

B. Regard sur l'Afrique actuelle, entre l'afro-pessimisme et l'afro-optimisme béat : l'afro-réalisme

L'Afrique est un construit où s'affrontent les discours des sciences sociales. Depuis que l'on écrit sur l'Afrique, dominent des représentations afropessimistes sur un "continent dans l'enfance" (George W. Hegel), grabataire ou "mal parti" (René Dumond) bien que le plus vieux du monde, caractérisé par les trois Parques mortelles de Malthus : les guerres, les épidémies et les famines. Un grabat pourrait-on dire ? Assurément NON !

Les discours dominants construits aujourd'hui oscillent entre l'afro-pessimisme, l'afro-optimisme béat et l'afro-centrisme, considérant que les maux de l'Afrique viennent de l'extérieur, depuis la traite esclavagiste jusqu'aux drames actuels en passant par la colonisation. Pourtant il y a aussi les facteurs internes, les appuis locaux qui coalisent avec les forces exogènes. Car l'Afrique n'est pas l'unique contrée du monde a avoir été frappée par la traite des esclaves et par le fait colonial. Autrement dit, du point de vue de l'histoire, les pratiques de l'esclavage, l'oppression coloniale et la politique

---

[1] P. Chaigneau, *Dictionnaire des relations internationales*, Paris, Economica, 1998, p. 22.

de marginalisation ou d'aliénation sont des phénomènes anciens et non nouveaux, ni spécifiques à l'Afrique ou à l'homme noir.
Dans *Le Consciencisme*, l'homme d'État ghanéen, Dr. Francis K. Nkrumah, écrivait aussi : "Nos problèmes sont économiques mais les solutions sont politiques". L'Algérien Saïd Bouamama, auteur d'un récent plaidoyer pour une seconde et véritable indépendance[1], analyse les conflits qui agitent les pays d'Afrique depuis l'obtention de leur indépendance, en les replaçant dans leur contexte historique, celui du passé colonial, et dans leur contexte géopolitique, celui des batailles entre les grandes puissances pour contrôler les matières premières.
L'Afrique est bien engagée dans une mutation. L'ère des protections néocoloniales semble révolue (la France sévèrement contestée par son rôle dit de "pacification" en Côte d'Ivoire en 2011, puis en Lybie, en Centrafrique (Sangaris), au nord du Mali (Barkane), au Sahel, etc.) malgré quelques survivances du XXe siècle. L'opinion publique africaine s'exprime de plus en plus par médias et réseaux sociaux : rien ne sera plus comme avant. Ça peut prendre du temps, mais au XXIe siècle la condition est *sine qua non* : révolutionner les mentalités et les leviers de gouvernance pour répondre aux défis multiformes d'un temps définitivement suranné, révolu ou désuet. Roger Garaudy écrivait en 1979 dans son *Appel aux vivants*, à la page 28, l'Histoire ne pardonne jamais à tout homme ou à toute nation d'être en marge ou en retard des mutations.
Que peut le président de l'Union africaine face au syndicat des chefs d'État qui la constituent ? Si ceux-ci l'empêchent d'exister, il reste une dernière chance aux panafricanistes : une entente entre les quatre ou cinq poids lourds du continent. Une sorte de G4 ou G5. *In fine*, pour réaliser le rêve de Nkrumah, " il faut des valeurs et des hommes qui portent ces valeurs", a confié à *Jeune Afrique* le président nigérien, Mahamadou Issoufou. L'homme fort de Niamey n'a pas tardé de poursuivre sans ambages, non sans procéder par une métaphore : "Comme dans une centrale nucléaire, il faut une masse critique afin de provoquer une réaction en chaîne"[2]. Ainsi, prédisait en 1969 Basile Fouda dans sa *Personnalité africaine et émergence technologique*, "les rayons africains brilleront dans la rosace de demain."

Conclusion :

La recherche de l'unité est une préoccupation ancienne et historique. Elle n'est pas une nouveauté et une exclusivité africaine, elle n'est non plus un phénomène seulement contemporain. Dès l'Antiquité, cette démarche fonde et donne un sens à l'action politique. Dans *La Politique* d'Aristote, il souligne que Socrate assigne à la Cité, l'unité comme fin essentielle. " L'unité la plus

---

[1] S. Bouamama, *Manuel stratégique de l'Afrique*, Volume I, Paris, Éditions Investig'Action, 2018.

[2] M. Issoufou, cité par Christophe Boisbouvier, "Union africaine : Qu'as-tu fait de tes 50 ans ?", *Jeune Afrique*, N°2732, du 19 au 25 mai 2013, p. 27.

parfaite possible constitue le bien suprême" y écrit-il à la page 28. Platon considère également l'unité comme fondement de (La) *République*. "La Cité se développe en restant une et non pas en se multipliant" écrit-il également. D'Hérodote à Montesquieu, les auteurs antiques ne s'adressent pas ainsi à un régime particulier, ni à un hémisphère particulier, mais à tous les régimes et les peuples passés et à venir. Même Machiavel n'échappe pas à la recherche de l'unité lorsqu'il écrit *Le Prince*. C'est bel et bien l'unification de l'Italie qu'il cherche à obtenir : l'unité dans son sens wébérien ou sociologique, c'est-à-dire le communalisme. Dans le domaine religieux, dès lors qu'on affirme l'existence d'un Dieu unique, l'idée d'unité est toujours présente. L'unité humaine semble donc être le reflet de l'unité divine et est perçue comme "un tout, moralement cohérente et organiquement institutionnalisable". Comme le recommande le Seigneur : "Qu'ils soient un comme nous (le Père et moi) nous sommes un" Jean 17, 22.

Le développement est une entreprise de longue haleine. Bien que le colonialisme ait été un chapitre dans une longue histoire, un épisode ou un interlude dans les expériences multiples et diverses des peuples d'Afrique, qui n'a duré nulle part plus de quatre-vingt ans, il s'est agi d'une phase extrêmement importante du point de vue politique, économique et même social. Véritable "scandale géologique"[1], l'Afrique juxtapose dans son évolution sociale, économique et politique des éléments archaïques et d'autres ultramodernes. De nombreux problèmes ont paralysé son évolution vers le développement depuis les indépendances[2]. Ils ont des causes et des aspects politiques, économiques, sociaux et culturels. Ces facteurs sont à la fois externes et internes. Le discours politique aujourd'hui est partout celui de l'émergence.

La loi de l'histoire, loi universelle de la nature, est infaillible : le bonheur ne se trouve jamais longtemps au même endroit. Il en ressort la thèse des cycles d'hégémonie, de puissance et de développement théorisée par Fernand Braudel et Paul Kennedy. Au-delà de l''inventaire du malaise qui caractérise l'économie du continent, situation qui n'est que le corollaire d'une révolution politique (décolonisation) manquée, cette réflexion dresse un bilan somme toute néfaste d'une gestion éhontée de l'héritage colonial et examine en les dénonçant les nouveaux mécanismes de la domination coloniale installés après les indépendances : aide au développement, coopération économique, financière, monétaire, commerciale, technique, les accords relatifs aux matières premières stratégiques… qui sont des subterfuges permettant aux nouveaux maîtres de contrôler l'Afrique postcoloniale.

---

[1] L'Afrique c'est 30. 300.000 km^2 avec 60% de la superficie mondiale des terres arables encore non cultivées. Sur l'ensemble des ressources et richesses du continent africain, voir J. Ping, in *Géopolitique africaine*, Revue N°57, 1er semestre 2016.

[2] Voir P. Hugon, *Afriques. Entre puissance et vulnérabilité*, Paris, Armand Colin, 2016, p. 6.

Au bout du compte, l'étude qui s'appuie sur la méthode SWOT (Atouts, faiblesses, opportunités, menaces) aboutit à un résultat : la paupérisation des masses du continent et son impuissance à décoller. L'Afrique a certes beaucoup d'Atouts, mais des atouts à exploiter en sa faveur pour émerger. L'une des conditions à ce statut d'émergence demeure la résolution des problèmes socio-économiques, le développement et l'unité au sens de N'Krumah. Si l'exemple de l'Union Européenne (UE) nous semble jusqu'ici infructueux, il ne serait pas sans intérêt d'expérimenter le modèle américain. L'Histoire amène donc à penser un avenir radieux en pansant les plaies du passé. L'histoire économique récente de l'Afrique, faite de chutes et de rechutes, doit servir de tremplin à imaginer de nouveaux paradigmes, à repenser les nouvelles stratégies. La situation du continent n'est certes pas reluisante, mais on est réaliste et optimiste. Espoir fondé sur la perspective braudélienne qui fait du développement un processus ardu, un enfantement difficile qui s'inscrit dans le temps long. Prix à payer pour sortir de la léthargie et recouvrer le système-monde, à l'image des Dragons d'Asie, se défaire de l'asymétrie avec l'Occident pour trouver sa place dans la nouvelle géopolitique mondiale. Vaste chantier.

Références bibliographiques :

- Amin (S), *La faillite du développement en Afrique et dans le Tiers-Monde : Une analyse politique*, Paris, L'Harmattan, 1989.
- Benoit (JP), *Indispensable Afrique*, Nancy, Berger-Levrault, 2006.
- Boniface (P), *La Géopolitique*, Paris, Eyrolles, 2017.
- Boubacar Diop (B), *L'Afrique au-delà du miroir*, Paris, Philippe Rey, 2007.
- Chaliand (G), *L'Enjeu africain. Géostratégies des puissances*, Paris, Seuil, 1980.
- Chouala (YA), " L'Afrique dans le nouveau partenariat international : enjeux de civilisation et de puissance ", in *Etudes internationales*, Vol. 34, N°1, mars 2003.
- Coquery-Vidrovitch (C), *Petite histoire de l'Afrique*, Paris, La Découverte, 2011.
- Diakite (T), *L'Afrique et l'aide ou comment s'en sortir*, Paris, L'Harmattan, 2011.
- Fogue Tedom (A), " Le mythe de la marginalisation stratégique de l'Afrique : Analyse de la dynamique américaine et chinoise autour du pétrole africain ", in M. Kamto (dir.), *L'Afrique dans un monde en mutation. Dynamiques internes ; marginalisation internationale ?* Paris, Afrédit, 2010.
- Fontaine (A), " La guerre froide à l'heure africaine ", in *Le Monde diplomatique*, Avril 1957.
- Gallois (PM), *Géopolitique. Les voies de la puissance*, Paris, L'Âge d'homme, 2000.
- Gnonsea (D.), *Cheikh Anta Diop, Théophile Obenga : Combat pour la Renaissance africaine*, Paris, L'Harmattan, 2003.
- Goody (J), *Le Vol de l'histoire*, Paris, Gallimard, 2010.

- Gourdin (P), *Manuel de géopolitique,* Paris, Diploweb.com, 2019.
- Heffer (J) (dir.), *La fin du XXe siècle. De 1973 à nos jours*, Paris, Hachette, 2000.
- Hugon (P), *Géopolitique de l'Afrique*, Paris, Armand Colin, 2007.
- Huntington (S), *Le choc des civilisations*, Paris, Odile Jacob, 2000.
- Jalee (P), *Le pillage du Tiers-Monde*, Paris, Maspero, 1973.
- Kamto (M) (dir.), *L'Afrique dans un monde en mutation. Dynamiques internes ; marginalisation internationale ?* Paris, Afrédit, 2010.
- Konate (M), *L'Afrique est-elle maudite ?* Paris, Fayard, 2010.
- Kourra Owona Mfegue (F), *Les ressources naturelles dans les conflits armés en République démocratique du Congo*, Paris, L'Harmattan, 2012.
- Lacoste (Y) (dir.), *Dictionnaire de géopolitique*, Paris, Flammarion, 1993.
- Lafargue (JF), " L'Afrique au cœur d'une rivalité internationale ", in *Questions internationales*, N°33, septembre-octobre 2008.
- Le Pautremat (P), " L'Afrique : entre défis et succès potentiels, loin des fatalités ", in *http://www.diploweb.com/-Afrique-html*, octobre 2015.
- Loyer (B), *Géopolitique, méthodes et concepts*, Paris, Armand Colin, 2019.
- M'bokolo (E), *Le continent convoité,* Paris/Montréal, Éditions vivantes, 1980.
- Mbembe (A), *Sortir de la grande nuit. Essai sur l'Afrique décolonisée*, Paris, La Découverte, 2010.
- Pean (P), *Carnages. Les guerres sécrètes des grandes puissances en Afrique*, Paris, Fayard, 2010.
- Robert (AC), " Indispensable Afrique", in *Manière de voir. Le Monde diplomatique*, N°108, décembre 2009 - janvier 2010.
- Robert (AC), " Trafics d'influence en Afrique ", in *Le Monde diplomatique*, N°754, janvier 2017.
- Robert (AC), *L'Afrique au secours de l'Occident*, Paris, Les éditions de l'Atelier, 2006.
- Shanda Tonme (JC), *Pensée unique et diplomatie de guerre*, Paris, L'Harmattan, 2002.
- Thual (F), *La méthode géopolitique. Apprendre à déchiffrer l'actualité*, Paris, Ellipses, 1996.
- Touraine (M), *Le bouleversement du monde. Géopolitique du XXIe siècle*, Paris, Seuil, 1995.
- Traore (A), *L'Afrique humiliée*, Paris, Fayard, 2008.
- Wallerstein (I), *L'Universalisme européen. De la colonisation au droit d'ingérence*, Paris, Démopolis, 2008.

PARTIE III :

UNITE AFRICAINE, VIOLENCE POLITIQUE ET GUERRES

Chapitre 1 :

L'OUA/UA face au différend autour du Sahara. Fondements historiques et perspectives géopolitiques d'un conflit artificiel

Alphonse Zozime Tamekamta[1]

Introduction :

Le diagnostic étiologique du différend autour du Sahara (marocain), au-delà de sa complexité due à l'enchevêtrement des intérêts impériaux et coloniaux, renseigne sur une indépendance recouvrée au forceps, jalonnée par la méprise de la légitimité historique du Maroc sans solde de tout compte colonial. Ainsi, le différend autour du Sahara marocain, né en 1975 après la création du Polisario, un mouvement séparatiste violent, n'avait pas préoccupé, à sa genèse, l'institution panafricaine, pourtant d'inspiration marocaine. Bien plus tard, le différend avait été porté au conseil des ministres de l'OUA, lequel s'était montré peu efficace, en se disant atteler sa position aux différentes Résolutions antérieures de l'ONU. Par conséquent, plusieurs Résolutions du conseil des ministres de l'OUA avaient été adoptées, entre 1966 et 1984, sans attelage avec la réalité historique du Sahara marocain. La création du Polisario le 10 mai 1973 constituait un tournant décisif dans un conflit aux contours et enjeux complexes. Peu à peu, le conseil des ministres de l'OUA allait se « fourvoyer » en février 1982, lors de la trente-huitième session du Conseil des ministres africains des affaires étrangères à Addis-Abeba, lorsque l'imaginaire République arabe sahraouie démocratique (RASD) a été déclarée membre à part entière au sein de l'OUA avec l'approbation de 26 États membres. En effet, l'adhésion de la RASD s'est faite à l'issue d'une interprétation régressive des articles 27 (interprétation de la Charte acquise à la majorité des 2/3 des chefs d'État et de Gouvernement) et 28 (adhésion et admission de tout État assujetti au statut d'État africain indépendant et souverain) de la Charte de l'OUA.

Cet imbroglio juridico-politique et idéologique, presque méconnu de la Commission de médiation, de conciliation et d'arbitrage, a lourdement hypothéqué la capacité de l'OUA à relever les défis du panafricanisme jusqu'à sa substitution par l'Union africaine (UA). Aujourd'hui, l'UA n'est pas moins

[1]Alphonse Zozime Tamekamta, PhD. Histoire des relations internationales (Polémologie et irénologie africaines) Chargé de Cours à l'Université de Yaoundé I (ENS)Cameroun tamekamta@gmail.com.

traversée par un schisme entre la majorité soutenant le Maroc et la minorité soutenant le Polisario, d'autant que le différend autour du Sahara marocain s'est régionalisé depuis plusieurs décennies, par l'instrumentalisation de l'OUA/UA et l'interférence des enjeux régionaux, etc. Compte tenu de l'acuité de ce différend et de sa rémanence polémologique, une réflexion y ancrée s'impose. Ainsi, comment l'OUA/UA perçoit-elle et gère-t-elle le différend autour du Sahara marocain ? Au regard des aspects historiques ayant fondé ce conflit, quelles perspectives géopolitiques sont-elles envisageables pour bâtir une réflexion holistique ? Cette réflexion s'articule autour de la mise en contexte du différend autour du Sahara avec analyse des éléments-clé de la Charte de l'OUA, de la gestion de ce différend par l'instance panafricaine et des enjeux géopolitiques qui peuvent s'en dégager.

I. Les fondements du différend autour du Sahara marocain et les dispositions statutaires de l'OUA/UA

Objet de plusieurs convoitises, le Sahara est peu à peu entré dans la géopolitique des conflits, dans un environnement complexe. La guerre froide aidant, ce différend, plutôt artificiel, a implicitement influencé le cours de l'histoire au point où la Charte de l'OUA s'en est trouvée sujette aux ambiguïtés interprétatives.

A. Le Sahara : convoitises plurielles et contours conflictuels

Pendant la colonisation, le Maroc et le Sahara ont été convoités par plusieurs puissances : France, Allemagne, Angleterre, Italie, Espagne, etc. De même, pendant la deuxième guerre mondiale, le Maroc n'a pas échappé aux conjectures géostratégiques, devenant même un axe prioritaire de la stratégie de combat des forces alliées. C'est ainsi qu'entre le 7 et le 8 novembre 1942, un débarquement américain est arrivé à Casablanca, puis à Safi et à Kenitra. Quelques mois plus tard, du 14 au 24 janvier 1943, une conférence des Alliés s'est tenue à Casablanca avec la participation du président américain Franklin Delano Roosevelt et du premier ministre britannique, Winston Churchill. Là, le Sultan Mohammed V a reçu la promesse d'un soutien psychologique en vue de l'indépendance ; d'où la création de l'*Istiqlal*. Immédiatement après, l'*Istiqlal* a publié son manifeste pour l'indépendance dont le contenu est réfuté par les colons français. S'en est suivi une série de violentes émeutes qui ont embrasé Casablanca. Cependant, la répression française fit plusieurs centaines de morts, obligeant le Sultan à prononcer un discours historique à Tanger dans lequel il revendique à cor et à cri le retour à la souveraineté totale du Royaume. À partir de 1947, la situation sociopolitique du Royaume s'est complexifiée, en dépit des gages de confiance donnés par les Américains et les Britanniques. Cette complexité s'explique, d'une part, par la segmentation administrative de la portion espagnole du Maroc. En effet, à cette date, l'Espagne a entrepris de séparer le Maroc espagnol de l'Afrique occidentale espagnole. Désormais, le Maroc espagnol était divisé en deux entités administratives distinctes : Ifni et le Sahara espagnol, lui-même divisé en deux zones, la Saquia-el-Hamra et le

Rio del Oro. D'autre part, la complexité s'explique par la rupture entre le Sultan Sidi Mohammed et le Général français Alphonse Juin en 1951. Celle-ci s'est manifestée par la « grève du sceau », débutée le 26 janvier 1951, par laquelle le Sultan avait refusé de signer les décrets présentés à sa signature par l'administration française. Même le remplacement du Général Alphonse Juin par le Général Guillaume n'y a rien apporté. Ce bras de fer spectaculaire entre le résident français et le Sultan a auguré une ère nouvelle dans la revendication nationaliste du peuple marocain.

Une fois l'indépendance recouvrée, les dirigeants marocains ont fait de la question territoriale une préoccupation et un élément déterminant de leur politique extérieure. Toutes les constitutions marocaines en feront un principe sacro-saint, en proclamant que le Roi garantit l'indépendance de la nation et l'intégrité territoriale du Royaume dans ses frontières authentiques[1]. Pour y parvenir, le Maroc a dû affronter trois contraintes. La première contrainte provenait de l'Algérie, en contentieux territorial avec le Maroc jusqu'à son accession à l'indépendance en 1962. Faute de fonctionnement d'une commission mixte franco-marocaine convenue pour traiter de cette question avec la France, colonisatrice de l'Algérie, plusieurs incidents frontaliers ont mis aux prises des éléments armés des deux pays suivis de l'échange de nombreuses notes de protestation.

La seconde contrainte provenait de la France dont les ambitions sur le Sahara, inavouées, nuisaient gravement à l'intégrité territoriale du Maroc. Tout commence en 1960, lorsque la France a annoncé le début des essais nucléaires au Sahara, à partir de sa base de lancement de missiles de Colomb-Béchar[2], près de Hammaguir, à la frontière orientale avec le Maroc, faisant partie du Sahara oriental, annexé par le colonisateur français et associé à l'Algérie pendant la colonisation, mais revendiqué par le Maroc. Le 13 février 1960, le gouvernement français faisait exploser une bombe atomique à Reggane, localité située en terre marocaine, sans que les autorités chérifiennes n'en soient informées. Quelques semaines plus tard, dans une lettre datant du 29 mars 1960 adressée au Roi Mohammed V par le Général Charles De Gaulle, président français depuis le 8 février 1959, ce dernier disait : « les relations amicales que je suis heureux d'entretenir avec Votre Majesté me déterminent à l'informer personnellement de la décision que j'ai prise de faire procéder à partir du 31 mars à une nouvelle expérience nucléaire au Sahara ». Au total, en guise de protestation, le gouvernement marocain avait entrepris de dénoncer l'accord/convention diplomatique du 28 mai 1956[3] conclu avec la

---

[1] Cette expression est reprise dans l'article 19 alinéa 2 de la constitution marocaine du 15 mars 1972 et dans les constitutions de 1992, 1996 et celle du 29 juillet 2011.

[2] Colomb-Béchar correspondant aujourd'hui à une commune de la wilaya de Béchar, en Algérie, située à 1 150 km au sud-ouest d'Alger, à 852 km au nord-est de Tindouf et à environ 80 km à l'est de la frontière marocaine.

[3] Cet accord diplomatique a été paraphé le 20 mai 1956 à Rabat par le secrétaire d'État français aux affaires marocaines et tunisiennes, M. Alain Savary, et le ministre marocain des affaires

étrangères, M. Balafrej, et signée à Paris le 28 mai 1956 par les ministres des affaires étrangères des deux pays. Il stipule que : « Le Président de la République française et S. M. Mohammed V, sultan du Maroc, désireux d'arrêter les principes selon lesquels les deux États entendent organiser, dans l'égalité complète et le respect de leur indépendance, les liens d'amitiés et de coopération qui servent l'intérêt réciproque de la France et du Maroc, soucieux de définir les modalités de l'interdépendance librement réalisée entre les deux pays dans le domaine des relations extérieures, en application de la déclaration du 2 mars 1956, et déterminés à maintenir et à renforcer ainsi la solidarité qui les unit, ont nommé pour leurs plénipotentiaires ... Lesquels, après avoir échangé leurs pleins pouvoirs reconnus en bonne et due forme, Sont convenus des dispositions qui suivent :
Art. 1er. Les deux H.P.C., résolues à maintenir entre elles des relations d'amitié permanente, d'aide mutuelle et d'assistance, se tiendront mutuellement au courant de toutes les questions qui touchent leurs intérêts communs et échangeront régulièrement leurs vues sur les problèmes d'intérêt général.
Art. 2. Si les H.P.C. sont, d'une manière quelconque, menacées dans leurs intérêts communs, elles se consulteront immédiatement pour faire face à cette menace si la situation l'exige.
Art- 3. Afin d'assurer une action concertée dans le domaine de la politique étrangère, les ministres des affaires étrangères des deux gouvernements se réuniront périodiquement ou à la demande de l'une des deux parties. Art. 4. Les H.P.C. s'engagent, chacune pour sa part, à ne pas adhérer à une politique qu'elles auraient, après examen en commun, reconnue comme incompatible avec les intérêts de l'une d'entre elles.
Art. 5. Chacune des parties s'engage à ne pas conclure de conventions internationales qui rendent sans effet les droits qu'elle aura reconnus conventionnellement à l'autre partie.
Art. 6. Aucune des présentes dispositions ne doit s'interpréter comme portant atteinte aux obligations qui résultent soit de la charte des Nations Unies, soit des engagement, traités ou conventions en vigueur dans l'une des H.P.C. et des tierces puissances. Aucune des présentes dispositions ne doit non plus s'interpréter comme comportant, pour l'une des H.P.C., une limitation quelconque à son pouvoir de négocier et de conclure des traités, conventions ou autres actes internationaux.
Art. 7. Les H.P.C. conviennent que tout désaccord au sujet de l'application ou de l'interprétation du présent traité qu'elles ne seraient pas parvenues à résoudre par des négociations directes entre elle, pourra être porté à l'initiative de l'une des parties, devant la Cour internationale de Justice de la Haye.
Art. 8. La France appuiera la candidature du Maroc dans les organisations internationales où celui-ci n'est pas représenté. Les délégations des deux gouvernements dans les organisations internationales se tiendront mutuellement informées de leurs activités, se consulteront, discuteront de leur action dans l'esprit du présent accord.
Art. 9. Dans les pays où le Maroc n'aura pas décidé d'envoyer une mission diplomatique permanente, la République française est disposée, si le gouvernement marocain le lui demande, à assurer la représentation et la protection des ressortissants et des intérêts marocains. Dans ce cas, les agents diplomatiques et consulaires français agiront conformément aux directives du gouvernement marocain.
Art. 10. Les Représentants diplomatiques que les H.P.C. accréditeront mutuellement porteront respectivement les titres d'Ambassadeur extraordinaire, Envoyé exceptionnel de la République française auprès de S. M. le Sultan » et d'Ambassadeur extraordinaire, Envoyé exceptionnel de S. M. le Sultan auprès de la République française ». Art. 11. Le Maroc assume les obligations résultant des traités internationaux passés par la France au nom du Maroc ainsi que celles des actes internationaux relatifs au Maroc qui n'ont pas donné lieu à des observations de sa part.
En foi de quoi les Plénipotentiaires ont signé le présent accord et y ont apposé leurs sceaux ». Pour plus de détails, lire A. de Laubadère, « Le statut international du Maroc depuis 1955 », *Annuaire français de droit international*, volume 2, 1956. pp.122-149.

France. Le Maroc avait également porté à l'attention de l'ONU, le 14 août 1959, ses inquiétudes en rapport avec la préparation des essais nucléaires français au Sahara.

La troisième contrainte est venue de l'Espagne, animée par un empiétement constant du territoire marocain. C'est ce qui a valu de séreux accrochages militaires entre les deux pays, entre 1958 et 1975. C'est pourquoi, une fois l'indépendance du Royaume recouvrée, le 2 mars 1956, le Maroc a engagé de laborieuses négociations pour rétablir son intégrité territoriale. En avril 1956, le Maroc a récupéré la zone Nord du Royaume, encore sous contrôle espagnol. En octobre 1956, la ville de Tanger est rendue au Maroc. C'est également dans ce sillage que s'inscrit l'accord de Cintra du 1er avril 1958 par lequel le Maroc a récupéré Tarfaya. Plus tard, en vertu du traité de Fès du 4 janvier 1969, la zone d'Ifni était rétrocédée au Maroc. Les revendications marocaines sur la Mauritanie, elles, ont fait l'objet d'un accord bilatéral entre les deux pays, étant donné la présence dans le gouvernement marocain, jusqu'en 1968, d'un ministre de la Mauritanie et du Sahara.[1] Depuis lors, le Maroc a fait de la lutte contre la course aux armements, un principe de son action sur l'échiquier international. Entre autres, le Maroc a assuré la présidence du conseil exécutif de l'Organisation pour l'interdiction des armes chimiques (OIAC) jusqu'en mai 2022. En outre, le Royaume préside la 64e conférence générale de l'Agence Internationale de l'Énergie Atomique (AIEA) depuis septembre 2020. Enfin, il assure la coordination du Groupe de mise en œuvre et d'évaluation (IAG) de l'Initiative globale de lutte contre le terrorisme nucléaire (IGLTN) pour la période 2019-2021.

Au total, le Sahara, objet de cette réflexion, est l'ex-Sahara espagnol. Il s'agit, en effet, du Rio del Oro rattaché à la Saguia el-Hamra et qui constitue le Sahara espagnol, vaste territoire du sud du Maroc anciennement nommé *Trab al-Bidan* (la terre des Blancs), par opposition au *Trab al-Soudan*, la terre des Noirs, pour désigner l'Afrique subsaharienne.[2]La Saguia el Hamra au nord, où l'on pratique une agriculture rudimentaire, moins étendue mais plus peuplée, 82 000 km^2 de superficie. Le Rio del Oro au sud, une terre de parcours pour les nomades, à 184 000 km^2 ; soit 266 000 km^2 de superficie totale.[3]

B. Charte de l'OUA et l'imbroglio juridico-politique autour de l'admission de la RASD

La lecture de la Charte de l'OUA, signée le 25 mai 1963 permet de mettre en relief quelques dispositions en rapport avec l'affaire du Sahara. Il s'agit de :

---

[1] Lire F. de La Serre, « Les revendications marocaines sur la Mauritanie », *Revue française de science politique,* n° 16 (2), avril 1966, pp. 320-331.

[2] J. A. Rodríguez Esteban et A. Diego, T. Barrado, « Le processus d'urbanisation dans le Sahara espagnol (1884-1975). Une composante essentielle du projet colonial », *Les Cahiers d'EMAM*, 24-25, 2015, mis en ligne le 17 mars 2015, consulté le 09 novembre 2019.

[3] M. Barbier, « L'avenir du Sahara espagnol », *Politique étrangère*, n°4, 1975, 40e année, pp. 353-380.

- L'article 2 (Objectifs) dont l'un des objectifs porte sur le renforcement de l'unité et de la solidarité des États africains et l'autre sur la défense de leur souveraineté, de leur intégrité territoriale et de leur indépendance ;
- L'article 3 (Principes), au nombre de 7 dont trois qui parlent de : la non-ingérence dans les affaires intérieure des États ; le respect de la souveraineté et de l'intégrité territoriale de chaque État et de son droit inaliénable à une existence indépendante ; le règlement pacifique des différends, par voie de négociation, de médiation, de conciliation ou d'arbitrage ;
- L'article 4 (de la qualité de membre), qui dispose que tout « État africain indépendant et souverain peut devenir membre de l'Organisation » ;
- L'article 19 (Commission de médiation, de conciliation et d'arbitrage) qui dispose que « les États membres s'engagent à régler leurs différends par des voies pacifiques. A cette fin, ils créent une Commission de médiation, de conciliation et d'arbitrage, dont la composition et les conditions de fonctionnement sont définies par un protocole distinct, approuvé par la Conférence des chefs d'État et de Gouvernement. Ce protocole est considéré comme faisant partie intégrante de la présente Charte » ;
- L'article 24 (Signature et ratification de la Charte) dont le premier alinéa dispose que la Charte est ouverte à la signature de tous les États africains, indépendants et souverains ;
- L'article 28 (Adhésion et admission) qui stipule que tout État africain indépendant et souverain peut, en tout temps, notifier au Secrétaire général, son intention d'adhérer à la présente Charte.

À l'analyse, deux articles de la Charte de l'OUA justifient la crise de l'interprétation juridique divergente, en rapport avec l'affaire du Sahara, notamment la RASD. Il s'agit des articles 27 et 28. En effet, si l'article 27, portant sur l'interprétation de la Charte, stipulait que « toute décision relative à l'interprétation de la présente Charte devra être acquise à la majorité des deux tiers des chefs d'État et de Gouvernement des membres de l'Organisation ». Et l'article 28 faisait emphase sur le statut de l'État qui sollicite l'adhésion et l'admission au sein de l'OUA. Il y est écrit que tout État africain, indépendant et souverain, peut adhérer à la Charte de l'OUA. Or, la République arabe sahraouie démocratique (RASD), une émanation du Polisario datant de février 1976 (après la Marche verte du 6 novembre 1975, l'accord de Madrid du 15 novembre 1975 et l'avis consultatif de la CIJ du 16 octobre 1975), ne remplissait aucune condition d'un État, au plan sociologique (population vivant sur un territoire déterminé et soumis à un gouvernement), organisationnel (forme d'organisation de la société et du gouvernement) et juridique (entité aux frontières territoriales établies, à l'intérieur desquelles des lois s'appliquent à une population permanente).

II. L'OUA et le différend autour du Sahara marocain : parti pris et échecs ?

L'interprétation de ses propres textes et la gestion du différend autour du Sahara par l'OUA et l'UA laissent la place aux supputations. Il s'en déduit une posture du Conseil des ministres de l'OUA et de la conférence des chefs d'Etat, ambiguë, ayant sussurré soit un parti pris, soit un échec dans le cadre de ce différend.

A. Le différend au Conseil des ministres de l'OUA

S'agissant du conseil des ministres de l'OUA, il était composé des ministres des affaires étrangères ou de tous autres ministres désignés par les gouvernements des États membres selon l'article 21 de la Charte de l'OUA. Il se réunissait au moins deux fois l'an, en session ordinaire. Il pouvait également se réunir en session extraordinaire, à la demande d'un État membre, après accord des deux tiers des membres. Ce conseil était chargé de la préparation des conférences des chefs d'État. Aussi, connaissait-il de toute question à lui soumise par la conférence des Chefs d'État et exécute ses décisions. De même, il met en œuvre la coopération interafricaine selon les directives des Chefs d'État et de gouvernement, conformément à l'article 2, paragraphe 2 de la Charte de l'OUA.

À ce titre, le différend sur le Sahara marocain avait été porté au conseil des ministres de l'OUA, avant et après que le Front Polisario avait eu à être reconnu comme « mouvement de libération en Afrique » par le comité de l'OUA à Maputo en 1976, sous la pression algérienne et libyenne. À plusieurs occasions, le conseil des ministres de l'OUA s'est montré peu efficace, en se disant atteler sa position aux différentes Résolutions antérieures de l'ONU. Il s'est donc fourvoyé, en s'abstenant de consulter l'histoire et la sociohistoire du Maroc. C'est ce qui justifie les positions, pour le moins discutables, de chacun des conseils des ministres de l'OUA. En sa Résolution CM/RES. 82 (VII), prise lors de sa septième session ordinaire tenue du 31 octobre au 4 novembre 1966 à Addis-Abeba, le conseil s'était dit soutenir, en vertu de l'article 2 de la Charte de l'OUA, tous les efforts visant à la libération immédiate et inconditionnelle de tous territoires africains sous domination espagnole (Ifni, Sahara espagnol, la Guinée équatoriale et Fernando Po). Par la même Résolution, le conseil des ministres demandait à l'Espagne d'initier un processus vigoureux visant à donner la liberté et l'indépendance à toutes ces régions et de s'abstenir de prendre des mesures qui pourraient créer des conditions qui mettent en péril la paix et la sécurité en Afrique. À l'analyse *a posteriori*, il y a lieu de s'étonner d'une telle décision. Car, quelques années plus tard, l'Espagne a bien rétrocédé le territoire d'Ifni au Maroc, en parfaite rationalité avec l'histoire précoloniale et coloniale. De même, Fernando Po, une île comprise dans la Guinée espagnole a bien été reconnue comme faisant partie de la Guinée Équatoriale à son accession à l'indépendance. Ce saccage anthropologique associé à la mutilation historique, doublé d'une dissection politique sous fond de brutalisme[1], a été poursuivi à la treizième session ordinaire du conseil des ministres de l'OUA, tenue à Addis-Abeba du 27 août au 6 septembre 1969. En sa Résolution CM/RES 206 (XIII) portant sur la décolonisation et l'Apartheid, ce conseil recommandait qu'une aide matérielle, financière et diplomatique plus substantielle soit allouée aux mouvements de libération africains. En poursuite de la méprise au sujet de l'histoire profonde du Maroc, ce conseil pressait l'Espagne d'appliquer la Résolution 2428 (XXIII) de l'Assemblée générale sur la question du Sahara espagnol.

Plus tard, la Résolution CM/RES 234 (XV), prise lors de la quinzième session ordinaire du conseil des ministres de l'OUA tenu à Addis-Abeba du 24 au 31 août 1970, il fut demandé à l'Espagne de se conformer, sans délai, aux Résolutions des Nations Unies concernant les droits légitimes à l'autodétermination de la population du Sahara espagnol. Deux ans après, le même conseil, réuni lors de sa dix-neuvième session ordinaire tenue à Rabat du 5 au 12 juin 1972, adoptait la Résolution CM/RES. 272 (XIX). Celle-ci portait sur les mesures spéciales à adopter pour la décolonisation et la lutte contre l'Apartheid et la discrimination raciale. Au sujet du Sahara espagnol, le conseil disait exprimer sa solidarité avec la population sous domination espagnole et appelait le gouvernement espagnol à créer une atmosphère propice à l'exercice, sans délai, du droit de peuple à l'autodétermination et à l'indépendance en accord avec la Charte des Nations Unies. L'idée du référendum contenue dans cette résolution du conseil des ministres fait suite à la Résolution 2711 (XXV) de l'Assemblée générale de l'ONU du 14 décembre 1970 qui insistait sur la tenue de ce référendum. L'Espagne, puissance coloniale administrant le Sahara, avait été mandatée pour le faire. Elle n'en a consenti qu'en août 1974, pour un possible référendum en 1975. Mais, un tel référendum nécessitait des préalables en termes de principes immuables : l'exclusion de l'option de l'indépendance ; ce qui a été martelé par le Maroc. De même, le Maroc avait demandé qu'un recensement inclusif soit le gage d'une consultation populaire extensive, en parfaite harmonie avec la réalité anthropologique du Sahara marocain.

Plusieurs autres Résolutions du conseil des ministres de l'OUA ont été adoptées, sans attelage avec la réalité historique du Sahara marocain. La création du Polisario le 10 mai 1973 constituait un tournent décisif. En effet, sous la pression algérienne et libyenne, le comité de l'OUA basé à Maputo franchissait le Rubicon en janvier 1976 en reconnaissant le Front Polisario comme « mouvement de libération en Afrique ». Peu à peu, le conseil des ministres de l'OUA allait se fourvoyer en février 1982, lors de la trente-huitième session du Conseil des ministres africains des affaires étrangères à

[1]Il s'agit, selon Achille Mbembe, du point de jonction de l'immatériel, de la corporalité et des matériaux. Lire A. Mbembe, *Brutalisme*, Paris, La Découverte, 2020, 228 pages.

Addis-Abeba, lorsque l'imaginaire « RASD » a été déclarée membre à part entière au sein de l'OUA avec l'approbation de 26 États membres.

B. Le différend à la conférence des Chefs d'État et de gouvernement

Conformément à l'article 8 de la Charte de l'OUA, la conférence des Chefs d'État et de gouvernement est l'organe suprême de l'institution. À ce titre, elle « étudie les questions d'intérêt commun pour l'Afrique, afin de coordonner et d'harmoniser la politique générale de l'Organisation. Elle peut, en outre, procéder à la révision de la structure, des fonctions et des activités de tous les organes et de toutes les institutions spécialisées qui pourraient être créés conformément à la présente Charte ». Cette instance décisionnelle a-t-elle fonctionné efficacement ? A-t-elle pris des décisions sans préjugés, sans parti pris et avec objectivité ? Si la réponse peut être affirmative (positive) pour les autres décisions par l'OUA, elle l'est moins -sinon pas- en ce qui concerne le différend sur le Sahara marocain. L'organisation se voulant panafricaine s'est « empêtrée dans une impasse sans issue en prenant des résolutions contradictoires, parfois déroutantes, et en se refusant, de façon aveugle, à examiner l'affaire et ses tenants et aboutissants »[1]. Entre 1976 et 1982, plusieurs conférences des Chefs d'État ont lieu, soldées par des tergiversations et des compromissions curieuses. Cela s'est fait au détriment de l'article 3 de la Charte de l'OUA portant sur ses propres principes[2]. Cela a aussi marqué une réelle confusion entre reconnaissance et décision en matière d'admission ; ce qui a été préjudiciable à la crédibilité de l'Organisation. Engluée dans les grands clivages politiques et idéologiques qui avaient cours en Afrique et dans le monde, la conférence des chefs n'a pu assurer le consensus minimum, par respect scrupuleux de son règlement intérieur et la Charte de l'OUA. Le 17e sommet des chefs d'État et de gouvernement, tenu à Freetown (Sierra Léone) du 1er au 4 juillet 1980 en sera l'épilogue. Elle fut précédée, comme de tradition, par le conseil des ministres des affaires étrangères, réuni à Freetown du 18 au 29 juin 1980. Avant-gardiste, le ministre marocain des affaires étrangères, M'Hamed Boucetta[3], avait attiré l'attention de ses homologues et

[1] M. T. Kabbaj, *L'affaire du Sahara occidental*, Tome 2, Rabat, Imprimerie Bidaoui, 2016, p.36.

[2] Entre autres principes mentionnés dans cet article : la non-ingérence dans les affaires intérieures des États ; le respect de la souveraineté et de l'intégrité territoriale de chaque État et de son droit inaliénable à une existence indépendante ; le règlement pacifique des différends, par voie de négociation de médiation, de conciliation ou d'arbitrage.

[3] Benjamin Stora et Akram Ellyas le présente ainsi : « Né à Marrakech en 1925, M'Hamed Boucetta adhère en 1940 aux cellules du parti de l'Istiqlal. Licencié en droit (Paris), il milite dans les rangs de ce parti tout en exerçant la profession d'avocat à Casablanca à partir de 1951. Après l'indépendance, en 1956, il devient directeur de cabinet du ministre des Affaires étrangères, Ahmed Balafrej. Il est ensuite secrétaire d'État adjoint aux Affaires étrangères. Ministre de la Fonction publique et de la Réforme administrative en 1960, puis ministre de la Justice jusqu'en janvier 1963. En mars 1977, il est ministre d'État puis ministre d'État chargé des Affaires étrangères du 10 octobre 1977 au mois de novembre 1983. À cette date, il est

expressément celle du Secrétaire général de l'OUA, Edem Kodjo. À ce dernier, il avait demandé « de surseoir à toute initiative avant que la conférence des Chefs d'État et de gouvernement ne se soit prononcée sur la question préjudicielle d'interprétation de la Charte »[1]. Incisif, il lui rappelait les dispositions de la Charte, en ces termes :

> Monsieur le secrétaire général, la délégation marocaine, ayant appris qu'une demande d'admission de la prétendue « RASD » aurait été déposée au secrétariat général de notre Organisation, estime de son devoir d'attirer votre attention sur les dispositions de l'article 28 de la Charte qui semblent avoir été visées par la demande... Sans m'attarder à contester la procédure suivie et la qualité requise pour présenter une telle demande, je me permets de vous signaler que l'article 28 dispose clairement que pour être admis il faut être un État indépendant et souverain. Cela ne fait d'ailleurs que confirmer les dispositions de l'article 4 de la Charte qui veut que « Tout État africain indépendant et souverain peut devenir membre de l'Organisation ». C'est pourquoi je vous demande de bien vouloir prendre en considération pour vous y conformer les dispositions de l'article 27 qui stipule : « toute décision relative à l'interprétation de la Charte devra être acquise à la majorité des deux tiers des Chefs d'État et de gouvernement des membres de l'Organisation.[2]

Ce rappel du ministre marocain sur l'irréversibilité du respect de la Charte de l'OUA faisait également suite à une controverse juridique qui transparaissait depuis juillet 1978, lors du 15e sommet des Chefs d'État tenu à Khartoum, lors de la présentation du rapport du comité *ad hoc* sur le Sahara (occidental)[3]. Le Maroc y avait marqué sa désappropriation et avait réclamé l'application de l'article 27, étant entendu que l'imaginaire RASD ne remplit ni les conditions

---

nommé ministre d'État dans le gouvernement d'union nationale dirigé par Mohamed Karim Lamrani jusqu'au 3 septembre 1984. Au sein de son parti, l'Istiqlal, M'Hamed Boucetta est membre du Comité politique en 1956, et membre du Comité exécutif en 1963. Le 27 mai 1974, à la mort d'Allal El-Fassi, il est désigné par la direction de l'Istiqlal au secrétariat général, poste qu'il occupe depuis cette date. De tempérament modéré, « diplomate », M'Hamed Boucetta a pris en charge un héritage difficile laissé par une personnalité d'envergure, le leader de l'Istiqlal Allal el Fassi. Patiemment, il œuvre à intégrer son parti aux institutions politiques existantes, même si le vocabulaire du parti ne s'est toujours pas départi des ferveurs du mouvement nationaliste. En mars 1998, à la suite des élections législatives de novembre 1997, l'arrivée aux affaires d'une coalition gouvernementale de gauche emmenée par l'Union socialiste des forces populaires (USFP) d'Abderrahmane Youssoufi place ainsi le parti de M'Hamed Boucetta dans une position inconfortable (...) ». Lire B. Stora et A. Ellyas, « Boucetta M'Hamed : Maroc, homme politique », *Les 100 portes du Maghreb*, 1999, p.195.

[1] M. Bennouna, « L'admission d'un nouveau membre à l'Organisation de l'unité africaine », *Annuaire français de droit international*, volume 26, 1980, pp.193-198.

[2] M'hamed Boucetta, allocution au Conseil des ministres de l'OUA, le 18 juin 1980, repris par M. Bennouna, op. cit.

[3] Le comité *ad hoc* était composé du Mali, de la Guinée, du Soudan, de la Tanzanie et du Nigeria.

prévues par l'article 28, ni ne peut prétendre à la qualité d'État, encore moins aux attributs d'indépendance et de souveraineté qui s'y attachent. À la conférence des Chefs d'État et de gouvernement réunie à Khartoum, le Maroc avait expressément demandé à la conférence de se prononcer sur la question suivante : « la prétendue RASD remplit-elle les conditions requises par l'article 28 pour être admise à l'Organisation de l'unité africaine ? ».[1] Cette question était suffisante pour déclarer irrecevable la demande faite par le Polisario à l'OUA, le 23 juin 1980 et apprise par voie de presse, de reconnaître et d'admettre en son sein l'imaginaire RASD.[2] Alors que cette demande marocaine était encore en instance, la conférence avait été saisie, avec effroi, d'un anti-juridisme rédhibitoire du Secrétaire général de l'OUA. En effet, au terme de la seconde journée (2 juillet 1980), alors que la conférence était dans l'impasse, Edem Kodjo avait annoncé qu'il venait de recevoir, séance tenante, trois nouvelles acceptations (Zimbabwe, Tchad et Mali) du Polisario, faisant passer à vingt-six acceptations, disait-il insidieusement, prévues par « l'article 28 pour l'admission d'un nouveau membre ».[3] Selon lui, des cinquante[4] États indépendants et membres de l'OUA, il fallait une majorité simple de reconnaissance pour acter l'admission de l'imaginaire RASD ; une curiosité juridique puisque la Charte, en son article 28, ne fait aucunement mention d'une admission par acceptation des membres statutaires à la majorité simple. Cet anti-juridisme peut s'interpréter comme un manquement à l'éthique et aux règlements statutaires, et justifierait une influence réelle de l'Algérie, leader des partisans de la RASD, sur ce haut-fonctionnaire, qu'échut la direction des services du secrétariat de l'Organisation (article 16).

Pourtant, avec insistance, le Maroc demandait, compte tenu de l'interprétation problématique d'une disposition de la Charte, que les Chefs d'État et de gouvernement réunis aux deux tiers, puissent se prononcer. Cette demande marocaine avait été vigoureusement appuyée par le Sénégal, la Guinée, le Cameroun, le Zaïre et la Côte d'Ivoire, lesquels menaçaient de quitter la conférence, en guise de protestation en cas de violation de la Charte. Par souci de faire prévaloir la question préjudicielle liée à l'interprétation et de sauver le sommet que son pays abritait, Siaka Stevens, président Sierra léonais qui avait reconnu l'imaginaire RASD le 31 mars 1980, avait également demandé le vote sur la question marocaine, en conformité avec l'article 27 de la Charte.

---

[1] Boucetta, Ibid, p.196.

[2] *Le Monde* du 26 juin 1980, repris par M. Bennouna, op. cit, p.195.

[3] Avant le 17e sommet des chefs d'État, 23 pays africains avaient reconnu l'imaginaire RASD. Il s'agit, par ordre, par ordre chronologique, de : Madagascar ; Burundi ; Algérie ; Bénin ; Angola ; Mozambique ; Guinée-Bissau ; Togo ; Rwanda ; Iles Seychelles ; Congo ; Sao-Tomé-Et-Principe ; Tanzanie ; Éthiopie ; Cap-Vert ; Ghana ; Ouganda ; Lesotho ; Zambie ; Sierra Leone ; Jamahiriya Arabe Libyenne ; Botswana et Swaziland. Selon les propos d'Edem Kodjo en pleine conférence, le Zimbabwe, Tchad et le Mali

[4] Le Zimbabwe est devenu le 50e membre de l'OUA le 17 avril 1980, après son accession à la souveraineté internationale.

Convaincus de ne pas être en mesure de mobiliser les deux tiers, soit trente-quatre États membres, pour faire passer l'admission de la RASD sur la base d'une interprétation inexacte de l'article 28 de la Charte, l'Algérie et ses alliés, pro-Polisario, avaient procédé par dilatoire, obstruant la tenue du vote, jusqu'à la levée de la séance prolongée jusqu'à minuit. Contre mauvaise fortune bon cœur, il a été admis la mise en place d'un petit groupe, autrement appelé groupe de conciliation, constitué du comité *ad hoc* et du président Sierra léonais, chargé de proposer un compromis acceptable. À la clôture du sommet le 4 juillet 1980, le président du Nigeria, Shehu Shagari, avait présenté la proposition en ces termes :

> La conférence des Chefs d'État et de gouvernement de l'Organisation de l'Unité Africaine réunie en sa 17e session ordinaire à Freetown (Sierra Leone) du 1er au 4 juillet 1980, après avoir entendu le rapport de la 3e session du comité *ad hoc* des Chefs d'État et de gouvernement sur le Sahara occidental, considérant les points de vue exprimés par les différentes délégations sur ce rapport,
> **1.** Prend note du rapport de la 3e session du comité *ad hoc* des Chefs d'État et de gouvernement sur le Sahara occidental.
> **2.** Décide de demander au comité, sous la présidence du président en exercice, S. E. Dr Siaka Stevens, de continuer de déployer des efforts afin de réconcilier les parties au conflit et de trouver une solution pacifique et durable à cette question.
> **3.** Se félicite de la volonté du Royaume du Maroc d'entamer des discussions avec toutes les parties concernées et de participer pleinement aux travaux du comité *ad hoc*.
> **4.** Décide que le comité *ad hoc* doit se réunir à Freetown dans les trois prochains mois.[1]

A ce moment, le Premier ministre marocain et chef de la délégation présente à Freetown, Maati Bouabid, avait rappelé à la conférence, les responsabilités qui sont les siennes en matière d'obligation procédurale. S'adressant aux quatorze Chefs d'État et aux huit chefs de gouvernement participant à ce sommet ordinaire, il disait que : « si l'honorable assemblée retenait la proposition de renvoyer toute la question, y compris la demande d'admission, au comité des sages, il doit être établi clairement et enregistré par le secrétariat qu'aucune mesure administrative, politique ou autre ne peut être adoptée au sujet de l'admission tant que le comité n'aura pas terminé ses travaux ». Cela semble n'avoir pas été pris en compte, l'instance panafricaine ayant été affaiblie par les dynamiques d'instrumentalisation des héritages coloniaux ainsi que les clivages idéologiques.[2]

---

[1] Shehu Shagari, cité par M. Bennouna, « L'admission d'un nouveau membre à l'Organisation de l'Unité africaine », *Annuaire français de droit international*, volume 26, 1980, pp.197-198.
[2] En guise de compléments sur le fonctionnement et les clivages au sein de l'OUA, lire G. Padmore, *Panafricanisme ou communisme ? La prochaine lutte pour l'Afrique*, Paris, présence

Cet imbroglio juridico-politique et idéologique a lourdement hypothéqué la capacité de l'OUA à relever les défis du panafricanisme. Les sommets des Chefs d'État et de gouvernement suivants n'ont pas été moins agités au regard de la tentative de passage en force d'un mouvement soutenu par Algérie. Le 18e sommet tenu à Nairobi, du 24 au 27 juin 1981, n'avait pu qu'instituer le « Comité de mise en œuvre » du référendum, sans pour autant se préoccuper de la question de fond, d'ordre juridique, soulevée au sommet précédent. Cette tendance au dilatoire a factionné l'OUA entre défenseurs de la Charte de l'OUA, réunis autour du Maroc, et les pro-Polisario, partisans du viol de la Charte, réunis autour de l'Algérie. En 1982, deux sommets (5 au 8 août et 26 novembre) prévus à Tripoli avaient été boycottés, certes officiellement pour quorum non atteint, mais réellement à cause de l'admission de la RASD comme 51e membre de l'organisation. Cela s'est poursuivi par la prise de siège, lors du 20e sommet d'Addis-Abeba (12-15 novembre 1984), de la RASD. Révulsée, la délégation marocaine présente à ce sommet, constituée de 140 membres dont un grand nombre de Marocains originaires du Sud, avait fait le choix de quitter l'*Africa Hall.* Bien avant, le chef de la délégation marocaine, le conseiller royal Ahmed Reda Guedira, avait lu le discours royal adressé au sommet, dans un ton calme et ferme :

> L'Organisation de l'Unité Africaine est en violation du quatrième chapitre de sa Charte. Cela constitue une faute grave et les conséquences resteront imprévisibles pendant longtemps. Nous, Chefs d'États, politiciens, avons reçu de nos peuples un mandat fondamental, et notre mission est l'exercice d'une politique interne ou externe. Cette politique devrait être fondée sur une base ferme et inviolable, un respect permanent de la légalité… Maintenant, nous ne pouvons que vous souhaiter bonne chance avec votre nouveau partenaire, qui devra essentiellement combler le vide que le Maroc laissera, au niveau de l'originalité, de la crédibilité et du respect de l'Afrique et du monde… Il viendra un jour où l'histoire rétablira les choses à la normale. Dans l'intervalle, certains d'entre nous - et c'est une réalité douloureuse - peuvent assumer des responsabilités loin de toute rationalité.

Solidaire à cette action, le ministre zaïrois des affaires étrangères leur emboîtera le pas, accusant l'OUA d'accueillir en son sein « un État fantôme et de violer ainsi la Charte de l'Organisation ». Il en sera ainsi jusqu'au 31 janvier 2017, date de retour du Maroc à l'Union Africaine[1], matérialisé par un

---

africaine, 1960 ; David Sinou, « Le phénomène des groupes à l'OUA : fondement, dynamique et incidence (1963-1983) », Thèse pour le Doctorat de 3e cycle en Relations Internationales, IRIC, Yaoundé, 1987 ; M. Kamto (dir.), *L'OUA : Rétrospectives et perspectives africaines*, Paris, Economica, 1990 ; A. Bourgi, « Voyage à l'intérieur de l'OUA », *Politique étrangère*, n°4, 63e année, 1998, pp.779-794.

[1] A. Z. Tamekamta et L. Bellalij, « Rendre le Conseil de paix et de sécurité de l'UA efficace, Les enjeux du mandat marocain (2018-2020) », Note d'enquête et de recherche, n°02, 14

discours historique du Roi Mohammed VI au 28e sommet de l'Union Africaine à Addis-Abeba, lorsqu'il déclarait :

> Il est beau, le jour où l'on rentre chez soi, après une trop longue absence ! Il est beau, le jour où l'on porte son cœur vers le foyer aimé ! L'Afrique est mon continent et ma maison [...]. Le retrait de l'OUA était nécessaire : il a permis de recentrer l'action du Maroc dans le continent, de mettre aussi en évidence combien l'Afrique est indispensable au Maroc, combien le Maroc est indispensable à l'Afrique.

De l'avis des officiels marocains, le retour à l'Union Africaine (UA) ne vise aucunement à résoudre la question du Sahara marocain. Car, constatant l'inefficacité et la partialité de l'UA, elle avait été dessaisie de la question depuis 1991, au profit du Conseil de sécurité de l'ONU, qui agit sous le chapitre 6 (règlement pacifique des différends) de sa Charte. Depuis lors, elle n'avait plus inscrit la question dans son agenda, jusqu'à l'arrivée de Nkosazana Dlamini-Zuma à la présidence de la Commission de l'UA, en 2012, soldée par des prises de position hostiles au Maroc. Pour le Maroc et ses partenaires, l'admission de la RASD au sein de l'OUA a été une triple trahison : trahison des articles 4, 27 et 28 de la Charte de l'OUA ; trahison contre le Maroc, un État pionnier de l'OUA et trahison vis-à-vis de l'Afrique, par obstruction de sa marche vers l'unité. Ainsi, le différend sur le Sahara marocain aura donc été une pilule amère qui a durablement divisé l'institution panafricaine. Ceci explique, d'une part, les jeux d'intérêts de certains États membres, et d'autre part, le dysfonctionnement de certains organes.

III. Perspectives géopolitiques du différend au-delà de l'Union Africaine

S'il est évident que les mécanismes d'arbitrage, de gestion et de médiation de l'OUA/UA ayant existé n'ont pas pu résoudre impartialement le différend autour du Sahara, il l'est davantage au regard des enjeux géopolitiques souvent divergents. Il en est résulté un dessaisissement de l'Union Africaine de cette affaire, au profit de l'ONU.

A. Analyse critique des instruments d'arbitrage et de médiation de l'OUA/UA

À la création de l'Organisation de l'Unité Africaine le 25 mai 1963, le volet politique avait été priorisé sans que la prévention, la médiation et la gestion des conflits ne soient omises (Chapitre 19 de la Charte de l'OUA). Le

septembre 2018, CARPADD (Montréal), 14 pages, consultable et téléchargeable sur *https://www.carpadd.com/wp-content/uploads/2018/09/NER-n%C2%B002-14.09.2018_TAMEKAMTA-BELLALIJ.pdf*

protocole y relatif, adopté le 21 juillet 1964 au Caire, était secondé en matière d'intervention, par la Commission (spécialisée) de la défense (Chapitre 20). Cette Commission avait été mandatée pour relever les défis du continent en matière de paix et de sécurité. Jusqu'au début des années 1980, l'application du protocole a été contrariée par l'hétérogénéité sociojuridique entre États arabes (au Nord du Sahara) et États de l'Afrique subsaharienne. Les complexités procédurales et diplomatiques qui en ont découlé, de grande ampleur, ont réduit l'efficacité du système juridique africain de règlement des contentieux interétatiques. Car, l'intuition et l'affectivité, expressions des usages et traditions d'un peuple, ont souvent emporté sur la règle de droit[1]. En conséquence, plusieurs pays d'Afrique du Nord avaient préféré convoquer, non pas les auspices de la Commission, mais plutôt des médiations arabes extra-africaines. La tentative de médiation de la Syrie et de l'Irak à propos du conflit algéro-marocain de 1963, s'inscrit dans ce cadre. Il en est de même de celle de l'Arabie Saoudite à propos du Sahara marocain en 1977 ou celle de la Ligue arabe à la demande du Roi Hassan II[2], n'ayant pas connu de succès à cause de la méfiance entre ses membres et des soupçons de partialité. Toutefois, il est à noter que c'est la commission *ad hoc* de l'OUA (composée entre autres de Haïlé Sélassié et Modibo Keita) qui a réussi à obtenir des deux parties, un accord de cessez-le-feu. Par la suite, les accords d'Ifrane et de Tlemcen, fruit des négociations bilatérales (directes entre le Maroc et l'Algérie), sans doute favorisées par le changement à la tête de l'Algérie, avaient abouti à un dénouement.

En définitive, plutôt que de connaître une existence réelle ou fonctionnelle, cette Commission s'est mué, insidieusement, en plusieurs commissions *ad hoc*, opportunément créées pour des conflits et crises ponctuels[3]. En conséquence, l'efficacité fonctionnelle et opérationnelle -escomptée- de la Commission, attribuée aux Chefs d'État qui en étaient des garants dans la prise des décisions et le contrôle des actions, avait été inhibée par l'absence de volonté politique[4].

---

[1]Pour un aperçu global sur les modalités de conception et d'application du droit international africain, lire J.-M. Bipoum Woum, *Le droit international africain*, Paris, LG D J, 1970.

[2] P. Vellas, « La révision des procédures de règlement des conflits dans le cadre de l'Organisation de l'unité africaine », p. 158, http://rbdi.bruylant.be/public/modele/rbdi/content.

[3] C'est l'exemple de la médiation de Julius Nyerere à propos du conflit Soudan-Égypte (décembre 1965) ; de la médiation de Marien Ngouabi et Mobutu à propos du conflit frontalier Gabon-Guinée Équatoriale (1972) ; de la médiation de Sékou Touré à propos du conflit frontalier Haute-Volta-Mali (juillet 1975) ; de la médiation d'Eyadema et Jawara à propos du conflit Côte d'Ivoire et Sénégal-Guinée-Conakry (mars 1978) etc. Lire en compléments Hassatou Baldé, « Le bilan de l'OUA dans le domaine du maintien de la paix et de la sécurité en Afrique », février 2003, publication du GEPSI (Groupe d'étude des questions de paix et de sécurité internationales), consultable sur http://www.ridi.org/gnu/rap/20030213.pdf.

[4] Ceci s'est manifesté par plusieurs écueils : l'élection, par la conférence des chefs d'État, des 21 membres de la première Commission (prévue pour 1965), s'est étalé jusqu'en 1970 ; la violation de l'immunité diplomatique reconnue aux membres de la Commission, notamment

À la fin de la guerre froide (1990), l'expérimentation africaine des nouveaux idéaux politiques (notamment la démocratie pluraliste) a démultiplié les foyers de tensions et accru les conflits ouverts (République Démocratique du Congo, Libéria, Soudan, République du Congo etc.). En même temps, on a assisté, implicitement, au désintéressement et au désengagement des Nations Unies en Afrique, bien que 60% des efforts onusiens soient orientés vers l'Afrique[1]. Face à l'appauvrissement structurel de l'OUA en matière de prévention et de gestion des conflits et en sus des changements opérés au début de la décennie 1990, le 29e sommet des Chefs d'État de l'OUA avait adopté, le 30 juin 1993, la *Déclaration du Caire*. Celle-ci créait le Mécanisme de prévention, de résolution et de règlement des conflits dont l'objectif était la prévention et la consolidation de la paix (par l'action diplomatique et les négociations) ; la mention concernant les opérations de maintien de la paix[2] n'étant faite que subrepticement. Deux outils avaient été mis en place pour l'efficience du mécanisme : l'un financier (le Fonds spécial pour la paix) et l'autre opérationnel (le Centre de gestion des conflits)[3]. À l'analyse, seul le Fonds spécial pour la paix (6% du budget annuel de l'OUA) était susceptible de garantir l'efficacité du Mécanisme. Or, en 1998, seulement neufs pays africains avaient contribué au Fonds (soit un montant total de 1,4 millions de dollars US).[4] À la même période, les contributions des États non africains s'élevaient à 18,2 millions de dollars (dont 16 millions provenant des pays occidentaux)[5]. Aussi, le Mécanisme/Déclaration du Caire s'est-il avéré inefficace parce que peu contraignant juridiquement, mal articulé[6] et mal adapté aux conflits complexes (Rwanda en 1994).

---

par les autorités ghanéennes et la sierra léonaises ; le refus par les chefs d'État de soumettre des affaires à la Commission etc.

[1] Selon El Ghassim Wane, directeur du département paix et sécurité de l'UA, 37% des conflits mondiaux se déroulait en terre africaine en 2007. Lire El Ghassim Wane, « Les développements institutionnels de l'UA en matière de paix et de sécurité », intervention au séminaire n° 1 organisé par le GCPS, la DCSD, l'OIF et la DAS sur le thème « Les défis politiques et opérationnels de la paix en Afrique », Addis-Abeba, 29-30 octobre 2012.

[2] L'échec de l'intervention de l'OUA au Tchad en 1981 pourrait expliquer ce désintérêt.

[3] Le Centre de gestion des conflits, avec siège à Addis-Abeba, avait été créé en 1996 ; soit trois ans avant l'idée de la réforme structurelle de l'OUA émise à Syrte en 1999. Ce Centre était doté d'une section d'alerte précoce dont la mission était de collecter tous les signes susceptibles de générer ou d'aggraver un conflit sur le continent.

[4] A. Z. Tamekamta, « L'Architecture de paix et de sécurité de l'Union africaine (APSA) : articulations et enjeux de la gouvernance sécuritaire au XXIe siècle », *Note d'Analyses Politiques*, n° 24, *Thinking Africa* (Abidjan), janvier 2015, pp.2-3.

[5] H. Baldé, « Les mécanismes de prévention, de gestion et de règlements des conflits des organisations africaines », *Actualité et Droit International*, août 2001, p.5, (consultable sur www.ridi.org/adi).

[6] L'Organe central (composé de quinze membres), dispositif de mise en exécution du Mécanisme, agissant à trois niveaux (ambassadeurs, ministres et chefs d'État), n'était assorti d'aucun critère clair de d'élection ou d'admission.

Plusieurs décennies après, il est urgent de questionner la légitimité et l'efficacité de la subsidiarité de la Commission de médiation, de conciliation et d'arbitrage de l'OUA ainsi que d'autres mécanismes qui lui ont survécu. Traditionnellement, plusieurs mécanismes de résolution des conflits peuvent être répertoriés au rang desquels le règlement pacifique (ou mécanisme non coercitif) et l'emploi de la force (ou mécanisme coercitif)[1]. L'Article 4 (e) de l'Acte constitutif de l'UA privilégie « le règlement pacifique des conflits entre les États membres de l'Union par les moyens appropriés qui peuvent être décidés par la conférence de l'Union ». Ainsi, dans ce registre, la médiation, les bons offices[2], la conciliation, les enquêtes (mécanismes non juridictionnels), l'arbitrage et la mise en place d'une juridiction permanente (mécanismes juridictionnels) ont été, tacitement admis comme supports du règlement des crises. La subsidiarité est le principe par lequel l'initiative de la conduite des opérations est laissée à l'organisation plus habile[3]. Dans son libellé juridique singulier, la subsidiarité exclut la subordination des organisations régionales à l'organisation mondiale, mais plutôt la complémentarité (chapitre VIII, articles 52, 53 et 54 de la Charte de l'ONU).

B. Le dessaisissement du différend au profit de l'ONU

Aux prémices du différend en 1976, l'OUA avait été saisie, sans pour autant parvenir à trouver une solution juste et acceptable. L'admission de la RASD au sein de l'OUA/UA en 1984 suscite encore des critiques. Pour le Maroc et plusieurs pays africains, la RASD ne présente aucun des attributs d'un véritable État. Car, elle est une entité non-étatique et non souveraine, qui a été admise à l'OUA en violation de sa propre Charte, notamment l'article 28. De ce point de vue, l'OUA et l'Union africaine se sont disqualifiées pour gérer ce dossier parce qu'elle ne peut se prévaloir d'être juge et partie. Bien plus, l'Union Africaine s'arc-boute sur l'organisation d'un référendum pour l'autodétermination du peuple du « Sahara occidental » alors que l'ONU priorise une solution politique juste, durable et mutuellement acceptable, basée sur le compromis, qui permette l'autodétermination du peuple du Sahara occidental dans le cadre d'arrangements conformes aux buts et principes énoncés dans la Charte des Nations Unies.

Depuis 2004, d'ailleurs, le Conseil de sécurité appelle régulièrement "les parties et les États de la région à continuer de coopérer pleinement avec l'ONU pour mettre fin à l'impasse actuelle et progresser vers une solution politique, et notant le rôle et les responsabilités dévolus aux parties à cet égard. En réponse à cet appel de la communauté internationale, le Royaume du Maroc

---

[1] Les sanctions (gel des avoirs, embargo) et les opérations de maintien de la paix (OMP) font partie de cette catégorie de mécanismes de résolutions des conflits.

[2] La médiation et les bons offices ont été codifiés par les Conventions de la Haye de 1899 et 1907.

[3]Lire D. Bangoura (Dir.), *L'Union Africaine face aux enjeux de paix, de sécurité et de défense*, Paris, L'Harmattan, 2003.

s'est inscrit dans une dynamique positive et constructive, en s'engageant à soumettre une initiative pour la négociation d'un statut d'autonomie de la région du Sahara, dans le cadre de la souveraineté du Royaume et de son unité nationale. Autrement dit, le Maroc propose l'autonomie grâce à laquelle les populations géreront elles-mêmes et démocratiquement leurs affaires à travers les organes législatif, exécutif et judiciaire dotés de compétences exclusives. Depuis 2004 donc, l'UA s'est auto-dessaisie du dossier du Sahara, préférant apporter un soutien efficace aux efforts conduits par les Nations Unies, seule instance habilitée à gérer cette affaire. Depuis quelques années, on assiste à l'ajustement progressif du langage des rapports du CPS et de la Commission et le changement d'approche de l'UA[1]. Ceci va aboutir, lors de la 31e session ordinaire de la Conférence de l'Union tenue les 1er et 2 juillet 2018 à Nouakchott (Mauritanie), à la création de la Troïka de l'UA, comprenant les présidents sortant, en exercice et entrant de l'UA, ainsi que le président de la Commission. Il est attendu de la Troïka, d'apporter un soutien efficace aux efforts conduits par les Nation unies, et ce en encourageant les parties à faire preuve de flexibilité, en mobilisant un appui, aussi large que possible, aux efforts que mènent les Nations Unies, et en réfléchissant, en étroite consultation avec les Nations Unies, sur le contenu du compromis souhaité. De même, la Conférence avait explicitement décidé « que la question du Sahara occidental ne sera abordée que dans ce cadre et à ce niveau ». Cela suppose une dessaisie pure et simple du Conseil de paix et de sécurité de l'UA.

Conclusion :

Près de 60 ans après les indépendances, les pays d'Afrique ont engagé des petits pas vers une intégration. Entre l'Organisation de l'Unité Africaine (OUA) et l'Union Africaine (UA), des progrès louables ont été enregistrés sur le plan structurel et juridique. Toutefois, sur les plans politique, économique et social, la quasi-totalité des attentes reste vaine. L'OUA et l'UA sont demeurées des structures à faible ancrage populaire, se réduisant souvent aux sommets des Chefs d'État et de gouvernement et aux grandes annonces sans effet concret.

Somme toute, en 2023, les zones grises se sont multipliées avec la montée exponentielle des zones de tensions (Tchad, Centrafrique, Cameroun, Burundi, Congo-Brazzaville, RDC, etc.) et de l'islamisme au/autour du Sahel (notamment Boko Haram) ou l'inflation de la piraterie maritime[2] et du terrorisme international. Car, les indicateurs politiques, sociaux et

---

[1] M. Loulichki, « La position de l'Union africaine sur la question du Sahara : le début d'un changement », *Policy Brief*, PB-19/10, mars 2019, p.4.

[2] A. Z. Tamekamta, « Le golfe de Guinée : inflation criminelle et stratégies institutionnelles », *Note de recherche* (NDR) nº 20, Thinking Africa (Abidjan), 29 juin 2015, consultable sur http://www.thinkingafrica.org/V2/golfe-de-guinee-inflation-criminelle-et-strategies-institutionnelles/

économiques nécessaires à l'évaluation de la stabilité telle qu'énoncée par le *Fund for Peace* et le *Foreign Policy* sont nuls en Afrique. En conséquence, le continent offre un mélange de facteurs et acteurs structurant de la conflictualité. Bon projet juridique, l'OUA ou l'UA s'est avérée être un mauvais compromis politique. Elle a souvent cédé aux caprices de certains États membres et son instrumentalisation par d'autres, en admettant des contradictions liées à l'absence de sa propre conception du principe de l'autodétermination. Saisie en 1976 au début du différend autour du Sahara, l'OUA/UA n'a pas, de l'avis de plusieurs analystes, dit le droit conformément à sa propre Charte. Dessaisie de cette affaire, elle doit se contenter d'apporter un soutien aux efforts conduits par les Nation Unies, seule instance habilitée et manifestant sa volonté d'aider les parties à parvenir à une solution politique juste, durable et mutuellement acceptable, basée sur le compromis.

Bibliographie :

- Baldé H., « Le bilan de l'OUA dans le domaine du maintien de la paix et de la sécurité en Afrique », février 2003, publication du GEPSI (Groupe d'étude des questions de paix et de sécurité internationales), consultable sur http://www.ridi.org/gnu/rap/20030213.pdf.
- Baldé H., « Les mécanismes de prévention, de gestion et de règlements des conflits des organisations africaines », *Actualité et Droit International*, août 2001, (consultable sur www.ridi.org/adi).
- Bangoura D. (Dir.), *L'Union Africaine face aux enjeux de paix, de sécurité et de défense*, Paris, L'Harmattan, 2003.
- Barbier M., « L'avenir du Sahara espagnol », *Politique étrangère*, n°4, 1975, 40e année, pp. 353-380.
- Bennouna M., « L'admission d'un nouveau membre à l'Organisation de l'unité africaine », *Annuaire français de droit international*, volume 26, 1980, pp.193-198.
- Bipoum Woum J.-M., *Le droit international africain*, Paris, LG D J, 1970.
- Bourgi A., « Voyage à l'intérieur de l'OUA », *Politique étrangère*, n°4, 63e année, 1998, pp.779-794.
- De La Serre F., « Les revendications marocaines sur la Mauritanie », *Revue française de science politique,* n° 16 (2), avril 1966, pp. 320-331.
- De Laubadère A., « Le statut international du Maroc depuis 1955 », *Annuaire français de droit international*, volume 2, 1956. pp.122-149.
- Ekong A. P., *El Proceso de Descolonización de Guinea Ecuatorial,* Madrid, Star Ibérica, 2010.
- El Ghassim Wane, « Les développements institutionnels de l'UA en matière de paix et de sécurité », intervention au séminaire n° 1 organisé par le GCPS, la DCSD, l'OIF et la DAS sur le thème « Les défis politiques et opérationnels de la paix en Afrique », Addis-Abeba, 29-30 octobre 2012.
- Kabbaj M. T., *L'affaire du Sahara occidental*, Tome 2, Rabat, Imprimerie Bidaoui, 2016.
- Kamto M. (Dir.), *L'OUA : Rétrospectives et perspectives africaines*, Paris, Economica, 1990.
- Loulichki M., « La position de l'Union africaine sur la question du Sahara : le début d'un changement », *Policy Brief*, PB-19/10, mars 2019, p.4.
- Mbembe A., *Brutalisme*, Paris, La Découverte, 2020.

- Padmore G., *Panafricanisme ou communisme ? La prochaine lutte pour l'Afrique*, Paris, présence africaine, 1960.
- Pélissier P., « Quelques notes sur Fernando Po », *Les Cahiers d'Outre-Mer*, Année 1952, n° 5-18, pp.175-178.
- Rodríguez Esteban J. A. et Diego A., Barrado T., « Le processus d'urbanisation dans le Sahara espagnol (1884-1975). Une composante essentielle du projet colonial », *Les Cahiers d'EMAM*, 24-25, 2015, mis en ligne le 17 mars 2015, consulté le 09 novembre 2019.
- Sinou D., « Le phénomène des groupes à l'OUA : fondement, dynamique et incidence (1963-1983) », Thèse pour le Doctorat de 3e cycle en Relations Internationales, IRIC, Yaoundé, 1987.
- Stora B. et Ellyas A., « Boucetta M'Hamed : Maroc, homme politique », *Les 100 portes du Maghreb*, 1999.
- Tamekamta Z. A. et Bellalij L., « Rendre le Conseil de paix et de sécurité de l'UA efficace, Les enjeux du mandat marocain (2018-2020) », *Note d'enquête et de recherche*, n°02, 14 septembre 2018, CARPADD (Montréal), 14 pages, consultable et téléchargeable sur https://www.carpadd.com/wp-content/uploads/2018/09/NER-n%C2%B002-14.09.2018_TAMEKAMTA-BELLALIJ.pdf.
- Tamekamta Z. A., « L'Architecture de paix et de sécurité de l'Union africaine (APSA) : articulations et enjeux de la gouvernance sécuritaire au XXIe siècle », *Note d'Analyses Politiques*, n° 24, *Thinking Africa* (Abidjan), janvier 2015, pp.2-3.
- Tamekamta Z. A., « Les fondements économiques et culturels des crises sociopolitiques en zone CEMAC (1960-2010) », Thèse pour le Doctorat Ph/D en Histoire des relations internationales, Université de Yaoundé I, (10 novembre) 2016, pp.162-163.
- Tamekamta Z. A., « Le Golfe de Guinée : inflation criminelle et stratégies institutionnelles», *Note de recherche* (NDR) n° 20, Thinking Africa (Abidjan), 29 juin 2015, consultable sur http://www.thinkingafrica.org/V2/golfe-de-guinee-inflation-criminelle-et-strategies-institutionnelles/
- Vellas P., « La révision des procédures de règlement des conflits dans le cadre de l'Organisation de l'unité africaine », p. 158, http://rbdi.bruylant.be/public/modele/rbdi/content.

Chapitre 2 :

L'Union Africaine face à la problématique de la récurrence des coups d'État en Afrique : Les cas du Mali, du Burkina-Faso et de la Guinée (2020-2022)

Habiba Germaine Yaya[1]

Introduction :

Inauguré par le Togo avec l'assassinat du président Sylvanus Olympio le 13 janvier 1963, le phénomène du coup d'État militaire s'est rapidement répandu dans toute l'Afrique indépendante. En effet, au lendemain de leur accession à l'indépendance survenue pour la plupart autour des années 1960, les États africains ont très vite fait volte-face aux mécanismes d'organisation et d'exercice démocratiques du pouvoir politique. Ils ont mis sous le boisseau les préceptes démocratiques du jeu de la conquête et du transfert pacifiques du pouvoir d'État. Dans ce contexte où la référence à la démocratie et ses principes traditionnels qui le caractérisent en occident relevaient de l'exception, les munitions se sont substituées aux bulletins de vote pour faire basculer les gouvernements. Par conséquent, le mode par excellence de dévolution du pouvoir était la force et le coup d'État, la technique la plus usitée. Sans ambages, G. Conac a écrit que *« les relèves au pouvoir ont été plus fréquentes par coups d'État et révolutions que par transfert de pouvoir pacifique »*[2]. Des années 1964-1965 jusqu'à la fin des années 1980, les coups d'État militaires ont endeuillé le continent noir. La plupart des chefs d'État accédaient au pouvoir à la faveur du crépitement des armes. Une fois au pouvoir, ils instaurent des régimes monolithiques fortement militarisés et empreints de logiques autoritaires par crainte de *« se faire mesurer de la mesure dont ils s'étaient servis »*[3]. L'Afrique, depuis son indépendance, a connu des dizaines de coups d'État militaire avec des conséquences désastreuses sur le développement du continent. Ainsi, dans le souci de préserver la paix, la sécurité, la stabilité et le développement du continent ; l'Union Africaine (UA) a pris des mesures pour réduire la problématique de la récurrence des coups d'État en Afrique. Néanmoins, force est de constater que

---

[1] Université de Yaoundé I, Cameroun. yayahabiba2@gmail.com.

[2] G. Conac, « Portrait du chef d'État », *Les pouvoirs africains, Revue Pouvoirs*, n° 25, 1983, p. 123.

[3] Évangile selon Saint Luc chapitre 6 verset 38, *in fine* « *(...) car on vous mesurera avec la mesure dont vous vous serez servis* », *La Bible en français courant*, Nouvelle édition révisée en 1997.

cela est toujours un défi à relever, notamment les cas récents du Mali, du Burkina Faso et de la Guinée Conakry en 2020-2022.

I. L'Union Africaine face à la problématique de récurrence des coups d'État en Afrique

Depuis sa création en 2002, l'Union Africaine a pour principaux objectifs de promouvoir la paix, la sécurité et le développement sur le continent. Elle s'est engagée à garantir la stabilité politique dans la région et à lutter contre la récurrence des coups d'État. Pour atteindre ces objectifs, elle a mis en place plusieurs mécanismes dont le Plan d'Action pour la prévention et la gestion des conflits (PAP), la Charte Africaine de la Démocratie, des Élections et de la Gouvernance (CADEG) et la mission de l'UA pour la paix et la sécurité en Afrique. Cependant, malgré tous ces mécanismes, le continent continue d'être confronté au phénomène des coups d'État militaires. Les cas récents du Mali, du Burkina Faso et de la Guinée Conakry en 2020-2022 ont montré les limites de ces mécanismes de l'UA.

L'Union Africaine a mis en place plusieurs initiatives et mécanismes pour lutter contre cette problématique. Voici quelques-uns des efforts récents de l'Union Africaine pour aborder cette question :

- La Charte africaine de la démocratie, des élections et de la gouvernance : Ce document adopté en 2007 vise à promouvoir et à protéger la démocratie et les droits de l'homme en Afrique. La Charte établit des normes minimales pour les élections, l'alternance pacifique au pouvoir, la transparence et la responsabilisation des gouvernants.
- La Déclaration sur la fin des conflits en Afrique : Adoptée en 2013, cette déclaration appelle les États membres à prendre des mesures pour prévenir, gérer et résoudre les conflits, y compris les coups d'état.
- Le Protocole de Lomé sur les sanctions contre les coups d'état : Adopté en 2000 puis révisé en 2014, ce protocole prévoit des sanctions à l'encontre des auteurs de coups d'État et de leurs soutiens, telles que des interdictions de voyager, des gels d'avoir ou des restrictions commerciales.
- La mise en place de mécanismes d'alerte précoce et de prévention des conflits : L'Union Africaine dispose de plusieurs mécanismes pour identifier et prévenir les conflits, tels que l'Observatoire de la gouvernance, le Réseau des femmes médiatrices et l'Institut pour la paix et la sécurité.

Il convient également de noter que les dirigeants africains ont récemment pris des mesures pour lutter contre les coups d'État, comme la suspension de la Guinée après le coup d'État de septembre 2021. Toutefois, le succès de ces initiatives dépendra en fin de compte de la volonté politique et de l'engagement des États membres de l'Union Africaine à respecter les normes et les principes démocratiques.

II. Étude de quelques coups d'États récurrents en Afrique : les cas du Mali, du Burkina -Faso et la Guinée Conakry (2020-2022)

Mali (août 2020 et mai 2021), Guinée Conakry (septembre 2021), Burkina Faso (janvier 2022) ... en moins de deux ans, quatre Présidents ouest-africains ont été renversés par des militaires. En février 2022, une tentative de coup d'État se solde par un échec en Guinée-Bissau. L'effet domino est presque évident, les raisons conjoncturelles et profondes le sont moins, mais sont bien là, derrière ces *remakes* qui virent au phénomène.

A. Le cas du Mali

Le Mali a connu deux coups d'état militaire en moins d'un an (en août 2020 et en mai 2021), avec des conséquences désastreuses sur la stabilité politique et la sécurité du pays. Le premier coup d'État a été perpétré par le colonel Assimi Goïta, qui a déposé le président élu Ibrahim Boubacar Keita. Le deuxième coup d'État a eu lieu quelques mois après l'investiture du nouveau président élu, Bah Ndaw, et de son Premier ministre, Moctar Ouane. Le colonel Assimi Goïta, leader de la junte, a justifié son coup d'État en accusant les autorités civiles de corruption et d'incompétence. Ces coups d'État ont eu des conséquences non seulement sur le plan politique, mais aussi sur les plans économique et social. Les partenaires internationaux du Mali, y compris l'UA, ont suspendu leur aide au pays, ce qui a aggravé la situation déjà complexe.
Le Mali est un pays qui a été marqué par plusieurs coups d'État dans son histoire récente. Le dernier en date a eu lieu en août 2020, qui a renversé le président Bah N'Daw et son Premier ministre Moctar Ouane. Cette situation a suscité des inquiétudes quant à la récurrence des coups d'État en Afrique et la nécessité de trouver des solutions à cette problématique.
Le Mali est un pays important pour la stabilité de la région du Sahel et de l'Afrique de l'Ouest. Les instabilités politiques et les conflits qui se déroulent dans ce pays ont des retombées importantes sur l'ensemble de la région ainsi que sur les efforts de développement et de sécurité.
Pour surmonter ces défis, il est important que le Mali s'engage fermement à respecter les normes et les principes démocratiques. Cela implique la mise en place d'institutions robustes et fiables, capables de gérer une transition politique pacifique et transparente. Des élections libres, équitables et crédibles doivent être organisées à intervalles réguliers pour permettre aux citoyens de choisir librement leurs dirigeants et de se prononcer sur la gestion des affaires de l'État.
L'Union Africaine a un rôle important à jouer dans cette transition politique et la gestion des risques de coups d'État au Mali en collaborant avec les autorités maliennes, les acteurs régionaux et les partenaires internationaux pour trouver des solutions aux défis politiques, sociaux et sécuritaires auxquels le pays est confronté. Des initiatives telles que le dialogue politique et la coopération

régionale sont importantes pour rétablir la stabilité dans la région du Sahel et contribuer à promouvoir le développement durable.

B. Le cas du Burkina Faso

Le Burkina Faso a également connu un coup d'état militaire en mai 2021 lorsque des militaires de l'ex-régiment de sécurité présidentielle ont renversé le gouvernement de transition en place depuis 2020. Le coup d'État est intervenu dans un contexte d'insécurité persistante avec la menace terroriste et la production illégale d'or. Les forces de sécurité et de défense burkinabés sont confrontées à des attaques répétées de groupes terroristes au Nord et à l'Est du pays.

Le Burkina Faso a également été confronté à des coups d'État lors de son histoire politique récente. Le dernier coup d'État a eu lieu en septembre 2015, qui a renversé le gouvernement de transition mis en place à la suite de la chute de l'ancien président Blaise Compaoré en 2014.

La récurrence des coups d'État au Burkina Faso s'explique en partie par la faiblesse de ses institutions démocratiques. Les élections ont souvent été contestées et ont souvent été marquées par des accusations de fraude électorale. Le manque de confiance dans les institutions électorales créé une atmosphère de tension et de méfiance entre les différents acteurs politiques du pays.

Pour faire face à cette problématique, le Burkina Faso doit renforcer ses institutions démocratiques en garantissant la transparence et l'équité des élections. Les différents acteurs politiques doivent s'engager à respecter les résultats des élections et travailler ensemble pour promouvoir la sécurité, la stabilité et la prospérité de leur pays. Il est également important que les autorités burkinabés maintiennent un dialogue ouvert et transparent avec l'Union africaine et les partenaires internationaux pour trouver des solutions durables aux défis socio-économiques et sécuritaires auxquels le pays est confronté.

Une autre solution consiste à renforcer la participation de la société civile et des groupes de femmes et de jeunes afin de garantir la participation active des citoyens dans le processus politique. Cela peut aider à renforcer la gouvernance participative et offrir des solutions innovantes pour résoudre les problèmes qui affectent le Burkina Faso.

C. Le cas de la Guinée Conakry

En Guinée Conakry, un coup d'État a également été perpétré par les forces spéciales du colonel Mamady Doumbouya en septembre 2021. Il a déposé le président Alpha Condé, élu démocratiquement en 2015. Le colonel Doumbouya a expliqué que son coup d'État était une réponse à la "mauvaise gouvernance" du président Condé.

La Guinée Conakry est une nation d'Afrique de l'Ouest qui a été marquée par la récurrence des coups d'État. Depuis son accession à l'indépendance en 1958,

la Guinée a été la proie de plusieurs coups de force militaires qui ont entraîné l'instabilité politique, économique et sociale du pays.
Le premier coup d'État en Guinée est survenu en 1984, lorsque les militaires ont renversé le président Ahmed Sékou Touré. Ce coup d'État a mis fin à une dictature de plus de 25 ans et a ouvert la voie à une nouvelle ère politique en Guinée.
En 2008, la Guinée a connu un autre coup d'État militaire, lorsque le capitaine Moussa Dadis Camara a renversé le président Lansana Conté, qui était au pouvoir depuis 1984. Ce coup d'État a été condamné par la communauté internationale et a entraîné des sanctions économiques et politiques contre la Guinée.
En 2009, l'armée guinéenne a également été impliquée dans une répression sanglante contre des manifestants civils qui protestaient contre la junte militaire au pouvoir. Cette répression a fait au moins 157 morts selon l'Organisation des Nations Unies.
En 2021, la Guinée a connu son troisième coup d'État militaire lorsque le président Alpha Condé a été renversé par des soldats. Ce nouveau coup d'État a été fermement condamné par la communauté internationale et les dirigeants de la région.
La récurrence des coups d'État en Guinée est liée à plusieurs facteurs, notamment la Guerre Froide, les mouvements rebelles en Afrique de l'Ouest, la corruption, l'incapacité des dirigeants à aborder les problèmes de développement économique et social, ainsi que l'impunité des militaires impliqués dans les précédents coups d'État.
La communauté internationale a appelé à une transition rapide et pacifique vers un régime civil en Guinée afin de restaurer la stabilité politique et de relancer le développement économique et social du pays. Cependant, la récurrence des coups d'État dans la région montre que la Guinée et d'autres pays africains doivent trouver des solutions durables pour limiter ce fléau qui pourrait avoir de graves conséquences pour l'Afrique et la communauté internationale.

III. L'impact de ces coups d'États sur le continent et l'attitude de l'Union Africaine

A. Les différents impacts

La recrudescence des coups d'État en Afrique est une menace pour la stabilité, la sécurité et le développement du continent. Le continent est confronté à de nombreux défis tels que la pauvreté, le sous-développement, les conflits, les migrations forcées et le terrorisme. Ces défis sont aggravés par les coups d'État qui ont un impact négatif sur la paix et la sécurité du continent. En outre, les coups d'État peuvent saper les efforts de l'UA en matière de démocratie et de bonne gouvernance.
L'UA, dans sa mission de maintien de la paix et de la sécurité sur le continent, doit agir de manière proactive en prévention de la récurrence des coups d'État. Cela pourrait être fait en renforçant la gouvernance, en assurant l'égalité et la

justice sociales, en s'assurant que les élections démocratiques soient libres, justes et crédibles, ainsi qu'en renforçant les capacités de la société civile africaine.

Les coups d'État ont eu un impact significatif sur le continent africain au cours de l'histoire récente. Trois des derniers coups d'État en Afrique de l'Ouest ont eu lieu dans les pays tels que le Mali, le Burkina Faso et la Guinée Conakry, chacun ayant des conséquences politiques et économiques importantes non seulement pour ces pays, mais également pour la sous-région dans son ensemble.

Le coup d'État de 2012 au Mali a été initié par des éléments des forces armées maliennes en réponse à la crise politique et sécuritaire qui avait lieu dans le pays. Ce qui a commencé comme une rébellion armée dans le nord du Mali en janvier 2012 s'est rapidement transformé en une menace pour la stabilité du gouvernement malien. Le coup d'État a été mené par le capitaine Amadou Sanogo, qui a prétendu que l'armée avait agi pour protéger le Mali de la mauvaise gestion du président Amadou Toumani Touré. Le coup d'État a déclenché une crise politique qui a conduit à la démission forcée du président Touré ainsi qu'à l'effondrement des institutions gouvernementales et des forces de sécurité au Mali.

L'impact du coup d'État de 2012 au Mali a été vaste et durable. La chute du gouvernement central a créé de l'instabilité dans tout le pays, en particulier dans le nord où des groupes islamistes armés ont pris le contrôle. L'insurrection a conduit à l'exode de centaines de milliers de personnes et a posé un défi majeur à la stabilité régionale. L'intervention militaire française en 2013 et les opérations de maintien de la paix menées par les Nations unies ont permis de restaurer une certaine stabilité dans le pays, mais le processus de démocratisation est toujours en cours.

Le Burkina Faso a également connu un coup d'État en 2015, dirigé par le général Gilbert Diendéré. Le coup d'État a eu lieu après des manifestations massives contre le président Blaise Compaoré, qui avait gouverné le pays pendant 27 ans. Le coup d'État a été déclenché alors que le gouvernement de transition mettait en place une nouvelle constitution et préparait des élections libres et équitables. Le coup a été condamné par la communauté internationale et a finalement échoué après une résistance civile résolue contre les putschistes.

L'impact du coup d'État de 2015 a été important pour le Burkina Faso, car il a mis en péril le processus de transition vers la démocratie et a affaibli les institutions gouvernementales. Le Burkina Faso a également été confronté à une insurrection djihadiste dans les régions du Nord et de l'Est du pays, alimentée par l'instabilité politique et la crise humanitaire dans le Sahel. Cela a conduit à une augmentation spectaculaire de la violence et des déplacements des populations dans le pays.

La Guinée Conakry a également connu un coup d'État en septembre 2021, lorsque des militaires ont renversé le gouvernement civil du président Alpha

Condé. Le coup d'État a été motivé principalement par les désaccords politiques sur la gestion du pays et la distribution des richesses. Le chef de l'armée guinéenne, le colonel Mamady Doumbouya, a pris le pouvoir et a promis de mettre en place un gouvernement de transition pour rétablir l'ordre et la stabilité dans le pays.

L'impact du coup d'État en Guinée Conakry est encore non maitrisé dans sa totalité, mais il a certainement eu une incidence sur la stabilité politique et économique du pays. La Guinée est l'un des pays les plus riches d'Afrique en termes de ressources naturelles, mais sa gouvernance a été marquée par la corruption et la mauvaise gestion pendant des décennies. Le nouveau gouvernement de transition devra travailler dur pour rétablir la confiance des investisseurs et restaurer la stabilité économique du pays.

A la vérité, les coups d'État ont un impact significatif sur les pays africains et sur la région dans son ensemble. Les coups d'État ont tendance à affaiblir les institutions gouvernementales et à créer de l'instabilité politique, ce qui peut conduire à une vague de violence et à une crise humanitaire. Les coups d'État sont particulièrement préoccupants dans le contexte de l'insécurité et de l'instabilité qui règne dans la région du Sahel, où les groupes djihadistes profitent souvent du chaos politique pour étendre leur influence. La communauté internationale doit continuer à travailler en étroite collaboration avec les gouvernements africains pour promouvoir la démocratie, la bonne gouvernance et le respect des droits de l'homme dans toute la région.

B. L'attitude de l'Union Africaine face aux coups d'États

L'Union africaine, depuis l'adoption de son Acte constitutif en juillet 2000, a fait du rejet des changements anticonstitutionnels de gouvernement son cheval de bataille. Elle a, à cet effet, institué et chargé le Conseil de paix et de sécurité (CPS) de réagir chaque fois que de tels changements se produisent au sein des États africains.

IV. La mise sur pied par l'UA d'instruments contre les changements anticonstitutionnels de gouvernement

À la lumière des éléments d'information disponibles, la Guinée a bel et bien connu un coup d'État. Et pourtant, la fin du pouvoir d'Alpha Condé a suscité peu d'indignation sur le continent africain. Sa présidence n'a pas été un exemple de réussite en matière de gouvernance démocratique.

Certains observateurs ont parlé d'un « coup d'État militaire » (l'équivalent d'un putsch) venu rectifier un « coup d'État constitutionnel » qu'aurait exécuté l'ancien président Alpha Condé en modifiant la Constitution pour s'offrir un troisième mandat en 2020.

Cette notion de « coup d'État constitutionnel » qui renvoie à l'action de renverser l'ordre constitutionnel existant fait florès ces dernières années sur le continent africain dans des contextes aussi divers que la Tunisie, le Tchad, la Côte d'Ivoire, le Togo, le Bénin, etc.

Entre la prohibition des changements anticonstitutionnels de gouvernement et leur prolifération, l'écart est important et inquiétant. Tant le paradoxe va en grandissant, tant le désespoir est de plus en plus saisissant. Il convient donc de repositionner le puzzle manquant entre ces deux extrêmes.
Pour cela, l'UA doit être mieux outillée pour soutenir les États dans leur lutte pour la consolidation de la démocratie. Ce qui compte vraiment pour l'organisation continentale, c'est de réussir à opérer en amont des choix justes et en aval pour réajuster ses mécanismes de gestion des crises afin que le signal de tolérance zéro ne souffre d'aucune retenue exploitable par les putschistes et les candidats potentiels.

A. Le rôle des CER dans la prévention des coups d'États en Afrique : la nécessité de résoudre les crises avant-coureurs

« *A quoi bon savoir charmer un serpent si on commence par se laisser mordre ?* »[1]. Cette sagesse de l'Ecclésiaste témoigne à plus d'un titre de l'importance de la diplomatie préventive. Celle-ci est définie comme « *un ensemble de mesures ayant pour objet d'éviter que des différends ne surgissent entre les parties, d'empêcher qu'un différend existant ne se transforme en conflit ouvert et, si un conflit éclate, de faire en sorte qu'il s'étende le moins possible* »[2]. En effet, il est mis en évidence que le coup d'État est l'acmé d'une crise politique et institutionnelle liée au mépris des valeurs et principes démocratiques. L'UA doit désormais anticiper la résolution de ces crises dont l'attisement pourrait conduire à un dénouement anticonstitutionnel. A défaut de cette anticipation, la ferme rhétorique officielle prohibant tout changement anticonstitutionnel de gouvernement serait encore pour longtemps un vœu pieux sur le continent africain.
Le mécanisme de la diplomatie préventive est donc un pare-feu dont l'activation continuelle préviendrait l'Afrique de la survenance des coups d'État. Ce fléau serait ainsi vaincu si l'UA s'activait à prendre les mesures idoines pour résoudre les crises à l'origine. Il urge alors que l'UA mette en œuvre ses mécanismes de prévention des conflits pour être aux aguets des crises et œuvrer avec vigueur pour les juguler avant tout débordement. L'apport du CPS est ici essentiel, car c'est lui qui tient la manche de la diplomatie préventive conformément à l'Art. 6-1. b du Protocole portant sa création. Ainsi à travers le Groupe des Sages et le Système d'Alerte Rapide[3], les crises latentes et autres conflits potentiels de nature à mettre en péril la paix et la sécurité du continent seraient démasqués et désamorcés.
Pour tout dire : « des preuves convaincantes que les gouvernements font de leurs propres constitutions ; toute tentative par les gouvernants de modifier la limitation des mandats ; des preuves claires de truquage, de manipulation, ou

---

[1] Ecclésiastes 10 : 11, *La Bible en français courant*, Nouvelle édition révisée en 1997, p. 961.
[2] B. Boutros-Ghali, *Agenda pour la paix*, 1992, paragraphe 20.
[3] Le Système continental d'alerte rapide est institué par l'Art. 12 du Protocole portant création du CPS pour faciliter la prévision et la prévention des conflits.

d'atteintes aux procédures électorales internationalement acceptées ; les arrestations arbitraires, les attaques contre les médias, la torture, les « disparitions » et les meurtres commandités ; des pratiques d'exclusion ou de discrimination dans le partage du pouvoir et de la richesse nationale etc. sont des indicateurs qui doivent alerter (l'UA) sur le potentiel de coup d'État ou de violence armée (guerre civile) qui est en train de se cristalliser et par conséquent déclencher les mécanismes opportuns de prévention »[1].
L'UA se retrouve souvent au pied du mur face à certaines situations embarrassantes. Son efficacité exige désormais qu'elle tranche définitivement et objectivement ces débats. Les communautés économiques régionales (CER) sont des regroupements régionaux d'États africains et sont les piliers de l'UA. Toutes ont été constituées avant le lancement de l'UA, se sont développées individuellement et ont des rôles et des structures différents. Ces CER ont pour but de faciliter l'intégration économique régionale entre les membres de chacune des régions et au sein de la grande Communauté économique africaine (CEA), créée dans le cadre du Traité d'Abuja (1991). Ce traité, entré en vigueur depuis 1994, ambitionne en définitive de créer un marché commun africain en utilisant les CER comme éléments de base.
Face à cette situation, l'UA doit redoubler d'efforts pour prévenir les coups d'État en sanctionnant la mauvaise gouvernance et les tentatives des présidents de prolonger leurs mandats. Par conséquent, elle pilote l'élaboration des politiques et la mise en œuvre des décisions visant à faire en sorte que l'Afrique réalise l'Aspiration 4 de l'Agenda 2063 qui prévoit « Une Afrique vivant dans la paix et dans la sécurité » en recourant à des mécanismes favorisant une approche centrée sur le dialogue pour une paix durable. L'UA et les CER doivent sanctionner le « maintien anticonstitutionnel au pouvoir » afin de prévenir les coups d'État.

B. Les mesures curatives

Pour optimiser le réalisme de la lutte contre les coups d'État, l'UA devrait faire preuve de fermeté aussi bien dans l'adoption que dans la mise en œuvre des sanctions contre les putschistes. Aussi, elle devrait jouer un rôle central dans la gestion de la situation post-putsch afin d'éviter un reflux des crises devant déboucher sur un nouveau coup d'État.

- L'intransigeance des sanctions

Une proscription est d'autant efficace qu'elle est assortie d'un système coercitif approprié et rigoureux pour censurer sa violation. Afin d'imposer le respect de l'interdiction des changements anticonstitutionnels de gouvernement en Afrique, il est impératif que l'UA mette en œuvre une politique d'application draconienne des sanctions. Pour cela, elle doit adopter des stratégies de sanction et des mesures pratiques nouvelles. Il s'agit de créer les conditions favorables pour pouvoir adopter des sanctions ciblées,

[1] K. Annan, « Les causes des conflits et la promotion d'une paix et d'un développement durables en Afrique ».

appropriées et strictes et en imposer le respect scrupuleux. A cet égard, l'UA doit finir autant que possible avec les mesures coercitives fallacieuses et intégrer une dimension durement punitive des auteurs de coup d'État. Car d'après des études crédibles, on est parvenu à la conclusion que : « les sanctions servent plus à se faire une bonne conscience (on est en train de faire quelque chose) qu'à vraiment bien faire (réaliser les objectifs pour lesquels elles ont été imposées) »[1].

Relativement aux mesures pratiques nouvelles des sanctions, le Cadre d'Ezulwini en a prévu un certain nombre dont l'objet est de faciliter la rapidité des réactions de l'UA face aux coups d'État. Il en est ainsi par exemple de l'élaboration d'un Manuel de sanctions prévoyant les types de mesures à appliquer. Ce Manuel devra comporter des sanctions bien claires et indiquer un processus graduel suivant lequel elles seraient imposées aux putschistes. Dans l'imposition des sanctions, le CPS doit prendre des mesures de sauvegarde afin d'éviter qu'elles soient démesurées et rejaillir négativement sur les populations civiles. L'élaboration d'une liste bien précise et régulièrement mise à jour des individus et entités visés par les sanctions s'avère nécessaire pour s'assurer que toutes les personnes impliquées dans le changement anticonstitutionnel de gouvernement sont bien atteintes.

Du point de vue des stratégies de sanction, il est fondamental d'institutionnaliser le Comité des sanctions[2] en l'intégrant au Protocole du CPS. Vu les attributions de ce Comité, son opérationnalisation serait un maillon impeccable dans l'efficacité de la mise en œuvre des régimes de sanction. Son rôle consiste entre autres à collecter les informations appropriées et à analyser les faits sur le terrain avec l'appui du Comité des Services de Renseignement et de Sécurité en Afrique (CISSA) et le Comité de Renseignement et de Sécurité (ISC) de la Commission. En étroite collaboration avec les États, il surveille la pertinence des actions entreprises pour assurer le respect effectif des sanctions imposées par le CPS. De plus, il monte la garde contre l'irrespect des sanctions en recommandant au CPS d'autres mesures plus percutantes contre les putschistes. Aussi, le Comité est compétent pour prévoir des mesures contre tout État membre qui ne respecterait pas le régime des sanctions ou qui proposerait des subterfuges aux putschistes pour esquiver les mesures coercitives.

Le mérite de l'application sans merci des sanctions est de décourager tous ceux qui auront en projet d'obstruer le processus démocratique sur le continent par

---

[1] Ernest H. Preeg, *Feeling Good or Doing Good with Sanctions: Unilateral Economic Sanctions and the U.S. National Interest*, Washington, D. C., CSIS, 1999.

[2] En vertu de l'Art. 8 (5) du Protocole, le Conseil peut créer les structures subsidiaires et Sous-comités qu'il juge nécessaires à l'exercice de ses fonctions. C'est sur ce fondement que le CPS a décidé de la création du Comité des sanctions lors de la 178ème réunion du Conseil le 13 mars 2009. Ses fonctions ont été clairement précisées au paragraphe 16 du Cadre d'Ezulwini sur le renforcement des capacités de l'UA face aux changements anticonstitutionnels de gouvernement.

la fomentation d'un changement anticonstitutionnel de gouvernement. L'autre défi majeur pour l'UA est de s'ingérer activement dans la stabilisation des États ayant été secoués par les coups d'États afin d'éviter une rechute.

- La reconstruction post-crise

L'Afrique beigne dans le cycle infernal des coups d'État. Dans ce cycle, il s'est avéré que la suite la plus commune d'un coup d'État est un autre coup d'État ou du moins des tentatives. Cette situation est favorisée par le fait que l'UA considère encore les coups d'État comme la principale crise à laquelle il faut remédier lorsqu'ils surviennent. C'est pourquoi assez souvent, elle pense sa mission accomplie dès les premières lueurs bien flatteuses de stabilité des États secoués. Or, la versatilité des États émergeants de crises accroit le pourcentage de reprise des conflits si la situation n'est pas maitrisée sur le court, le moyen et le long terme. Ainsi, le mal auquel il est nécessaire de trouver un remède définitif sur le continent est la cause qui fournit aux coups d'État l'occasion de prendre d'assaut les États : l'instabilité socio-politique. Pour cela au lendemain de chaque coup d'État, l'UA doit accompagner le processus de stabilisation des États sur un terme on ne peut plus long. A travers le CPS, l'organisation continentale doit « faciliter la restauration de l'État de droit, la création et le développement d'institutions démocratiques, ainsi que la préparation, l'organisation et la supervision des élections dans l'État membre concerné »[1]. Son engagement politique actif dans la transition en vue de favoriser un retour effectif à l'ordre constitutionnel doit être au cœur de cette démarche. Il s'agit d'œuvrer pour une dévolution équitable et apaisée du pouvoir et une confiance durable entre les différents protagonistes.

Dans ce même canevas, le CPS doit aussi veiller à la consolidation des accords politiques signés pour apaiser la crise. Le mérite du CPS serait de suivre la mise en application rationnelle desdits accords afin de stabiliser la vie politique à long terme. Ce suivi judicieux permettrait d'intégrer véritablement la gestion du pouvoir dans une dynamique inclusive et dans un processus de démocratie participative et consultative.

Par ailleurs, certains coups d'État sont perpétrés par les mouvements rebelles ou connaissent l'ingérence de tels mouvements. C'est le cas entre autres des coups d'État en Côte d'Ivoire en 2002, au Mali en 2012 et en Centrafrique en 2013. Pour ces cas, le CPS doit lui-même conduire ou aider les États à mettre en œuvre des programmes de Désarmement, de Démobilisation et de Réinsertion (DDR) conformément à l'Art. 14-3.c du Protocole portant sa création. Ici, la gestion rationnelle souhaitée de la période post-conflictuelle permettrait d'éviter la prolifération des foyers de tension afin d'asseoir une confiance sécuritaire totale au sein de la population. Concrètement et conformément à l'Art. 3-c du Protocole, le CPS doit « promouvoir et mettre en œuvre des activités de consolidation de la paix et de reconstruction après les conflits pour consolider la paix et prévenir la résurgence de la violence ».

---

[1] Art. 14§1 du Protocole portant création du CPS.

La reconstruction post-crise permet ainsi de réduire la reprise des violences dans les pays sortants des conflits et de jeter les fondements d'une justice et d'une paix durables. Pour s'y prendre, le Cadre d'action pour la reconstruction et le développement post-conflit (RDPC) est un instrument précieux à utiliser par l'UA. Adopté à Banjul, en Gambie, en juillet 2006, ce Cadre stratégique de gestion post-crise est un véritable outil destiné à « consolider la paix et prévenir la résurgence de la violence ; aider à trouver des solutions aux causes profondes (et non seulement aux symptômes) des conflits ; encourager la planification et la mise en œuvre rapide des activités de reconstruction »[1].
En somme, la récurrence des coups d'État en Afrique est une menace pour la stabilité, la sécurité et le développement du continent. Les cas récents du Mali, du Burkina Faso et de la Guinée Conakry en 2020-2022 montrent que les mécanismes de l'UA ont des limites dans la prévention de ces coups d'État. L'UA doit continuer à renforcer ses mécanismes de prévention et à travailler avec les gouvernements, la société civile et les partenaires internationaux pour assurer la stabilité, la paix et le développement en Afrique.

Références bibliographiques :

- Burdeau (Georges), *Traité de science politique*, Tome V, Les régimes politiques, Paris, LGDJ, 1970, 653 p.
- Abdou-Salami (Mama Sani), « Démocratie et Coup d'État en Afrique », *Revue Nigérienne de droit*, n° 5, 2003, pp. 9-55.
- Abdoul (Lô Gourmo), « Enjeux et mécanismes des sanctions face aux coups d'État militaires », Article disponible sur *http://pambazzuka.org/fr/category/comment/53965,* n° 87, 09 février 2009, 8 p. Consulté le 21 avril 2010.
- Adeloui (Arsène Joël), « L'Union Africaine et la reconnaissance des gouvernements anticonstitutionnels », *Revue Béninoise des Sciences Juridiques et Administratives,* n° 29, 2013, pp. 5-57.
- Aïvo (Frédéric Joël), *Le président de la République en Afrique noire francophone : Genèse, mutations et avenir de la fonction*, Paris, L'Harmattan, 2007, 643 p.
- Ayissi A., « Le défi de la sécurité régionale en Afrique après la guerre froide, vers la diplomatie préventive et la sécurité collective », Travaux de recherche de l'UNIDIR, New York et Genève, no 27, 1994.
- Bayart (Jean-François), *L'État en Afrique, la politique du ventre*, Paris, Fayard, 1989, 439 p.
- Burdeau (Georges), *Traité de science politique*, Tome IV, Le statut du pouvoir dans l'État, Paris, LGDJ, 1969, 693 p.
- Du Bois de Gaudusson (J.), Conac (G.), Desouches (C.), *Les constitutions africaines publiées en langue française*, Tome 2, Paris, La documentation Française, Collection Retour aux textes, 1998, 458 p.

[1] Union africaine, Rapport sur l'élaboration d'une politique sur la reconstruction et le développement post-conflit, 2006, section 3.

- Dussey (Robert), *L'Afrique malade de ses hommes politiques*, 2ème édition, Jean PICOLLEC, 2009, 252 p.
- Ekoué Amaïzo Y., « De l'OUA à l'Union africaine : les chemins de l'interdépendance », in *Afrique contemporaine*, nº 197, 1er trimestre 2001, pp. 97-107.
- Fall (Ismaïl Madior), *Le pouvoir exécutif dans le constitutionnalisme des États d'Afrique*, Paris, L'Harmattan, 2008, 279 p.
- Gaba (Laurent), *L'État de droit, la démocratie et le développement économique en Afrique subsaharienne*, L'Harmattan, Collection Logiques juridiques, 2000, 399 p.
- Gicquel (J.) et Gicquel (J.-E.), *Droit constitutionnel et institutions politiques*, 24ème édition, Paris, Montchrestien, 2010, 789 p.
- Lecoutre Delphine, « Le Conseil de paix et de sécurité de l'Union africaine, clef d'une nouvelle architecture de stabilité en Afrique ? », in *Afrique contemporaine*, no 212, 4/2004.
- Médard (Jean-François) (dir.), *États d'Afrique noire ; Formation, mécanismes et crises*, Karthala, 1991, 405 p.
- Soudan (François), « L'Union Africaine, le rêve brisé », *Jeune Afrique, L'Intelligent*, n° 2374 du 09 au 15 juillet 2006.

Chapitre 3 :

La régionalisation du maintien de la paix (1963-2023) : Quel bilan pour l'intégration africaine ?

Etienne Bassa Bata [1]

Introduction :

La fin de la Guerre froide a inauguré un nouveau millénaire[2] avec l'émergence de nouvelles formes de menaces, d'émanation interne plus qu'externe. Ces nouvelles formes de conflictualité ont conféré une signification nouvelle à la sécurité collective en Afrique. La multiplication des Communautés Économiques Régionales (CER) a donc entraîné une distinction entre le sens qu'elle prend à l'échelle mondiale et celui qui s'applique à ses déclinaisons régionales. La sécurité collective va consister, comme aujourd'hui en Afrique, à créer les institutions et conditions d'assistance mutuelle pour prévenir la propagation de l'instabilité d'un État-membre à d'autres États. Elle sera, dans ce cas, une instance de prévention et de remédiation de troubles intérieurs[3]. Cette évolution accompagne le processus de régionalisation du maintien de la paix, prévue par le Chapitre VIII de la Charte des Nations Unies et encouragée par plusieurs textes des instances dirigeantes de l'ONU comme *l'Agenda pour la paix de février 1992*[4] et le *Supplément à l'Agenda pour la paix de 1995*[5]... À ces documents, on peut ajouter toutes les Résolutions de l'Assemblée

---

[1] Docteur/Ph.D en science politique de l'Université de Yaoundé II/Cameroun. Ses travaux de recherche portent en général sur les Relations Internationales et Études Stratégiques, plus particulièrement sur les questions de défense et de sécurité, les conflits en Afrique, le maintien de la paix ; l'intégration des organisations régionales et sous/régionales africaines. *etiennebassabata@gmail.com.*

[2] Voir, David (Charles-Philippe), 2000, *La guerre et la paix. Approches contemporaines de la sécurité et de la stratégie*, Paris, Presses de sciences politiques.

[3] Voir, Paul Elvic Batchom, 2014, « la sécurité collective en Afrique post Guerre Froide », *in Res Militaris,* Volume 4 Summer-Automn/Été-Automne, disponible sur http : www.resmilitaris.netpdf, p.1.

[4] Ce rapport du Secrétaire Général, adressé au Conseil de Sécurité des Nations Unies reconnaît que les organisations régionales peuvent contribuer à l'accomplissement des fonctions de diplomatie préventive, de maintien de la paix, de rétablissement et de consolidation de la paix. Cela peut alléger la tâche du CSNU et créé un sentiment de participation, de consensus et de démocratisation en ce qui concerne la gestion des conflits

[5] Ce rapport de 1995 précise davantage les différentes formes de la coopération entre l'ONU et les organisations régionales à savoir la consultation, l'appui diplomatique et opérationnel, le co/déploiement d'effectifs et les opérations conjointes.

Générale des Nations Unies, sur l'étude d'ensemble de toute la question des opérations de maintien de la paix sous tous leurs aspects et toutes les Déclarations sur le renforcement de la coopération entre l'Organisation des Nations Unies et les Accords ou Organismes Régionaux dans le domaine du maintien de la paix et de la sécurité internationales. Le Chapitre VIII de la Charte des Nations Unies nous renseigne que l'ONU n'a pas l'exclusivité des initiatives touchant au maintien de la paix et à la sécurité internationale, pour autant que ces organismes régionaux respectent les buts et principes des Nations Unies en particulier, son Conseil de Sécurité[1]. C'est au titre de cette disposition que la question de la régionalisation du maintien de la paix prend tout son sens.

L'accent ici est mis sur l'intérêt pour les Nations Unies d'entretenir des liens étroits et continus avec les organisations régionales dans les domaines de prévention, de maintien, de rétablissement, d'imposition et de consolidation de la paix[2]. On se rend bien compte que la question de la régionalisation du maintien de la paix, c'est la question même de l'autodétermination stratégique de l'Afrique. Elle permet notamment de donner une certaine vigueur au maintien de la paix en Afrique, et par cela, permet une certaine émancipation stratégique de l'Afrique sur le plan sécuritaire. Dépassée par l'augmentation de ses interventions dans le monde et surtout discréditée par les revers en Somalie (Opération *Restore Hope,* 1992-1995) et au Rwanda (Opération *Turquoise* 1993-1996)[3], l'Organisation des Nations Unies (ONU) envisage de renforcer sa coopération avec les 'Organismes Régionaux'. Le continent africain devient alors un cadre d'action pour les futures opérations de maintien de la paix et un laboratoire d'expérimentation pour la coopération régionale en matière de sécurité, qui désormais sera régie par des formes de subsidiarité complémentaires et hiérarchisées[4]. La problématique de la régionalisation du maintien de la paix est consécutive au moment où les puissances occidentales rechignaient à engager leurs soldats dans les conflits africains trop complexes, notamment sur les terrains de la Somalie et du Rwanda. Ce qu'il faut rappeler,

---

[1]Voir, Charte des Nations Unies, Chapitre. VIII, Article 53-1. Voir aussi, GHALI (Boutros-Boutros), 1992, *Agenda pour la paix, diplomatie préventive, rétablissement de la paix, maintien de la paix,* Rapport présenté par le Secrétaire Général en application de la déclaration adoptée par la réunion au Sommet du Conseil de Sécurité des Nations Unies, le 31 janvier, Paragraphe 63.

[2]Voir, la Résolution 1631 du Conseil de Sécurité des Nations Unies de 2005.

[3]De 1993 à 1994, plus de 110 Casques bleus ont perdu la vie en Somalie à la suite d'actes de malveillances perpétrés par les miliciens somaliens ; la majorité d'entre eux étaient des américains. Au Rwanda, dix Casques bleus belges ont été massacrés par les miliciens hutus en 1994. Ces chiffres sont disponibles sur : http://www.un.org/en/peacekeeping/resources/statistics/fatalities.shtml.

[4]Voir Mandjem (Yves Paul), « le maintien de la paix en Afrique : Essai d'analyse politiste du procès de l'africanisation de la gestion des conflits africains », in hommage à Chouala (Yves-Alexandre), 2015, *faire la science politique en Afrique aujourd'hui,* Revue camerounaise de science politique, Volume 20, n° 1- 2, p.37.

dès la création de l'OUA, les pays africains ont pris conscience que, l'intégration régionale était pour eux bien plus qu'une option pour atteindre leur développement économique. « Le commerce, que ce soit au sein du continent ou avec le reste du monde, demeure un facteur essentiel susceptible de contribuer à relever les défis auxquels l'Afrique est confrontée. Ainsi l'intégration régionale est apparue comme le cadre idéal pour éliminer les obstacles qui entravent les échanges intra-africains et internationaux »[1]. Malgré les efforts considérables consentis à cet égard, la coopération entre États n'a pas produit les effets escomptés sur le plan économique. Par suite des changements intervenus sur la scène internationale, les chefs d'État africains sont confrontés à une autre réalité, la multiplication des conflits. Outre les pertes matérielles et en vies humaines, l'instabilité politique qui résulte de la conflictualité pénalise les échanges entre les pays africains.

La paix et la sécurité deviennent alors des conditions préalables à l'intégration régionale économique. C'est ainsi que, les CER se démarquent donc par leur engagement dans la gestion des conflits, à l'image de la Communauté Économique des États d'Afrique de l'Ouest (CEDEAO), engagée au Liberia (août 1990-octobre 1999), en Sierra Leone (février 1998-mars 2000) et en Guinée Bissau (décembre 1998-juin 1999)[2], elles évoluent vers une forme d'autonomisation par rapport au cadre initialement fixé par l'OUA en ce sens que, chacune des organisations régionales participant à l'effort global du maintien de la paix en fonction de ses propres capacités[3]. Il n'est pas exagéré de parler ici d'un enthousiasme qui, notamment procède tant d'un désir de jouer un rôle majeur dans le règlement des conflits sur le continent que d'une conviction fortement ancrée que, la quête de la paix requiert une prise de risque[4]. En réalité, ces opérations ont conféré aux organisations africaines une crédibilité grandissante dans le dispositif international d'intervention dans les situations de conflits, en même temps qu'elles ont accru la visibilité de ces organisations[5] ; puisque, l'interventionnisme occidental ne consistera plus à

---

[1]L'état de l'intégration régionale en Afrique II : rationalisation des Communautés économiques régionales, Nations Unies, Commission économique pour l'Afrique, Union Africaine. Addis-Abeba, 2006, p. xv.

[2]Olakounle Yabi (Gilles), 2010, *le rôle de la CEDEAO dans la gestion des crises politiques et des conflits : cas de la Guinée et de la Guinée Bissau,* Rapport rendu par la Fondation Friedrich Ebert, Nigéria, site internet : www.fes-westafrica.org/abuja.

[3]Gnanguenon (Amandine), 2010, « le rôle des Communautés Économiques Régionales dans la mise en œuvre de l'Architecture Africaine de Paix et de Sécurité », *Politique et Prospective de défense,* n°14, 07 Octobre, p.7.

[4]L'on ne peut donc, contrairement à ce qu'affirme Stephen Ellis dire que, l'enthousiasme de l'UA pour les OSP s'est émoussé récemment du fait des difficultés rencontrées. Voir, Ellis (Stephen), 2011, Season of rains in the world, London, Hurst and Company, p.138.

[5]Wane (El-Ghassin), « l'Union Africaine à l'épreuve des opérations de soutien de la paix : entre innovation institutionnelle et contraintes opérationnelles », in Moring (David), Benoni Theroux (Anne Lori) (dir), 2011, *Guide de maintien de la paix : l'Afrique et les opérations de paix,* numéro spécial, pp.53-75.

renforcer les capacités des Africains à résister aux ingérences extérieures, il s'agit davantage en priorité, d'aider l'Afrique à bâtir, comme elle en a l'ambition, son propre dispositif de sécurité collective. Le président français, Nicolas Sarkozy disait à cet effet : « Je souhaite que la France s'engage davantage aux côtés de l'Union Africaine pour construire le système de sécurité collective dont l'Afrique a besoin car la sécurité de l'Afrique, c'est d'abord naturellement l'affaire des Africains »[1]. La différence est perceptible parce qu'il se dégage une ambition de mettre fin à une forme de paternalisme et de limiter l'engagement occidental sur le terrain des opérations de paix en Afrique. En se fondant sur le Rapport Brahimi, plusieurs pays occidentaux dont la France et les Etats-Unis ont opté pour la formation et l'entraînement des contingents africains pour accroître leurs capacités. Il en découle que la création et la mise en place de ces programmes ont permis néanmoins de renforcer les capacités d'intervention de l'Afrique dans la gestion des conflits[2].

Tout ceci montre à suffisance, que la régionalisation du maintien de la paix, a été un projet décisif, un projet voulu, un projet souhaité, mais un projet difficile à mettre en œuvre, du fait d'une pluralité de contingences qui nuisent à la contribution des CER au processus d'intégration régionale, entres autres : l'échec du fédéralisme, les contingences politiques, les contingences économiques, les contingences géostratégiques, les contingences structurelles et organisationnelles … Les puissances étrangères vont continuer à exercer une certaine influence sur le continent africain. Il n'est donc pas question pour celles-ci, de se désintéresser totalement des affaires africaines, la formation et l'entraînement des soldats africains, les conséquences humanitaires de certaines crises africaines (Congo, Rwanda, Somalie...), ont suscité l'indignation des opinions publiques occidentales, mettant ces gouvernements dans l'impossibilité de « rester les bras croisés ». En outre, la prise en compte de « *nouvelles menaces* » comme le terrorisme et la piraterie a replacé l'Afrique au cœur des occupations des grandes puissances[3]. La réflexion présentée dans le cadre de cet article impose donc de répondre à la question de savoir : La régionalisation du maintien de la paix est-elle à mesure de

---

[1]Sarkozy (Nicolas), 2008, « Discours devant le parlement Sud-africain », le Cap, le 28 février

[2]Berman (Eric) et Sams (Katie), 2000, « Le maintien de la paix en Afrique », in *Maintien de la paix : évolution ou extinction »,* UNIDIR, Forum du désarmement n°3, consulté sur www.unidir.org/pdf/articles/pdf-art130.pdf; des mêmes auteurs, 1998, *Constructive Disengagement : western efforts to Develop African Peace Keeping,* institute for security studies (ISS), Monographe33 ; Liégeois (Michel), 2010, « les capacités africaines de maintien de la paix : entre volontarisme et dépendance », *bulletin de maintien de la paix,* n° 97, janvier, CEPES et le ROP. Les archives sont disponibles à l'adresse suivante : http://www.cepes.uqam.ca , sous la rubrique « Bulletin ». Vous pouvez nous joindre à l'adresse cepes@uqam.ca.

[3]Esmenjaud (Romain), 2013, « L'Union Africaine (UA) dix (10) ans après », *Annuaire français des Relations Internationales,* Volume VIII.

relever les défis de l'intégration en dépit de la hiérarchisation des positions de ses acteurs ?

L'approche socio-historique, permettra de comprendre le dénouement du système de sécurité collective africain en ce sens qu'elle constitue le produit d'un processus d'hybridation entre des logiques exogènes importées et endogènes africaines. La régionalisation du maintien de la paix, c'est-à-dire bâtie autour du maintien de la paix, est un champ de luttes, de tensions et intérêts contradictoires entre acteurs africains et internationaux. Elle est à la fois un processus historique et conjoncturel travaillé par des contradictions profondes qui traduisent une sorte de décentralisation, de coopération voire concurrentielle de la sécurité internationale. Le maintien de la paix en Afrique apparaît alors comme un processus systématique englobant le régional et l'universel avec bénéfice de 'réinvention' des influences de l'universel sur le régional et le brouillage de la ligne de démarcation entre le régional et l'universel.

La méthode socio-historique permettra aussi de montrer que, l'évolution notamment du concept africain de la régionalisation du maintien de la paix, est dépendant du contexte et des différentes crises que l'Afrique a connues, ou est susceptible de connaître. Les crises que l'Afrique était susceptible de connaître, sont des crises internationales qui naissent notamment d'une dégradation de l'état sécuritaire, qui devait opposer les puissances occidentales dans leurs velléités de continuer d'exploiter les États africains, et les États africains qui se défendraient alors de cet impérialisme déguisé des puissances occidentales. La dynamique socio-historique permet également de comprendre que, l'émancipation africaine en matière de résolution des conflits, en constante augmentation depuis le début des années d'indépendance n'a pas demeuré moins problématique, dans la mesure où elle n'est pas uniquement liée à une simple volonté des Africains de jouer pleinement un rôle dans le maintien de la paix, mais a débuté au moment où les puissances occidentales ont commencé à avoir de la réticence à engager leurs soldats dans les conflits africains trop complexes[1]. Dans une perspective d'action publique, au sens de la mise en œuvre d'une véritable démarche historique, le tournant socio-historique se repère à travers une série d'analyses sectorielles. Elle permet notamment de préciser le regard d'entrer de jeu dans une étude fine des types d'interactions qui sous-tendent les formes même de l'action publique dans différents contextes historiques[2]. Cette perspective socio-historienne a contribué à imposer une nouvelle approche de sécurité collective entendue comme processus de 'mise en commun des États dans leurs diverses sous-régions', en ce sens que, la démarche permet d'analyser

[1]Traoré (Bakary), 2013, « La contribution africaine au maintien de la paix onusienne : enjeux et dessous d'un engagement croissant », *Note d'analyse du GRIP*, 30 août, Bruxelles.

[2]Skocpol (Theda), 1992, *Protecting Soldiers and Mothers: The Political Origins of Social Policy in the United States*, Cambridge (Mass.), Harvard University Press.

les CER comme une politique de régionalisation. C'est-à-dire, l'accroissement de la participation des organisations sous/régionales dans le maintien de la paix en Afrique[1]. Chacune des sous/régions africaines (Afrique centrale, Afrique de l'ouest, Afrique du nord, Afrique de l'est, Afrique du sud), dimensionnée dans sa sphère de compétence avec pour finalité, agir contre toutes formes de menaces, uniquement dans les cas de prévention de la paix, de maintien de la paix, de rétablissement de la paix …

Ainsi clarifiée, si la régionalisation du maintien de la paix est considérée comme un projet d'autodétermination stratégique africain (**I**), il n'en demeure pas moins que les contraintes auxquelles elle fait face, demeurent des défis qu'elle doit relever (**II**).

I. La régionalisation du maintien de la paix : une expression du pragmatisme des États africains au nom du principe d'autodétermination stratégique.

La régionalisation du maintien de la paix désigne l'implication croissante des organisations sous-régionales dans le maintien de la paix et de la sécurité internationales au sein de leur aire de compétence. Elle s'appuie avant tout sur le Chapitre VIII de la Charte des Nations Unies et encouragée par plusieurs textes des instances onusiennes. Elle est apparue nécessaire pour pallier les difficultés de l'ONU au moment où les besoins en paix à l'échelle mondiale et plus particulièrement en Afrique ont explosé[2]. L'implication des organisations sous-régionales dans ce domaine traditionnellement réservé à l'ONU est une sorte de délégation de pouvoir de la part du Conseil de Sécurité. Elle se fait de plus en plus, depuis la fin de la Guerre froide dans une sorte de collaboration avec l'ONU et a l'avantage d'alléger la tâche du Conseil de Sécurité et d'éviter les accusations d'interventions extérieures des grandes puissances[3]. Autrement dit, la coopération entre l'ONU et les organisations régionales et sous-régionales figure notamment, au chapitre VIII de la Charte des Nations Unies, depuis la création de l'organisation. *L'Agenda pour la paix* rendu public le 23 juin 1992, redonne vie à cette disposition en même temps qu'il concrétise la nouvelle approche onusienne de la sécurité collective. Celle-ci est basée sur une décentralisation du maintien de la paix, et a permis une plus grande mobilisation des organisations africaines dans la lutte contre

---

[1]Voir, Bassa Bata (Etienne), 2011/2012, la Force Africaine en Attente au défi de la gestion de crises en Afrique : Mythe ou réalité ?, Mémoire en vue de l'obtention du diplôme de Master en science politique, option : Relations Internationales et Études Stratégiques, Université de Yaoundé II, FSJP ; Voir, TRAORE (Bakary), 2014, « La régionalisation du maintien de la paix en Afrique depuis le début des années 90 : Enjeux, contraintes et défis à relever », *Revue du CAMES*, Vol. 1, n° 001, Université d'Abidjan, pp. 61-80.

[2]Traore (Bakary), 2014, « La régionalisation du maintien de la paix en Afrique depuis le début des années 90 : Enjeux, contraintes et défis », *Revue du CAMES*, Volume. 1, n° 001, pp. 61-80.

[3]Millet-Devalle (Anne Sophie), 2003, « l'évolution des opérations de maintien de la paix en Afrique » in *Arès*, Vol. XX -n° 50, Fasc.1 consulté sur www.upmf-grenoble.fr/espaceeurope/publication/ares/50/millet.pdf.

la multiplication des conflits sur le continent. Grâce à cette décentralisation, les organisations sous-régionales africaines tentent depuis de combler les lacunes en matière de prévention, de gestion et de règlement des conflits à travers un système de coopération avec les organisations régionales africaines dont les prémices ont été posées par l'OUA(A) ensuite, réactualisées par l'Union Africaine (B).

A. Les Communauté Économiques Régionales comme prémices de la coopération avec l'OUA dans le maintien de la paix en Afrique.

Nées au début des années 1960, dans le contexte d'un double mouvement d'unité continentale et de regroupement régional, les CER s'affirment progressivement comme des acteurs incontournables sur le continent. L'Afrique est la région où l'on dénombre le plus de conflits au monde depuis la fin de la Guerre froide[1]. Face à des conflits dits « déstructurés », qui ont éclaté et se sont poursuivis depuis 1990, l'Afrique a décidé de sortir de son mutisme, de prendre en main son destin et se doter d'un cadre global d'action stratégique. Leur champ d'action touchait initialement la coordination des activités économiques, sociales et culturelles propres en fonction des réalités géographiques communes et autres facteurs de solidarité. Il va toutefois s'élargir progressivement, dans les années 1990, à la prévention, la gestion et la résolution des conflits. En effet, les années 1990 marquent un véritable revirement par l'implication des CER dans le domaine du maintien de la paix en Afrique. Pendant cette période, la CEDEAO mène ses missions de pacification en Sierra-Leone[2], au Liberia et en Guinée-Bissau. Elle prend en charge la gestion de la crise politique et militaire ivoirienne où elle met en place en 2002, la Mission de la CEDEAO en Côte d'Ivoire, chargée de surveiller la cessation des hostilités entre les différents belligérants du pays. Elle retourne au Libéria avec la création de sa Mission à l'occasion de la deuxième guerre civile qui éclate en octobre 1999, entre le régime de Charles Taylor et les Mouvements Armés des Libériens Unis pour la Réconciliation et la Démocratie et du Mouvement pour la Démocratie au Libéria[3]. Le volet économique a été le volet le plus fondamental dans la création des CER (1), puis va s'élargie à des fins politico-stratégiques pour des besoins de stabilité (2).

---

[1]Voir, statistique mondiale 2013.

[2] Gnanguenon (Amandine), 2010, « le rôle des Communautés Économiques Régionales dans la mise en œuvre de l'Architecture Africaine de Paix et de Sécurité », *Politique et Prospective de défense ... op. cit*, p.7.

[3]Traore (Bakary), 2012, « L'Afrique dans les opérations de maintien de la paix : évolution d'une participation de plus en plus importante », *Rev hist archéol African*, pp. 117-129.

1. *L'économie comme volet fondamental de la création des Communautés Économiques Régionales.*

La création en mai 1963 de l'OUA marque une première étape dans le désir soutenu d'Unité et d'intégration régionale[1] entre les États africains. La coopération entre l'OUA et les CER est instituée par la décision prise en 1976 par le Conseil des Ministres de découper l'Afrique en cinq régions[2]. Cette volonté de conserver le découpage de l'Afrique en cinq régions s'explique par trois raisons. Tout d'abord, intégrer plus de 50 pays simultanément reste un objectif particulièrement compliqué à atteindre. En outre, la diversité des situations économiques et politiques de l'Afrique justifie davantage une approche régionale. Enfin, il existe une antériorité juridique et opérationnelle de plusieurs communautés régionales et sous-régionales pouvant être mise à profit pour la création de la Communauté Économique Africaine (CEA)[3]. Le choix d'une approche pyramidale de l'intégration se confirme et les CER sont considérées comme les pierres angulaires pour l'avènement d'une Communauté Économique à l'échelon continental. L'évolution du rôle des CER sur le continent est en lien direct avec la transformation du paysage sécuritaire africain depuis les indépendances. Dans les années 1980, au regard des faibles avancées réalisées en matière d'intégration et des défis politiques auxquels ils sont confrontés, les chefs d'État africains s'interrogent sur la manière de relancer l'unité du continent. Ils prônent la création d'une CEA, projet d'intégration audacieux et ambitieux dont le Traité est adopté en 1991. Le choix est fait en faveur d'une intégration de type pyramidale, à savoir la mise en place de la CEA, ayant pour aboutissement la mise en place d'un marché commun africain, et qui repose sur des piliers que sont les 'CER'[4]. En 1999, alors que l'échec de l'OUA est avéré, la Déclaration de Syrte prône un changement d'approches et de stratégies et suggère la création d'une Union Africaine censée répondre aux nombreux défis sécuritaires du continent. Au-delà d'un bilan contrasté en matière d'intégration économique, les CER, qui ont plutôt fait leur preuve sur le plan politique, restent des piliers de l'Architecture Africaine de Paix et de Sécurité. Bien avant la période des indépendances, les pays africains ont pris conscience que l'intégration

---

[1]Nous mettons des guillemets car la notion d'intégration régionale au sens de l'OUA (UA) est entendue au sens de continentale. Or, nous ferons référence à la notion d'intégration régionale par référence à celle qui se déroule à l'échelle des régions.

[2]A ce titre, son article 1 se réfère à la définition de la région telle que prévue par la Résolution CM/RES. 464 (XXVI) du Conseil des Ministres de l'Organisation de l'Unité Africaine.

[3] L'état de l'intégration régionale en Afrique II : rationalisation des Communautés Économiques Régionales », Nations Unies, Commission économique pour l'Afrique, Union Africaine. Addis-Abeba, Commission économique pour l'Afrique, 2006, p. 15.

[4] Gnanguenon (Amandine), « De la relation entre l'Union Africaine et les communautés économiques régionales au sein de la l'architecture africaine de la paix et de sécurité », in Moring (David), Benoni Theroux (Anne Lori), 2011, *Guide de maintien de la paix : l'Afrique et les opérations de paix,* numéro spécial,

régionale était pour eux bien plus qu'une option pour atteindre leur développement économique. « Le commerce, que ce soit au sein du continent ou avec le reste du monde, demeure un facteur essentiel susceptible de contribuer à relever les défis auxquels l'Afrique est confrontée. Ainsi, l'Intégration Régionale est apparue comme le cadre idéal pour éliminer les obstacles qui entravent les échanges intra-africains et internationaux »[1]. En effet, l'Afrique a été le premier continent à créer en 1991, une Communauté Économique, regroupant l'ensemble de ses États. Comme le relève Ahmed Mahiou : « Alors qu'elle est la dernière à émerger sur la scène internationale, c'est par un étonnant paradoxe que les jeunes États d'un continent "nouveau" osent un pari que les nations plus anciennes des autres continents n'ont pas osé »[2].

La Communauté Économique Africaine (CEA) relève de l'idéal panafricaniste d'abord, partagé par les mouvements de libération nationale, sous la période coloniale puis, par les jeunes États africains indépendants. Le contenu de cet idéal varie cependant d'un État à l'autre, ou d'une époque à l'autre. Pour certains, le panafricanisme est porteur d'une exigence d'unité politique immédiate de l'Afrique. Pour d'autres, il est simplement porteur d'une solidarité entre les États souverains. Pour d'autres encore, il est porteur d'un projet d'unité des États africains à long terme, et par étapes[3]. Le partisan le plus ardent du « Panafricanisme-Fédération » immédiat était le premier Chef d'État ghanéen Kwame Nkrumah, qui avait plaidé, au moment de la création de l'OUA en 1963, la cause des Etats-Unis d'Afrique. En partant d'un constat, celui de la faiblesse économique, politique et diplomatique des jeunes États indépendants, il estimait urgent, de réaliser l'Unité politique, car celle-ci était un préalable nécessaire à tout autre progrès sur le continent. Il rejeta donc les démarches qui préféreraient procéder par étape et par secteur, en proposant immédiatement une forme fédérale d'organisation avec un gouvernement, un parlement, une défense, une diplomatie, une citoyenneté, une banque et une monnaie commune africaine[4]. Ce projet maximaliste, appuyé par très peu d'États africains à la Conférence d'Addis-Abeba, qui a

---

[1]État de l'intégration régionale en Afrique II : rationalisation des Communautés économiques régionales', Nations Unies, Commission économique pour l'Afrique, Union Africaine. Addis-Abeba, 2006, p.15.

[2]Mahiou(Ahmed), 1993, « la Communauté Économique Africaine », *Annuaire français de droit international,* p.798. A cet égard, la tentative africaine s'écarte de l'expérience européenne par exemple. L'Europe a retenu une méthode de construction qui sur un noyau s'agrandissant au fur et à mesure pour inclure de nouveaux États. Parti de l'Europe, des six en 1957, on est arrivé après plusieurs rounds d'élargissement à l'Europe des vingt-sept aujourd'hui resté vingt-six après le retrait de la grande Bretagne. En Asie ou en Amérique, on n'a pas non plus vu un tel projet, mis à part l'idée de zone de libre-échange des Amériques, véhiculée par les Etats-Unis depuis le début des années 1990, mais qui semble bloquée depuis 2003.

[3]Mahiou (Ahmed), 1993, « la Communauté Économique Africaine », *Annuaire français de droit inter,* p.799.

[4]Nkrumah (Kwame), 1964, *l'Afrique doit s'unir,* Paris, Payot, p.177.

donné naissance à l'OUA, était jugé non seulement trop ambitieux, mais également dangereux par les autres qui préféreraient s'en tenir à une organisation intergouvernementale classique de coopération. Ces derniers n'eurent donc pas de difficultés à le mettre en échec et instituer une OUA de coopération plutôt qu'une OUA d'intégration telle que voulue par Kwame Nkrumah[1]. Une trentaine d'années plus tard cependant, l'histoire semble se retourner et donner quelque peu raison au chantre du fédéralisme. Face à un continent dont la situation économique ne s'améliore guère depuis sa libéralisation politique et dans un contexte mondial marqué par la contraction de l'aide publique au développement, et l'échec d'un « Nouvel Ordre Économique International »[2] plus juste et plus équilibré, les États africains décidèrent, le 3 juin 1991 à Abuja au Nigéria, de créer la CEA, un projet plus qu'ambitieux avec pour objet de fusionner à terme tous les espaces économiques du continent dans une union économique, dans l'espoir de voir enfin s'améliorer la situation de l'Afrique dans le monde[3]. La CEA est le fruit d'un long processus dont les origines remontent au symposium de Monrovia de 1979.

Ce symposium tenu à Monrovia au Libéria en février 1979, fut le résultat de plusieurs rencontres des leaders africains sur la problématique de l'indépendance économique de l'Afrique. Au cours de ces différentes rencontres, il avait été noté avec regret que si l'Afrique voulait se sortir de façon durable des affres du sous-développement, elle ne pouvait que compter sur elle-même. Une de ces rencontres fut la onzième Session extraordinaire du Conseil des Ministres de l'OUA, tenue à Kinshasa en République Démocratique du Congo (ex-Zaïre), en décembre 1976. Cette Session a donné naissance à la "Déclaration de Kinshasa" qui proclama la souveraineté permanente des États africains sur les ressources naturelles africaines et appela à l'établissement d'un Marché Commun Africain et d'une Communauté Économique Africaine. Dans la même lancée, la quatrième Conférence des Ministres de la Commission Économique pour l'Afrique, tenue en février 1977, adopta le « Plan d'ensemble révisé pour un nouvel Ordre Économique International en Afrique »[4]. Cette quatrième Conférence approfondit par ailleurs le concept d'autonomie individuelle et collective de

---

[1]Mahiou (Ahmed), 1993, "la Communauté Économique Africaine", *Annuaire français de droit inter.* p.799.

[2]Makane Mbengue (Moise) et ILLY (Ousseni), « la Communauté Économique Africaine », dans Yusuf (Abdulqawi) et Ouguergouz (Fatsah) (dir), 2013, *l'Union Africaine : cadre juridique et institutionnel,* Paris, Manuel sur l'organisation panafricaine, Pédone, 3ème partie.

[3]Voir, Bedjaoui (M), 1986, « le projet de création d'un CEA : problèmes institutionnels et juridiques », *Revue Algérienne des Relations Internationales,* 3ème trimestre, p.35; voir aussi, les Articles 4 et 6 du Traité de la Communauté Économique Africaine.

[4]Ikome (NF), 2007, from the plan of action to the new partnership for Africa's development. The political economy of African regional initiatives, institute for Global Dialogue, Midrand, South Africa, p.72.

l'Afrique. Enfin, le Sommet de l'OUA, tenue à Libreville au Gabon en juillet 1977, entérina les recommandations contenues dans la Déclaration de Kinshasa et le plan d'ensemble révisé. Dans la perspective de rompre avec l'ancien ordre et de prendre en main le développement de l'Afrique, les *leaders* africains, à la demande du Secrétaire général de l'OUA, se sont rencontrés à Monrovia en février 1979, dans un symposium dont l'objectif était de définir les bases pour la croissance et le développement de l'Afrique à l'horizon 2000. Les conclusions du symposium de Monrovia ont été revues par la cinquième conférence des Ministres de la Commission Économique pour l'Afrique (Rabat, 20-28 mars 1979), qui adopta en même temps le document portant « stratégie de développement économique de l'Afrique »[1]. Ce document sera ensuite soumis pour adoption au Sommet des Chefs d'États et de Gouvernement de l'OUA, qui convoqua, en avril 1980, un Sommet extraordinaire de l'OUA pour discuter des questions économiques de l'Afrique. Ce sommet eut lieu les 28 et 29 avril 1980, à Lagos au Nigéria. Les Chefs d'États et de Gouvernement y adoptèrent, dans leur Déclaration finale, *le plan d'action de Lagos pour le développement économique de l'Afrique et l'Acte final de Lagos* (Annexe I au Plan d'Action) dans le but de mettre en œuvre la "stratégie du développement économique de l'Afrique" définie à Monrovia puis révisée à Rabat, une année plus tôt[2].
Dans l'*Acte final de Lagos,* les chefs d'États et de Gouvernement africains réaffirmèrent leur « engagement de créer d'ici l'an 2000, sur la base d'un Traité à conclure, une CEA afin d'assurer l'intégration économique, culturelle et sociale du continent »[3]. La Conférence des chefs d'États et de Gouvernement prit l'engagement d'enclencher le processus devant aboutir à l'établissement de cette Communauté. Elle invita le Secrétaire général de l'OUA à mettre en œuvre la Décision, en collaboration avec la Commission Économique des Nations Unies pour l'Afrique. Des consultations furent menées dans cette perspective, par le Secrétaire général et les travaux préparatoires entamés aboutirent le 03 juin 1991, à la signature à Abuja par 51 des 52 États de l'OUA, du Traité instituant la CEA. Ce Traité est entré en vigueur le 12 mai 1994. Il a été réaffirmé et endossé par l'UA, qui a succédé à l'OUA le 26 mai 2001[4]. Malgré les efforts considérables consentis à cet égard, la coopération entre États n'a pas produit les effets escomptés sur le plan économique. A la fin de la Guerre froide et à la suite des changements intervenus sur la scène internationale, les chefs d'État africains sont confrontés à une autre réalité, la multiplication des conflits. Outre les pertes

---

[1]Ikome Nguendi (Francis), 2007, from the plan of action to the new partnership for Africa's ...*op, Cit.* p. 73.
[2]Le texte du plan d'action ainsi que celui de l'Acte final sont disponibles sur le site internet de la Commission Économique pour l'Afrique.
[3]Section II-A de l'Acte final de Lagos.
[4]Préambule de l'Acte constitutif de l'Union Africaine.

matérielles et en vies humaines, l'instabilité politique qui résulte de la conflictualité pénalise les échanges entre les pays africains. La paix et la sécurité deviennent alors des conditions préalables à l'intégration régionale économique.

2. *L'instrumentalisation des Communautés Économiques Régionales à des fins politico-stratégiques.*

A l'origine, créées pour des motifs plus qu'économiques, les CER se sont rendu compte qu'au fil des années, leurs pays-membres ne pouvaient connaître un développement économique harmonieux et intégré sans que des conditions minimales d'une paix à l'échelle sous-régionale ne soient assurées. Pour ce faire, elles ont transformé en profondeur leurs Chartes respectives en y intégrant le maintien de la paix et la possibilité de déployer des forces de paix sous-régionales. Cette africanisation du maintien de la paix est soutenue par la mise en place des programmes de renforcement des capacités africaines de maintien de la paix, programmes initiés par certaines puissances du CSNU, en l'occurrence la France et les Etats-Unis. En effet, conscients des problèmes rencontrés par les Africains dans la résolution des conflits et peu désireux de s'y engager comme par le passé, plusieurs pays occidentaux ont conçu des programmes pour développer les capacités des pays africains en matière de maintien de la paix.

Les plus importants sont les programmes américain et français[1] avec pour principal objectif, d'appuyer les efforts des armées africaines dans la résolution de leurs conflits. La première action de maintien de paix du genre est menée par la CEDEAO en 1975 au Libéria, à travers l'ECOMOG qui s'étend ultérieurement à la Sierra Léone en 1997, à la Guinée Bissau en 1998, en Côte d'Ivoire en 2002 et aujourd'hui au Mali. Tel est aussi le cas de la CEEAC dont l'objectif depuis sa création était de « promouvoir et renforcer une coopération harmonieuse et le développement équilibré et autonome entretenu dans les domaines de l'activité économique et sociale [...] en vue de réaliser l'autonomie collective, d'élever le niveau de vie des populations, d'accroître et de maintenir la stabilité économique, de renforcer les étroites relations pacifiques entre ses membres et de contribuer au progrès du continent africain »[2]. Le Traité de la CEEAC, entré en vigueur le 18 décembre 1984 et fonctionnel depuis 1985, a d'abord constitué pour les États membres, un cadre approprié de promotion de l'intégration économique et de

---

[1]Berman (Éric) et Sams (Katie), 2000, *Peacekeeping in Africa : Capabilities and Culpabilities*, Genève, United Nations publication, 540 p. ou encore à Liégeois (Michel), 2011, « L'appui international au renforcement des capacités africaines de maintien de la paix : Trop de médecins autour du patient ? » ; Moring (David), Benoni Theroux (Anne Lori), 2011, *Guide de maintien de la paix: l'Afrique ... op. cit.* pp.183-200.

[2] Kenfack (Jean) et Zouapet (Apollin Koagne), « la CEEAC et les opérations de paix : évolution et bilan d'une décennie après la création du COPAX », in Moring (David), Benoni Theroux (Anne Lori) (dir), 2011, *Guide de maintien de la paix : l'Afrique et les opérations de paix ... op. Cit,* p.106.

renforcement de la confiance entre eux. C'est bien plus tard, que la CEEAC a élargi sa vision de l'intégration pour y inclure, la promotion de la paix, de la sécurité et de la stabilité dans la sous-région. En tant que membres de la CEEAC, qu'un tel objectif ne pouvait être réalisé que dans un contexte de paix et de sécurité. Cette prise en compte de la réalité sécuritaire dans les processus d'intégration s'insère dans le cadre plus général de la tendance depuis les années 1990 à une africanisation des forces de maintien de la paix sur ce continent. Cette africanisation procède entre autres choses de la volonté des grandes puissances, notamment les Etats-Unis et la France de ne plus directement s'engager dans la gestion militaire des crises africaines avec les coûts politiques et humains que cela comporte[1]. Cette démarche s'inscrit également dans la logique panafricaine tracée par la Charte de l'OUA[2]. Le préambule du Protocole de Malabo du 25 juin 2000 instituant le CPS en Afrique Centrale (COPAX) se réfère d'ailleurs de façon claire et précise à l'organe central du mécanisme de l'OUA sur la prévention, la gestion et le règlement des conflits[3].

En Afrique Centrale, les Chefs d'État et de gouvernement vont, par une décision du 25 février 1999 à Yaoundé, créer le COPAX, intégré au Traité instituant la CEEAC. Il est « l'organe de concertation politique et militaire des États membres de la CEEAC en matière de promotion, de maintien et de la consolidation de la Paix. Pour prévenir les conflits, il doit entreprendre, suivant l'article 4 du Protocole de Malabo, des actions de promotion de la culture de la paix, réduire les foyers de tension dans la sous-région, développer les règlements pacifiques des différends, mettre en œuvre les dispositions pertinentes relatives à la non-agression et à l'assistance mutuelle en matière de défense, coordonner l'action des pays membres dans leur lutte contre le phénomène de l'immigration clandestine. Dans le cadre du règlement des conflits, le COPAX est chargé de l'observation et de la surveillance des zones en conflit, du maintien et du rétablissement de la paix, du développement de la paix, du désarmement et de la démobilisation des ex-combattants, d'encourager l'adhésion des États membres à toutes les conventions portant sur la paix et la sécurité, d'assurer une gestion concertée des personnes déplacées, des réfugiés, des ex-combattants, selon les instruments juridiques internationaux en vigueur, de faciliter les efforts des médiations des crises et des conflits au sein des/et entre les États membres de la sous-région ou avec un État tiers. Depuis lors, l'UA et les autres Organisations sous-régionales africaines tentent d'imiter, malgré leurs capacités d'intervention limitées, elles ont toujours appelé de leurs vœux, un soutien onusien dans la gestion de leurs

[1]Traore (Bakary), 2013, « La contribution africaine au maintien de la paix onusienne : enjeux et dessous d'un engagement croissant », *Note d'analyse …op.cit.* p.3.

[2]Esmenjaud (Romain) et Benedikt (Franke), 2009/3, « Qui s'est approprié la gestion de la paix et de la sécurité en Afrique ? », *Revue internationale …op. cit.* pp. 37- 46.

[3] Voir, les alinéas d et e du préambule de la Charte de l'Organisation de l'Unité Africaine.

conflits. Les difficultés de l'AMISOM en Somalie, la MICEMA au Mali en sont aujourd'hui révélatrices. L'implication des CER dans les opérations de maintien de la paix reste indissociable d'une approche en termes de coût-avantage économique et politique. En d'autres termes, plus les États africains seront à la recherche d'une légitimité économique, plus ils auront besoin d'une légitimée d'intervention. Cette *Realpolitik* est devenue l'une des principales motivations des États à la réactivation des CER dans les années 1990. Afin de concilier les moyens dont ils disposent avec les risques auxquels ils sont confrontés, les États pratiquent au niveau sous-régional, une forme de « politique du donnant-donnant », afin d'optimiser la protection de leurs intérêts. En d'autres termes, le recours aux CER est devenu un moyen légal d'agir en matière de gestion des crises, dans un espace où chaque État finit par trouver son compte, tout en servant les intérêts des autres[1]. Partant de ce constat, dès les indépendances, alors que les regroupements régionaux sont conçus avec une finalité économique, ils sont considérés comme des instruments au service des dirigeants africains en quête de pouvoir et de légitimé stratégique.

L'Afrique et les Africains se sont rendu comptes qu'à l'incapacité d'une sécurité correspond une impossibilité d'un développement durable. En d'autres termes, il n'y a pas de développement sans sécurité. L'idée selon laquelle le développement des CER dépend principalement des considérations politiques est illustrée par le fait que, même si leurs faiblesses matérielles sont avérées, certaines sous-régions ont connu des avancées significatives sur le plan économique, leur ayant permis ensuite de se recentrer sur le volet sécuritaire (l'intervention de la CEDEAO au Libéria et en Sierra-Leone). Les véritables difficultés que rencontrent les CER aujourd'hui, sont liées soit au manque de volonté politique des États, pouvant se traduire par exemple, par le manque de contributions matérielles, financières et logistiques ; le délai de ratification ou la non-application des protocoles ; soit à la multi-appartenance sous-régionale des États, accentuée par l'absence de coordination entre les CER, éléments auxquels s'ajoute, le manque de cohésion face aux différents partenaires internationaux. « Ainsi, la dimension sécuritaire de l'intégration régionale en Afrique apparaît clairement et le constat selon lequel l'adhésion aux CER est motivée par des raisons politico-stratégiques, et non pas économiques, se trouve confirmé »[2]. Dans le cadre de ses enquêtes, la Commission Économique des Nations Unies pour l'Afrique confirme que, la moitié des États africains adhèrent aux CER pour des raisons politiques et sécuritaires, alors que 35% le font en raison des intérêts économiques. Le

---

[1]Gandois (Hélène), 2008, *The emergence of regional security organisations in Africa. A comparative study on ECOWAS and SADC*, Thèse de doctorat, en relations internationales, University of Oxford, p.188.

[2]Sindjoun (Luc), « Ordre et désordre en Afrique », *Revue camerounaise de science politique, Polis,* volume. 4, n°2, novembre1997.

critère géographique qui constitue un élément essentiel du Traité d'Abuja, n'est évoqué que par 21% des pays. Partant de ce constat, il est possible de conclure que, si la multi-appartenance des États à plusieurs sous-régions, est en général perçue dans les textes comme l'un des obstacles fondamentaux à l'intégration régionale, elle peut aussi devenir une véritable stratégie politique. Les pays adhèrent à plusieurs CER afin de concrétiser en temps voulu les gains qu'ils attendent des CER. Au-delà des États géographiquement très vastes (RD-Congo ; Cote d'Ivoire ; Soudan ...), l'appartenance plurielle des États est mise à profit par des pays qui ont les moyens de jouer sur plusieurs registres. Ainsi, l'Angola peut-elle se permettre de jouer la carte de l'influence politique en Afrique centrale tout en valorisant ses échanges économiques en Afrique australe. Toujours selon le rapport de la Commission Économique des Nations Unies pour l'Afrique, en moyenne un tiers (1/3) des pays membres ne s'acquittent pas de leurs obligations statutaires et cette proportion peut atteindre la moitié des membres dans certaines Communautés Économiques Régionales.

En fin de compte, les contributions étatiques influent au regard des intérêts en jeu et de l'utilité qu'ils ont d'une CER. Les États multiplient leur adhésion, alors même qu'ils n'ont pas toujours les moyens de contribuer au budget d'une communauté et ne s'investissent que s'ils sont convaincus par les avantages qu'ils pourront en tirer. Quelles que soient les régions considérées, les États sont à la recherche d'une rentabilité immédiate de l'intégration régionale sans en avoir pour autant une vision stratégique réelle. Ce constat est transposable au niveau régional de l'UA. A l'échelle continentale et régionale, la situation peut se résumer à un paradoxe illustré par Christopher Hill, à savoir la notion de *expectations capacitives cap* [1]. En d'autres termes, le fossé existant entre les attentes que suscitent l'UA et les CER de la part de leurs partenaires extérieurs, et leurs capacités réelles à les satisfaire, est encore profond. Ce phénomène est d'ailleurs illustré par le fait que, le renforcement des capacités des États africains, qui est une finalité pour de nombreux pays occidentaux, n'est possible que grâce aux multiples aides extérieures, alors même que les pays africains revendiquaient par le biais de la création de l'OUA, leur autonomie politique. Ce soutien n'en est pas moins nécessaire étant donné que les moyens requis pour la gestion des conflits dépassent souvent les faibles capacités et les maigres ressources des États africains. La Mission des Nations Unies au Congo (MONUC), ou celle intégrée de l'UA et de l'ONU au Darfour (MINUAD), n'excluaient pas en outre une recherche de rentabilité de la part des États impliqués. Pour finir, que ce soient à travers le Traité d'Abuja, le plan de Lagos ou l'Acte constitutif de l'UA, le bilan contrasté du continent sur le plan économique a plutôt mis l'accent sur la dimension politique de l'intégration régionale. Que dire, des CER à l'ère de l'UA ?

[1] Hill (Christopher), 1993, « the capacity expectations gap, or conceptualizing Europe's international role », *journal of common market studies,* n°.3.

B. Les Communautés Économiques Régionales comme une réactualisation de la coopération avec l'UA dans le maintien de la paix en Afrique.

La nature de la coopération actuelle entre l'UA et les CER ne peut être appréhendée que dans le prolongement de la relation entre son prédécesseur, l'OUA, et ces mêmes Communautés. La transformation du Mécanisme pour la Prévention, la Gestion et le Règlement des conflits, plus particulièrement de l'Organe central, en CPS, s'inscrit dans le cadre de cette mutation institutionnelle plus large, et au moment où ils commençaient à s'engager concrètement dans ce processus de transformation, les chefs d'États et de gouvernement, lors du sommet de Lusaka en juillet 2001, ont adopté une décision visant à conserver dans un premier temps le Mécanisme comme un organe de l'Union, conformément à l'article 5 alinéa 2 de l'Acte constitutif de l'Union Africaine[1]. Ils ont toutefois demandé au Secrétaire général de l'époque, d'initier une réflexion qui devait aboutir en fin de parcours à la révision des structures, des procédures et des méthodes de travail de l'Organe central, y compris la possibilité de modifier son appellation[2]. Cette réflexion a abouti à l'élaboration et à l'adoption du protocole relatif à la création du CPS lors de la première session ordinaire de leur Conférence tenue à Durban (Afrique du Sud) le 09 juillet 2002. En fait, l'idée de création du CPS fut le résultat d'une pression exercée à un double niveau sur l'OUA, à savoir : une pression interne provenant, d'une part, des États membres soucieux d'impliquer de manière plus concrète l'organisation dans la restauration et la préservation de la paix en raison de la multiplication de conflits internes à travers le continent dans l'après-Guerre froide et, d'autre part, de la Commission elle-même avec la prise de conscience par le Secrétariat, des insuffisances de l'Organe central et la conduite consécutive d'une réflexion ayant abouti à une série de rapports qui appelaient à la disposition par l'Organisation d'un véritable organe de gestion des conflits[3]. Cette double pression a eu pour conséquence de faire évoluer considérablement la doctrine africaine en matière de paix et de sécurité. C'est dans ce contexte que de nouveaux concepts ont été introduits comme la remise en cause du principe de non-ingérence dans les affaires internes des États membres, la possibilité d'imposer des sanctions en cas de changements anticonstitutionnels et celle de déployer des missions d'appui à la paix. La mise en place du projet de la

[1]Voir, Balde (Hassatou), 2001, « Les Mécanismes de Prévention, de Gestion et de Règlements des conflits des organisations africaines », *Actualité et Droit International,* août, p. 5, (consultable sur www.ridi.org/adi).

[2]Lecoutre (Delphine), 2004, « Le Conseil de Paix et de Sécurité de l'Union Africaine, clef d'une nouvelle architecture de stabilité en Afrique ? », *Afrique contemporaine*, n° 212, vol.4 et statu quo v. immédiatisme », *Politique étrangère*, numéro3.

[3]Une pression externe exercée par les principaux partenaires de l'Afrique (Etats-Unis, France, Royaume-Uni et ONU) visant à responsabiliser davantage les pays africains dans la gestion de la paix et de la sécurité.

régionalisation du maintien de la paix répond donc à cette volonté de l'UA en rapport avec les CER, de prendre leurs responsabilités en matière de promotion de la paix et de résolution des conflits sur le continent. Avant d'analyser ces rapports (2), il est important de clarifier déjà que les CER sont des éléments piliers de formation des brigades des forces africaines en attente[1] (1).

1. Les Communautés Économiques Régionales comme piliers de formation des brigades sous-régionales des Forces Africaines en Attente.

La régionalisation du maintien de la paix, certes placée sous l'égide de l'UA, est assurée par les CER à travers les moyens que les États membres sont disposés à lui consacrer. En d'autres termes, le cadre d'exécution de la gouvernance sécuritaire en Afrique est structuré par la dynamique historique, politique et économique propre à la structure de chaque situation sous-régionale et nationale. L'article 16 du Protocole relatif à la création du CPS de l'UA stipule en outre que les Mécanismes Régionaux (MR) font parties intégrante de l'AAPS, alors que l'UA assure la responsabilité principale de la paix, de la sécurité et de la stabilité en Afrique[2]. L'Acte Constitutif rappelle dans son article 3, que l'un des objectifs de l'Organisation est de : « *coordonner et d'harmoniser les politiques entre les Communautés Économiques Régionales existantes et futures en vue de la réalisation graduelle des objectifs de l'Union* ». Cette place accordée au CER au sein du continent, et plus précisément de l'AAPS, révèle une fois de plus l'incapacité des États à trancher entre une approche où prévaudrait un Gouvernement de l'Union, avec des prérogatives régaliennes largement diminuées, et une vision où l'Unité se ferait par étape conformément au cadre fixé par le Traité instituant la CEA[3]. En d'autres termes, l'absence de vision commune continentale est propice aux batailles entre les États pour qui le respect de leurs prérogatives passe par l'affirmation de leur hégémonie sur le plan régional[4]. Que ce soient à travers *le Traité d'Abuja de 1991, le plan d'action de Lagos pour le développement économique de l'Afrique ou l'Acte Constitutif*

---

[1]Voir, Bassa Bata (Etienne), 2021, *la Force Africaine en Attente au défi de la gestion des crises en Afrique : contribution à une sociologie réflexive de l'africanisation du maintien de la paix,* Thèse en vue de l'obtention du diplôme de Doctorat/PhD en science politique, option : Relations Internationales et Études Stratégiques, Université de Yaoundé II, Faculté des Sciences Juridiques et Politiques.

[2]Document cadre sur la mise en place de la FAA et le Comité d'état-major, adopté par la troisième réunion des chefs d'État-Major africains, Addis-Abeba du 15-16 mai 2003, approuvé par la 3ème session ordinaire de la Conférence de l'Union (Assembly/ : AU/Dec.35(III) Rev.1), tenue à Addis-Abeba du 6 au 8 juillet 2004.

[3]Lecoutre (Delphine), 2008, « Vers un gouvernement de l'Union Africaine ? Gradualisme et statu quo v. immédiatisme », *Politique étrangère*, Automne, pp. 629-639.

[4]Nigeria en Afrique de l'Ouest, Afrique du Sud, Zimbabwe et Angola en Afrique australe, Kenya et Éthiopie en Afrique de l'Est, Gabon, Cameroun et Congo en Afrique central.

de l'UA des années 2000, dont le choix est porté sur l'intégration de type pyramidal ayant pour aboutissement la mise en place d'un marché commun africain reposant sur des piliers, 'les CER', le bilan contrasté du continent sur le plan économique a plutôt mis l'accent sur la dimension politique de l'intégration régionale[1]. Contrairement à la défunte OUA, l'UA s'est ainsi dotée d'un cadre normatif lui permettant, en principe, d'intervenir dans les zones de conflit et d'envisager des actions diplomatiques voire militaires, lorsque les circonstances l'exigent. Pour permettre au CPS d'assumer ses responsabilités, notamment dans le déploiement des missions d'appui à la paix et l'intervention visant à prévenir les crimes de guerre, le génocide, les crimes contre l'humanité ... une FAA a été créée en 2004. Cette force est composée de contingents multidisciplinaires en attente, avec des composantes civiles et militaires, issus de différents pays membres et prêts à être déployés rapidement, dans différentes situations de crises[2]. C'est l'une des composantes essentielles de l'AAPS, aux côtés du Groupe des Sages et du Mécanisme Continental d'Alerte Rapide[3]. Les contingents de la FAA, sélectionnés et formés pour des missions communes, doivent être déployés rapidement selon six « scénarios », correspondant chacun à des situations de crise de plus en plus marquées[4]. Elle a été conçue avec une structure pyramidale se déclinant du niveau continental vers les États membres, en passant par les CER, avec une répartition de responsabilités à chaque échelon concerné. Les cinq sous-régions du continent à savoir, le Centrale, l'Est, le Sud, le Nord et l'Ouest[5],

[1]Gnanguenon (Amandine), 2010, « le rôle des Communautés Économiques Régionales dans la mise en œuvre de l'Architecture Africaine de Paix et de Sécurité », *Politique et Prospective de défense ... op. Cit,* p. 9.

[2]Article 13 (1) du Protocole relatif à la création du Conseil de paix et de sécurité de l'Union africaine. Il ne s'agit cependant pas de troupes stationnées mais de contingents mobilisables en situation opportune.

[3]Pour se saisir d'un conflit ou d'une situation, le Conseil de paix et de sécurité utilise les moyens à sa discrétion, soit à travers l'action collective du Conseil lui-même, soit à travers son Président ou le Président de la Commission de l'UA, soit à travers le Groupe des sages. Composé de cinq hautes personnalités africaines, issues des diverses couches de la société et reconnues pour leur contribution exceptionnelle à la cause de la paix, de la sécurité et du développement sur le continent, le Groupe des sages remplit des missions de consultation et d'information auprès du CPS et de la Commission de l'Union Africaine. Le Système Continental d'Alerte Rapide consiste théoriquement en un centre d'observation et de contrôle dénommé « salle de veille », situé à la Direction de la gestion des conflits de l'Union et chargé de la collecte et de l'analyse des données sur la base d'un module approprié d'indicateurs d'alerte rapide. Articles 11 et 12 du Protocole relatif à la création du Conseil de Paix et de Sécurité

[4]Missions d'observation ; déploiement préventif, afin d'éviter qu'un différend ou un conflit ne s'aggrave, ou qu'un conflit violent en cours ne s'étende à des zones ou États voisins ; intervention dans un État membre, dans certaines circonstances graves ou à la demande d'un État membre, afin de rétablir la paix et la sécurité, conformément aux dispositions de l'article 4(h) et 4(J) de l'Acte constitutif…

[5]Voir, le Traité instituant la CEA, la région est définie comme telle, « Résolution CM/Res.464 (XXVI) de la 26ème session ordinaire du Conseil des ministres de l'OUA qui subdivise l'Afrique en 5 régions. Les CER prévues dans le cadre de cette normalisation en Afrique seraient : la

dont chacune fait office de brigade, à savoir, la Brigade de la Communauté de Développement d'Afrique Australe (SADCBRIG), la Brigade en Attente d'Afrique de l'Est (EASBRIG), la Brigade en Attente d'Afrique du Nord (NASBRIG), la Brigade de la Communauté Économique des États d'Afrique de l'Ouest (ECOBRIG) et la Brigade de la Communauté Économique des États d'Afrique Centrale (FOMAC ou ECCASBRIG). Outre sa brigade en attente, chaque CER est censée posséder un dispositif de planification permanent, un quartier-général cadre à partir duquel est assemblée sa brigade. Cette Force est dimensionnée dans chaque sous-région avec pour finalité, agir en bras armé de l'UA, surtout dans la prévention, gestion et résolution des conflits. Ce sont des Forces Spéciales destinées aux missions de paix africaines, pré-positionnées pour faire essentiellement face aux conflits intra ou extra étatiques en tout temps et lieu en cas de menaces. Au cours des exercices d'opération, les contingents sont identifiés à travers les uniformes aux couleurs de leurs drapeaux respectifs selon les brigades[1].

2. *La relation entre UA/Communautés Économiques Régionales à l'épreuve de la gestion des conflits en Afrique.*

Il était clair dans l'esprit des concepteurs de l'ONU que cette organisation ne pouvait à elle toute seule, assumer le fardeau de la paix et de la sécurité dans le monde. Aussi, avec la régionalisation du maintien de la paix en Afrique, il se dégage à l'observation que, par nécessité ou par réalisme, l'UA partage le fardeau de la paix régionale avec les CER, étant entendu que, dans la Déclaration de Syrte de 1999, les États valorisent « les Communautés Économiques Régionales qui constituent les piliers de la réalisation des objectifs de la Communauté Économique Africaine et de l'Union envisagée ». Le maintien de cette relation entre l'UA et les CER permet finalement de donner un autre contenu au discours sur l'unité et l'intégration africaine. Avec l'échec de l'OUA, le projet de régionalisation de l'UA apparaît comme une tentative de retourner à la conception du groupe de Casablanca qui prônait la consolidation d'une unité politique sous la forme des Etats-Unis d'Afrique. De nombreux chefs d'État n'ont pas ménagé leurs efforts pour soutenir le projet de l'UA. Cela explique d'ailleurs la rapidité avec laquelle l'UA a été créée. Après une réflexion initiée en 1999, portant sur la révision des structures, des procédures et des méthodes de travail de l'ancien Organe central, le choix est fait en faveur de l'élaboration d'un Protocole relatif à la

---

Communauté économique du Nord, la Communauté Économique de l'Afrique de l'Ouest (CEDEAO), la Communauté Économique d'Afrique Centrale (CEAAC), la Communauté Économique d'Afrique de l'Est (CEAE) et la Communauté Économique d'Afrique Australe (CEAAE). Cette définition est donc avant tout basée sur des critères géographiques. Parmi les CER, l'IGAD, la CENSAD et l'EAC ne correspondent pas à la définition de région.

[1]Voir, Bassa Bata (Etienne), 2011/2012, *la Force Africaine en Attente au défi de la gestion de crises en Afrique : Mythe ou réalité ?* Mémoire en vue de l'obtention du diplôme de Master en science politique, option : Relations Internationales et Études Stratégiques, Université de Yaoundé II, FSJP, p.32.

création d'un CPS. Celui-ci est adopté lors de la première session ordinaire de la Conférence des chefs d'État et de gouvernement de l'UA à Durban (Afrique du Sud), le 9 juillet 2002, et entre en vigueur le 26 décembre 2003. L'UA succède ainsi à l'OUA en endossant son actif et son passif.
Cette mutation institutionnelle constitue une excellente occasion de jeter un regard rétrospectif sur cette organisation qui, après avoir incarné le rêve de l'unité africaine, pendant près de quatre décennies a tiré sa révérence sur un bilan plutôt mitigé[1]. Les dirigeants africains manifestent alors leur volonté dans le Protocole créant le CPS, leur résolution à faire jouer à l'UA le rôle pivot dans la restauration de la paix, de la stabilité et de la sécurité sur le continent. Une aspiration à la paix et à la sécurité en Afrique était au centre du nouvel instrument continental. Le CPS est un organe de décision permanent pour la prévention, la gestion et le règlement des conflits. Il constitue, selon l'article 2 alinéa 1 du Protocole, « un système de sécurité collective et d'alerte visant à permettre une réaction rapide et efficace aux situations de conflit en Afrique ». Cela étant souligné par l'Acte constitutif de l'UA qui reconnait que « le fléau des conflits en Afrique constitue une entrave majeure au développement socio-économique du continent et au besoin de promouvoir la paix, la sécurité et la stabilité comme prérequis pour la mise en œuvre d'un programme de développement et d'intégration »[2]. L'article 16 du Protocole quant à lui stipule en outre que les Mécanismes Régionaux font partie intégrante de l'AAPS alors que l'UA assure la responsabilité principale de la paix, de la sécurité et de la stabilité en Afrique. Les Mécanismes concernés doivent ainsi tenir informé pleinement et régulièrement le CPS de leurs activités et de s'assurer que ces activités soient étroitement coordonnées et harmonisées avec cet organe de l'UA. A cet effet, il existe entre l'UA et ces MR, des Bureaux de liaison au sein de leurs secrétariats respectifs, en plus, des réunions périodiques, au moins une fois par an, avec les premiers responsables et/ou les autorités chargées des questions de paix et de sécurité au niveau des MR »[3]. *Le Protocole d'Accord ou Mémorandum d'Entente* entre l'UA et les CER, signé le 28 janvier 2008 à Addis-Abeba, est le texte normatif incontournable dans l'analyse des rapports de coopération et de coordination entre la commission de l'UA et les CER, notamment dans le maintien de la

---

[1]Balde (Hassatou), 2003, « Le bilan de l'OUA dans le domaine du maintien de la paix et de la sécurité en Afrique », *Groupe d'Étude des Questions de Paix et de Sécurité Internationales*, (GEPSI), publication de février, 14 p, disponible en ligne à l'adresse : http://www.ridi.org/gnu/rap/20030213.pdf).

[2]Pour tenter de corriger ce manquement que le marketing diplomatique et militaire engagé par les Etats-Unis en vue de la promotion du Commandement militaire américain en Afrique, l'AFRICOM, entré en vigueur le 28 octobre 2008 et dirigé par le Général William E. Ward assisté de l'Ambassadrice Mary Carlin Yates, un accent particulier est mis sur la collaboration qui aurait eu lieu entre Washington, les Pays africains et les organisations régionales et sous/régionales pour la conception de cette nouvelle structure militaire.

[3]Article 16, Paragraphe 4.

paix en Afrique. Le MoU détaille les modalités de coopération dont entre autres, les réunions et les échanges d'informations réguliers ainsi que la mise à disposition d'Officiers de Liaison, une mesure importante afin d'entretenir un lien de communication entre l'UA et les régions.

Malgré l'existence du MoU, un travail conséquent doit encore être accompli pour aborder les questions spécifiques, comme celles autour du déploiement.des contingents. Avec les textes spécifiques créant les MR africains de paix et de sécurité, ce texte institutionnalise la « subsidiarité de second niveau »[1] en se donnant pour objectif, la mise en œuvre opérationnelle intégrale de l'architecture continentale de paix et de sécurité. L'Acte constitutif rappelait déjà dans son article 3, que l'un des objectifs de l'Organisation est de : « Coordonner et harmoniser les politiques entre les Communautés Économiques Régionales existantes et futures en vue de la réalisation graduelle des objectifs de l'Union ». Cette place accordée au CER au sein du continent, et plus précisément de l'AAPS, révèle une fois de plus l'incapacité des États à trancher entre une approche où prévaudrait un Gouvernement de l'Union, avec des prérogatives régaliennes largement diminuées, et une vision où l'Unité se ferait par étapes en Afrique conformément au cadre fixé par le Traité instituant la CEA[2]. En d'autres termes, l'absence de vision commune continentale est propice aux batailles entre les États pour qui le respect de leurs prérogatives passe par l'affirmation de leur hégémonie sur le plan régional[3].

Ce qui est très intéressant, c'est de voir comment la mise en œuvre réaliste d'une logique de partage du fardeau de la paix en Afrique entre l'UA et les CER est travaillée par la nécessité de créer des compétences alternatives et complémentaires entre les organisations intervenantes. L'avènement de la régionalisation du maintien de la paix s'appuie sur l'institutionnalisation incrémentale et progressive d'une tradition de réaction à la chaîne, concertée ou conjointe du maintien de la paix en Afrique. L'opérationnalisation d'un Système Africain de Sécurité Collective a permis une mise en œuvre intéressante et sans difficulté de la subsidiarité et des avantages comparatifs comme principe régissant la coopération entre les organisations intervenantes dans le maintien de la paix en Afrique. Si traditionnellement, les opérations de maintien de la paix et de consolidation de la paix en Afrique se caractérisent par le soutien de l'ONU à des opérations purement africaines (IGADSOM et

---

[1]Voir, Mandjem (Yves Paul), « Le maintien de la paix en Afrique : Essai d'analyse politiste du procès de l'africanisation de la gestion des conflits africains », hommage à Yves Alexandre Chouala, 2015, « Faire la science politique en Afrique aujourd'hui *», Revue camerounaise de science politique*, Volume 20, n° (1 - 2)

[2]Pour plus de détails voir, Lecoutre (Delphine), 2008, *« Vers un gouvernement de l'Union Africaine ? Gradualisme et statut quo v. immédiatisme », Politique étrangère*, Automne, pp. 629-639.

[3]Nigeria en Afrique de l'Ouest, Afrique du Sud, Zimbabwe et Angola en Afrique australe, Kenya et Éthiopie en Afrique de l'Est, Gabon, Cameroun et Congo en Afrique centrale.

AMISOM) et le relais d'une opération africaine par une opération onusienne, on a assisté au Mali et en RCA à la formation d'une capacité de réaction à la chaine entre les niveaux sous-régional, régional et international du maintien de la paix. Cette nouvelle configuration du maintien de la paix offre une chance incontestable à la paix en Afrique, en lui fournissant une triple possibilité échelonnée d'action en faveur de la paix. Les déploiements de la mission de la CEDEAO au Mali (MICEMA) et de la Mission du Conseil de Paix et de Sécurité de l'Afrique Centrale (MICOPAX) et les relais au Mali : de la Mission Internationale de Soutien à la République Centrafricaine sous la conduite africaine(MISMA)[1] et en RCA, de la Mission Internationale de Soutien à la République Centrafricaine sous conduite africaine (MISCA)[2], ont démonté que l'Afrique ou l'UA peut s'en orgueillir d'enregistrer une double possibilité d'action face aux conflits et aux crises, et que même limitée, celle-ci sonne le glas de l'immobilisme, de l'indifférence et de l'inaction sur le continent. Les deux missions la MISMA et la MISCA ont respectivement été remplacées par la mission multidimensionnelle intégrée des Nations Unies pour la stabilisation au Mali (MINUSMA)[3] et la Mission multidimensionnelle intégrée des Nations Unies pour la stabilisation de la République Centrafricaine MINUSCA[4]. Politico-diplomatiques ou militaires, les interventions en première ligne les Communautés Économiques Régionales (CER), en deuxième ligne de l'UA et en troisième ligne de l'ONU, attestent non seulement de l'existence d'une capacité africaine de réaction, même provisoire, mais aussi d'une forme de gradualisme dans le maintien de la paix et de la sécurité en Afrique. Mais, il faut aussi reconnaitre que, ce gradualisme ascendant n'empêche pas le gradualisme descendant qui postule que l'ONU puisse se saisir en premier d'une situation de menace à la paix avant de la confier à la charge d'une organisation régionale (UA en Somalie). Dans tous les cas, le relais observé entre les CER, l'UA et l'ONU au Mali et en RCA atteste du fait que ce sont les organisations régionales africaines ou les États africains qui prennent des mesures conservatoires pour parer à l'urgence, en attendant l'avènement des conditions plus favorables à la collaboration entre les organisations régionales entres elles, et entre les organisations régionales et l'ONU. Certes, l'efficience de cette capacité africaine peut être, sous certains angles, discutée et discutable, mais cela n'est plus de nature à refuser son effectivité. C'est ce qui fait dire à Josiane Tercinet que le système africain de sécurité collective a fait mieux que la politique européenne de défense et

[1]Résolution 2085 du 30 décembre 2012 du Conseil de Sécurité des Nations Unies.

[2]Résolution 2127 du 05 décembre 2013 du Conseil de sécurité des Nations Unies, cette résolution autorise également l'opération française Sangaris à apporter son soutien à la Mission de Stabilisation en Centrafrique.

[3]Résolution 2100 du 25 avril 2013 du Conseil de sécurité des Nations Unies, cette résolution autorise également l'opération française Serval à apporter son soutien à la Mission des Nations Unies pour la Stabilisation au Mali.

[4]Résolution 2149 du 10 avril 2014 du Conseil de sécurité des Nations Unies.

de sécurité commune mis en place sensiblement en 2003. La régionalisation du maintien de la paix n'est pas un slogan. M. Hervé Ladsous, Secrétaire général adjoint chargé des opérations de maintien de la paix, affirme le 24 mai 2016 au cours d'une réunion du Conseil de Sécurité portant sur la coopération entre l'ONU et l'UA en faveur de la paix et de la sécurité internationales que, l'UA demeurait le partenaire le plus important de l'ONU en matière de maintien de la paix. Il a indiqué que : 'sur un total de 16 opérations de maintien de la paix, 9 missions opèrent sur le continent africain, et avec 80% du personnel en uniforme, l'Afrique apparait comme un partenaire clef de l'ONU. Il a aussi souhaité qu'un soutien financier plus prévisible et durable soit apporté aux opérations de paix de l'UA autorisées par le Conseil de Sécurité des Nations Unies source de contraintes aux pays africains.

II. La régionalisation du maintien de la paix comme projet aux contraintes multiples.

De nombreuses contraintes préexistent à l'implémentation effective du projet de la régionalisation du maintien de la paix, et rendent par conséquent impossible la réalisation de son objectif, celui de répondre efficacement aux crises africaines. Depuis maintenant plus d'une soixantaine d'années, les États africains et leurs organisations sont activement engagés dans les opérations de soutien à la paix. Un élément remarquable à cet égard, porte sur le volontarisme dont ils ont fait montre chaque fois qu'il s'est agi de déployer une mission sur le terrain. Il n'est pas exagéré de parler ici d'un enthousiasme qui, notamment procède tant d'un désir de jouer un rôle majeur dans le règlement des conflits sur le continent que d'une conviction, fortement ancrée, que la quête de la paix requiert une prise de risque[1]. De fait, ces opérations ont conféré à ces acteurs endogènes, une certaine crédibilité grandissante dans le dispositif international d'intervention dans les situations de conflits, en même temps qu'elles ont accru la visibilité de ceux-ci. Elles ont aussi été riches d'enseignements de tous ordres, et ont mis en relief nombre de contraintes et de défis auxquels les dirigeants africains doivent trouver des réponses rapides et efficaces. Ces contraintes et défis peuvent être regroupés en deux rubriques qui vont être abordés successivement : les contingences dues à l'influence de la politique internationale (A), et celles inhérentes au cadre africain de l'étude (B).

A. Les contingences dues à l'influence de la politique internationale.

La régionalisation du maintien de la paix est une alternative qui dérange en raison de l'impensé révolutionnaire qui transpire dans ce projet. La littérature consacrée à cet effet est en débat sur la véritable ambition stratégique de ce projet. Certains auteurs ont présenté celui-ci comme un relais à l'action de la

[1]L'on ne peut donc, contrairement à ce qu'affirme Stephen Ellis dire que, l'enthousiasme de l'UA pour les OSP s'est émoussé récemment du fait des difficultés rencontrées. Voir, Ellis (Stephen), 2011, Season of Rains in the world, London, Hurst and Company, p.138.

communauté internationale dans sa stratégie de recherche de solutions et des moyens en vue d'une prise en charge des questions sécuritaires qui minent le continent. Cette démarche est alors informée par la hiérarchie des normes juridiques internationales qui encadre la subsidiarité dans le domaine de la paix et de la sécurité internationales. Toutefois, à l'analyse, le projet de régionalisation du maintien de la paix est travaillé par des initiatives de renforcement des capacités africaines de maintien de la paix, qui perdent parfois l'observateur en conjecture, en ce sens qu'il se matérialise à travers son encadrement par le droit international (1), mais aussi par le fait que la régionalisation du maintien de la paix se donne à voir comme un projet endossé par la solidarité international (2).

1. Un projet encadré par le droit international.

La Charte des Nations Unies est l'un des textes fondateurs[1] qui fait du maintien de la paix et de la sécurité internationales, une des fonctions centrales à la fois des organisations internationales à vocation universelle (comme l'ONU) et des organisations régionales à créer comme l'OUA, puis, l'UA[2]. En effet, bien qu'elle ait attribué au Conseil de Sécurité le rôle principal dans le « Maintien de la Paix »[3] , la Charte des Nations Unies consacre tout un chapitre, en l'occurrence, le chapitre VIII, à la participation des organismes régionaux dans le maintien de la paix et de la sécurité internationale[4]. Il s'ensuit que la régionalisation du maintien de la paix qui connait une consécration juridique aux articles 52 à 54 de la Charte, relève du régime de l'autorisation contrôlée, de l'anticipation (première instance de règlement) et de la suppléance. L'article 52 dispose : « alinéa1. Aucune disposition de la présente charte ne s'oppose à l'existence d'accords ou organismes régionaux destinés à régler les affaires qui, touchant au maintien de la paix et de la sécurité internationales, se prêtent à une action de caractère régional, pourvu que ces accords ou ces organismes et leurs activités soient compatibles avec les buts et les principes des Nations Unies ». L'article 53 quant à lui renseigne sur la prééminence de l'ONU sur les Organisations Régionales tandis que l'article 54 prescrit à ces derniers l'obligation d'informer le Conseil de Sécurité de « toute action prévue et envisagée » dans le champ du maintien de

[1]Voir, Mandjem (Yves Paul), « le maintien de la paix en Afrique : Essai d'analyse politiste du procès de l'africanisation de la gestion des conflits africains », hommage à Yves Alexandre Chouala, 2015, *Faire la science politique en Afrique aujourd'hui,* Revue camerounaise de science politique, Volume 20, n° (1 - 2), p.45.

[2] Devin (Guillaume), 2009, *Faire la paix. La part des institutions internationales*, Paris, Presses de science Pô.

[3]A/50/571, Rapport sur le partage des responsabilités en matière de maintien de la paix entre l'organisation des Nations Unies et les organisations régionales, consulté sur : www.unjiu.org/data/reports/1995/fr95 04.

[4]Tehindrazanarivelo (Djaboca-Liva) « les relations entre l'UA et les Nations Unies en matière de maintien de la paix et de la sécurité », in YUSUF (Abdulqawi) et Ouguergouz (Fatsah), (dir) 2013, *l'Union Africaine (UA) : cadre juridique et institutionnel,* Paris, Manuel sur l'Organisation ...*op. Cit*, pp. 327-359.

la paix et la sécurité dans leurs régions. L'analyse de la participation des organisations régionales africaines au maintien de la paix en Afrique sous le prisme d'une africanisation de la gestion des crises ne peut faire l'économie du processus décisionnel en matière de maintien de la paix et de la sécurité internationales ; mieux de l'environnement et des rapports de forces juridiques internationaux qui font de l'Afrique un partenaire sérieux mais pas déterminant et indispensable dans le maintien de la paix sur le continent. La Charte des Nations Unies est l'un des textes fondateurs qui fait du maintien de la paix et de la sécurité internationales, une des fonctions centrales à la fois des organisations internationales à vocation universelle (comme l'ONU) et des organisations régionales à créer comme l'OUA, puis, l'Union Africaine[1]. Ce qu'il y a lieu de dire, c'est que la coopération entre l'ONU et les organisations régionales et sous-régionales figure au Chapitre VIII de la Charte, depuis la création de l'organisation. Cependant, elle est toujours restée en veilleuse. « L'Agenda pour la paix » rendu public le 23 juin 1992, redonne donc vie à cette disposition, en même temps qu'il concrétise la nouvelle approche onusienne de la sécurité collective. Celle-ci est basée sur une décentralisation du maintien de la paix.

Cette décentralisation accorde un rôle accru aux accords et organismes régionaux. Elle a permis une plus grande mobilisation des conflits sur le continent. Grâce à cette décentralisation, les organisations africaines tentent depuis de combler les lacunes de l'OUA hier, aujourd'hui l'UA, en matière de prévention, de gestion et de résolution des conflits. Il faut reconnaître que, la publication de « l'Agenda pour la paix » s'inscrivait dans le sillage de la réflexion amorcée au sein de l'ONU, sur la nouvelle philosophie à adopter au sujet du maintien de la paix internationale, et plus précisément, sur la responsabilité des organismes régionaux et sous-régionaux[2]. Ce chapitre VIII confère aussi à l'ONU, une organisation composée exclusivement d'États, dotée d'une responsabilité principale pour le maintien de la paix et de la Sécurité Internationale, tout en reconnaissant l'existence d'Accords ou Organismes Régionaux et accorde à ces derniers des compétences en matière de règlement pacifique des conflits d'ordre régional et de maintien de la paix. Le Chapitre VIII définit l'étendue des pouvoirs des organisations régionales dans ces domaines et constitue ainsi, le cadre juridique de référence des relations entre l'ONU et l'OUA-UA[3]. Au fil des années, la pratique a montré

---

[1] Devin (Guillaume), 2009, *Faire la paix. La part des institutions internationales*, Paris, Presses françaises de science politique.

[2]Voir, Ghali (Boutros-Boutros), 1992, Agenda *pour la paix, diplomatie préventive, rétablissement de la paix, maintien de la paix,* Rapport présenté par le Secrétaire Général des Nations Unies en application de la Déclaration adoptée … *op. cit.* p. 11.

[3]Djaboca (Tehindrazanarivelo L.), « les relations entre l'UA et les Nations Unies en matière de maintien de la paix et de la sécurité » in Yusuf (Abdulqawi A.) et Ouguergouz (Fatsah), (dir), 2013, *l'Union Africaine : cadre juridique et institutionnel,* Paris, Manuel sur l'organisation panafricaine, Pédone, 3ème partie, pp. 327-359.

que les organisations régionales africaines peuvent contribuer de façon décisive au maintien de la paix, à la consolidation de la paix et de la stabilité dans leurs zones respectives. Ce travail de codification de l'entrée en scène des organisations régionales, y compris africaines, dans le champ de la gestion des conflits sera poursuivi par la signature d'Accords de coopération entre les Nations Unies et les organisations régionales, de même que dans les documents de référence sur le maintien de la paix, produits par les Nations Unies. Dans le cadre du maintien de la paix et de la sécurité en Afrique, un Accord de coopération est signé, le 11 octobre 1965, entre l'ONU et l'OUA. C'est en vertu de cet Accord que l'OUA sollicite l'intervention d'une Force de l'ONU au Congo entre 1960 et 1963[1]. Le Président du Conseil a rappelé après sa réunion de Nairobi du 19 novembre 2004 que les relations institutionnelles entre l'ONU et l'UA sont d'une importance capitale pour le système de sécurité collective tel qu'établi par la Charte des Nations Unies[2]. L'Union Africaine ne ménage également aucun effort pour rendre possible une coopération avec les autres organisations internationales, en les invitant à prendre la parole devant le CPS sur les questions d'intérêts communs.[3]

2. Un projet endossé par la solidarité internationale.

L'ambition d'autodétermination stratégique de l'Afrique dans le maintien de la paix a poussé ses concepteurs à créer le Fonds pour la paix car, le maintien de la paix est une activité complexe qui nécessite des moyens logistiques et financiers considérables pour garantir la paix dans la durée[4]. Les contributions statutaires des États sont demeurées insuffisantes et irrégulières. Au cours de sa 21ème Session qui marquait par ailleurs le cinquantenaire de la création de l'OUA-UA, la Conférence des Chefs d'État et de gouvernement a examiné le rapport du Panel de haut niveau, présidé par l'ancien Président nigérian, Olusegun Obasanjo, sur les propositions de sources alternatives de financement de l'UA. Après de nombreuses tractations diplomatiques, la Conférence a adopté « *en principe* », le rapport et les options proposées comme sources alternatives de financement de l'UA. Il s'agit de la taxe d'hospitalité de deux (02) dollars américains par séjour dans les hôtels et la taxe de 10% sur les billets d'avion pour les vols en partance ou à destination de l'Afrique. Jusqu'à présent, la mobilisation de ces ressources reste incertaine. Le maintien de la paix en Afrique reste tributaire des financements extérieurs à l'Afrique. La contribution de l'ONU au Renforcement de la Capacité Africaine de Maintien de la Paix a une dimension intrinsèquement

[1] Le début de la coopération a été limité par la Guerre Froide.

[2] Voir, document, ONU S/PRST/2004/44, du 19 novembre 2004.

[3] Voir, Protocole créant le Conseil de Paix et de Sécurité de l'Union Africaine, 17 Paragraphe 4.

[4] Voir, Bassa Bata (Etienne), 2022, « l'africanisation du maintien de la paix depuis 1960 : Enjeux, contraintes et défis à relever », *in Revue Africaine des Réflexions Juridiques et Politiques,* Volume 1, N°3, décembre, p.116.

institutionnelle, illustrée par l'aide qu'elle apporte aux organisations africaines[1]. Concernant cette aide, l'ONU possède l'intégralité des instruments et des moyens pour proposer une réponse globale, coordonnée et cohérente aux conflits complexes dans le monde, notamment en Afrique. Cela s'illustre par les sollicitations d'intervention dont elle fait l'objet par les États et les organisations africaines, dans le but d'assurer le maintien de la paix à long terme dans les pays en proie à un conflit armé. A titre d'illustration, les conflits au Mali et en RCA démontrent les difficultés opérationnelles (pacification, soutien logistique, humain, financier ...) auxquelles sont confrontées l'UA et les CER dans leurs tentatives diplomatico-stratégiques d'assurer et de garantir le maintien de la paix[2]. La « *solution onusienne* » apparaît alors commode pour ces organisations africaines. La complexité des conflits centrafricains souligne le caractère incontournable de l'ONU, et ses partenaires historiques de mener toujours des actions multidimensionnelles de la paix dans la durée dans ce pays, comme dans nombre d'États africains.

B. Les contingences inhérentes au cadre africain de l'étude.

La régionalisation du maintien de la paix est conçue pour fournir à aux organisations africaines des moyens pour répondre aux crises d'une manière opportune et efficace[3] et offrir à l'Afrique une position et un plan d'action communs pour le développement de sa capacité en matière d'intervention[4]. Pour parvenir à cet ambitieux projet de renaissance africaine en matière de gestion des conflits, la volonté politique des dirigeants africains devient d'une préoccupation primordiale, en ce sens qu'elle nécessite une mise à contribution de l'ensemble des États africains des moyens logistiques, financiers, la maitrise de la langue, la formation des contingents, la prise en compte de la dimension civile et des femmes dans les opérations ... Pourtant, eu regard aux récents conflits en Afrique, ces éléments ne confirment pas le franchissement de la dépendance africaine vis-à-vis de l'extérieur, et constituent des piliers obstacles aux initiatives africaines de maintien de la paix, et représentent notamment des freins à l'efficacité et à l'efficience au processus de la régionalisation du maintien de la paix.

1. La faible volonté politique.

Le premier obstacle à noter est l'absence de volonté politique qui est manifestement flagrante au rythme de l'évolution inégale d'une sous-région à

---

[1]Cattin (Gérard), 2000, « les Nations Unies, et la construction de la paix en Afrique : entre désengagement et expérimentation », in *Revue Générale du Droit International Public*, Volume.104, p.93.

[2]Thierry (Tardy), 2009, *gestion des crises, maintien de la paix et consolidation de la paix : acteurs, activités, défis,* Paris, Centre de Politique de Sécurité de Genève (GCSP), et Centre d'Étude et de Recherches Internationales (CERI), Ière édition, p.2.

[3]Protocole relatif à la création du Conseil de paix et de sécurité de l'Union africaine, 9 juillet 2002, Article 2.2.

[4]De-Coning (Cédric), 2007), "Peace operations in Africa, the next decade. Institut norvégien des relations internationales », *document de travail*, n°. 721, p. 11.

l'autre[1], alors que l'opérationnalisation de la FAA ne peut être effective que dans la perspective d'imbrication homogène et d'un niveau de développement équilibré des différentes composantes sous-régionales. A ce niveau, au-delà des difficultés communes, certaines sous-régions paraissent être de bons élèves tandis que d'autres trainent encore le pas. A l'observation fonctionnelle, les avancées sont incontestables dans certaines sous-régions. Toutefois, la CEDEAO et la SADC apparaissent nettement en avance, suivies de la CEEAC, dans une moindre mesure la CEEAE et enfin de l'Afrique du Nord. Cette absence d'équilibre au niveau des brigades, trouve sa source dans le manque de volonté politique des leaders africains toujours dans leur quête de leadership, qui frustre davantage le concept d'appropriation, d'intégration et de renaissance africaine. Néanmoins, les autres initiatives intéressantes se font jour dans certaines sous-régions, comme en témoignent les approches développées sur la formation en matière de sécurité maritime dans la CEEAC[2]. Quoiqu'on note une relative avancée à l'Ouest, au Centre, à l'Est et en quelque sorte au Sud, les autres régions devront rattraper le retard, pour qu'on puisse espérer une opérationnalisation crédible des forces africaines. Car, la course à la montre fût lancée, sans que tous les acteurs aient fait correctement leur échauffement. Pire, dans l'UMA où les États bien qu'étant dotés des capacités militaires impressionnantes, n'ont jamais réuni les conditions nécessaires pour mettre en place la brigade de la NASBRIG. En réalité, ce qui manque dans cette sous-région, c'est moins une question de capacité qu'une question de volonté politique. Dans cette Brigade d'Afrique du Nord (NASBRIG), le problème provient essentiellement de l'absence de volonté de développer une Défense Commune. Les antagonismes qui divisent cette sous-région : d'un côté, la Tunisie qui maintient sa doctrine non interventionniste, de l'autre l'Algérie et l'Égypte qui, du fait de forts nationalismes, refusent de s'impliquer dans une organisation dont le contrôle

---

[1]Voir, Bassa Bata (Etienne), 2021, *la Force Africaine en Attente au défi de la gestion des crises en Afrique : contribution à une sociologie réflexive de l'africanisation du maintien de la paix,* Thèse en vue de l'obtention du diplôme de Doctorat/PhD en science politique, option : Relations Internationales et Études Stratégiques, Université de Yaoundé II, Faculté des Sciences Juridiques et Politiques, pp. 277-280.

[2]Ntuda Ebode (Joseph Vincent), 2010, « Consolider les acquis du cinquantenaire : prévenir et traiter les menaces de l'après Bakassi, une nécessité », in Honneur et fidélité, Mai 2010, pp. 13-16. Du même auteur, « Le Cameroun et le Nigeria enterrent la hache de guerre à Bakassi : et après ? », in Diplomatie magazine n°35, Paris, 2008. Ntuda Ebode (Joseph Vincent), 2010 « La nouvelle posture géopolitique du Cameroun et la lutte contre la piraterie dans le golfe de guinée », in *CREPS-Friedrich Ebert Stiftung,* Terrorisme et Piraterie : de nouveaux enjeux sécuritaire dans le Golfe de Guinée, Presses Universitaires d'Afrique, Yaoundé, pp. 43-92. Ntuda Ebode (Joseph Vincent), 2010, « Francophonie et piraterie maritime dans le golfe de Guinée », in Les Cahiers de Défense Nationale, Paris, février ; Atonfack Guemo (Cyrille Serge), 2010, « La mutualisation des moyens de lutte contre les actes de piraterie dans la sous-région CEEAC », in *CREPS-Friedrich Ebert Stiftung, Terrorisme et Piraterie : de nouveaux enjeux sécuritaire dans le Golfe de Guinée,* Presses Universitaires d'Afrique, Yaoundé, 2010, pp. 123-147.

leur échapperait[1]. Entre les deux la Libye, panafricaine de courant, dans la mesure où elle en possédait le leadership, mais qui ne jouit plus de la stabilité interne suffisante pour participer à la mise en place de la NARC, du fait des printemps Arabes dont l'Égypte et la Libye ont également été victimes ou bénéficiaires, selon les points de vue. Toutefois, dans la sous-région du Nord, les avancées sont moins manifestes. On pourrait même dire que c'est la composante la moins avancée des forces africaines. L'UMA n'a pas encore mis en œuvre les conditions d'opérationnalisation de la brigade du Nord. Pourtant, la plupart des Etats du Nord sont dotés de capacités militaires impressionnantes, au regard des autres régions. Ce qui manque dans cette région, c'est moins une question de capacité qu'une question de volonté politique. La volonté politique est l'un des éléments le plus fondamental pour une crédible opérationnalisation des forces africaines. En ce qui concerne la CEEAC, la situation semble trop chaotique, notamment en RDC et en Centrafrique, pour espérer un développement rapide, malgré les capacités réelles des armées du Cameroun, du Tchad et de l'Angola. Le principal obstacle dans cette région est l'absence de coordination et de volonté politique, ainsi que l'étroitesse des moyens, à la fois logistiques et financiers. De même, la crise malienne a malheureusement démontré que les outils de prévention et de résolution de la CEDEAO, ni ceux de l'Union Africaine d'ailleurs, n'étaient encore en mesure de donner des solutions africaines satisfaisantes.

La mise en œuvre d'une politique de régionalisation du maintien de la paix répond à la volonté de l'UA de prendre ses responsabilités en matière de promotion de la paix et de résolution des conflits sur le continent : « Cette politique a été conçue avec une structure pyramidale se déclinant du niveau continental vers les États membres et passant par les CER/MR avec une répartition de responsabilités à chaque échelon concerné. Une telle structuration permet d'organiser son fonctionnement selon le principe de subsidiarité. Ceci, évidemment, exige une forte capacité de coordination pour assurer aux CER une efficacité optimale »[2]. Mais, son format organisé autour de composantes sous-régionales, est un compromis intéressant qui n'est pourtant pas sans inconvénients eu égard aux problèmes posés par la relation entre l'UA et les CER. La faible participation effective des pays africains, notamment de l'UA et de la Communauté Économique des États de l'Afrique de l'Ouest (CEDEAO) au Mali a créé une onde de choc dans la classe politique africaine au premier rang de laquelle l'Afrique du Sud, puissance continentale

[1]Ce qui n'empêche pas l'Algérie de contribuer sur les plans matériel, opérationnel, et financier dans le cadre de l'Architecture Africaine de Paix et de Sécurité, mais toujours hors cadre de la NARC.

[2]Natama (Jean-Baptiste), « Architecture de paix et de sécurité en Afrique : la force africaine en attente », *communication lors du 14e Forum de l'Institut des Hautes Études de Défense Nationale,* sur le continent africain.

aux ambitions géopolitiques et géostratégiques affirmées. Celle-ci, soutenue par l'Éthiopie et l'Ouganda a été à l'origine de la création de la CARIC, une force qui se veut en principe « provisoire et immédiatement opérationnelle » mais qui dissimule de réels antagonismes géopolitiques et géostratégiques entre les puissances occidentales notamment la France et les Etats-Unis et les puissances sous-régionales africaines dans la gestion des crises en Afrique. Le dispositif de la CARIC s'inscrit dans un modèle du rapport de force de Madame ZUMA, Présidente de la Commission de l'UA de l'époque, relatif à l'opérationnalisation de la FAA et la mise en place de la CARIC. Si les Africains doivent assumer plus de responsabilité dans la promotion de la paix et de la sécurité de leur continent, cela ne devrait pas signifier une éviction de l'ONU, particulièrement du Conseil de Sécurité, de sa principale responsabilité pour le maintien de la paix et de sécurité internationales, ni justifier un recul de l'engagement de la communauté internationale sur le terrain africain, bien au contraire. La construction d'une stabilité durable en Afrique doit alors être guidée par le principe de la responsabilité commune. La Ministre canadienne de la coopération internationale, Mme Suzanne Whelan, l'a rappelé dans une allocution au cours d'une Conférence sur le nouveau partenariat entre le Canada et l'Afrique en soulignant que : « *les pays en développement doivent prendre la direction de leur propre développement et créer les conditions nécessaires pour en venir à un développement durable. Les donateurs ont une responsabilité réciproque de soutenir les pays en développement (...)* »[1]. Cette responsabilité mutuelle exige donc une complémentarité entre l'organisation des Nations Unies et les Organisations Intergouvernementales Africaines. Elle ne saurait se faire sans une volonté politique ferme de la part de la communauté internationale et des pays africains et une cohérence dans l'action. L'ONU faut –il le rappeler, joue un rôle moteur dans la promotion de la paix et de la sécurité internationales. Les organisations régionales et sous-régionales quant à elles, ont vocation à se voir impliquées dans ces matières à travers un processus de décentralisation, de délégation ou de coopération avec les Nations Unies.

Ce qui est très intéressant, c'est de voir comment les enjeux géopolitiques et géostratégiques des puissances régionales et internationales se sont structurés autour de la création de la Capacité Africaine de Réaction Immédiate aux Crises.

2. *L'obstacle budgétaire et logistique.*

Un long et dur combat que les États africains doivent encore mener est celui de l'autonomie financière et logistique dans ces opérations de maintien de la paix.

- **En matière de financement.**

---

[1] Notes pour une allocution de l'honorable Suzanne Whelan, Ministre de la coopération internationale. Conférence sur, le Canada et l'Afrique et l'Afrique : un nouveau partenariat », Montréal, 4 Mai, 2002, disponible sur le site de l'ACDI, http : www.addi-cida.gc.ca

En effet, la mise en activité des forces africaines nécessite une mobilisation financière très importante. Ainsi en 2011, le Général Sékouba Konaté, Haut Représentant de l'UA pour l'opérationnalisation de la FAA estimait qu'il fallait 83 millions de dollars[1] pour monter la force africaine. Pour son fonctionnement, certains analystes estiment qu'il ne faudrait pas moins d'un milliard de dollars[2]. Curieusement, l'UA qui pourtant entend privilégier la recherche des solutions africaines face aux crises et conflits continentaux, affirme qu'elle est prête à soutenir financièrement les opérations de ladite force à hauteur de 25%, reportant ainsi de fait sur ses partenaires étrangers le financement de 75% restant. Cette situation est révélatrice de la dépendance financière de l'organisation dans le domaine de la sécurité, comme le confesse Sivuyile BAM, le Chef des opérations de maintien de la paix pour l'UA en ces termes : « plus de 90% des opérations de maintien de la paix de l'UA sont financées par nos partenaires comme les Nations Unies, les États-Unis, la Grande Bretagne, l'Union Européenne... »[3]. Il ajoute : « Même l'exercice dans le désert du Karoo qui coûte déjà 15 millions de dollars pour trois semaines d'entrainement, est financé en partie par des dons. Mais, si cette force en attente veut réellement être efficace et prête à agir rapidement, les financements devront être aléatoires ».

Face à la permanence du défi du financement des forces africaines, le général Konaté, lance donc une mise en garde : « je voudrais souligner à cet égard, l'impératif de s'assurer que nos États s'approprient effectivement du projet des FAA et s'investissent davantage dans le financement des activités devant conduire à son opérationnalisation effective (...) Nos partenaires que je ne remercierai jamais assez, ne peuvent et ne doivent pas se substituer à l'Afrique pour la gestion de ses crises. (...). Il est donc temps que les Africains commencent véritablement à trouver et à appliquer le principe de « solutions africaines aux problèmes africains »[4]. La grande lacune du CPS est la rareté de la ressource financière qui, comme sous l'OUA, caractérise l'UA. Pourtant, le conseil exécutif avouait ainsi en 2009 que : « L'opérationnalisation des forces africaines nécessite en effet de mobiliser des ressources financières importantes qui ne sauraient provenir exclusivement des partenaires extérieurs. D'où la nécessité de trouver des solutions appropriées pour permettre aux États membres de s'approprier pleinement les forces africaines

---

[1]Touchard (Laurent), 2019, « Centrafrique : où en est la Force Africaine en Attente (FAA) ? », *Jeune Afrique*, 12 décembre 2013 à 11h58, http://www.jeuneafrique.com.

[2] « La Force Africaine en Attente (African Standby Force) s'entraine en Afrique du sud », in http : lignes-de-défense. La-force-africaine-en-attente-s-entraine-en-afrique-du-sud14959httmt.

[3] « La Force Africaine en Attente (African Standby Force) s'entraine en Afrique du sud », in http : lignes-de-défense. blog-ouest-France.fr/archives 2019/15/2.

[4]Le général Sékouba Konate au Botswana, « La FAA est un segment stratégique de maintien de la paix et de sécurité en Afrique », sur http:/guineenews.org.

en attente »[1]. Cette difficulté financière semble profonde, au regard des multiples drames qui se produisent en Afrique et aux discours déclaratoires des dirigeants africains, il se dégage que la nouvelle organisation panafricaine, quoiqu'engagée dans un processus de renaissance politique africaine, souffre, comme l'OUA en son temps, d'un important décalage entre la volonté politique affichée et les actes concrets des dirigeants du continent. Le CPS, pour pallier ces éventuelles lacunes financières, a prévu que l'Union puisse demander aux États pourvoyeurs de contingents de prendre en charge le coût financier de la participation de leurs contingents respectifs pendant les trois premiers mois. « L'Union rembourse ainsi les frais encourus par les États pourvoyeurs de contingents concernés dans un délai maximum de six mois et reprend à son compte le financement des opérations »[2]. Tenter une réponse à cette lacune, un Fonds Spécial pour la Paix (FSP) ait été créé pour alimenter des prélèvements effectués sur le budget de l'UA.[3] Mais, par le fait que ce Fonds souffre depuis sa mise en place d'un manque d'approvisionnement, le Président de la Commission accepte tout don étranger au motif que les États membres de l'Union n'y apportent pas les contributions nécessaires. Ce qui met en péril l'efficacité opérationnelle de l'institution en charge des crises africaines et augmente son degré de dépendance externe en matière de financement.

Dans la perspective du renouvellement de leur politique africaine régulièrement mise en cause[4], notamment pour leur soutien à la mise en place et à l'enracinement de régimes autoritaires, les autorités françaises en charge du RECAMP soulignent que ce programme, pour être efficace, doit s'inscrire dans une politique d'ensemble. C'est ainsi que l'UE a pris la direction du programme français, désormais baptisé Euro-RECAMP[5] et dans le cadre duquel a été organisé l'Exercice 'AMANI AFRICA' (2008-2010) qui visait ainsi à valider les structures de planification Euro-RECAMP et du commandement des forces africaines à travers des cycles de formation et d'entraînement[6]. Mais, dans un contexte marqué par la crise économique en

[1]Union Africaine, Conseil exécutif de la Commission de l'UA, Rapport sur la 6ème réunion des chefs d'État-major et la 3e réunion ordinaire des ministres africains de la défense, de la sûreté et de la sécurité, Syrte, Libye, 28-30.

[2]Article (21 – 7) du protocole créant le Conseil de Paix et de Sécurité.

[3]Article (21 – 1) du Protocole créant le Conseil de Paix et de Sécurité.

[4]Bayart (Jean-François), 1995, « réflexion sur la politique africaine de la France », in politique africaine, N°58, juin 1995, pp. 41-50, Petiteville (Franck), 1996, « Quatre Décennies de coopérations franco-africaine : Usage et usure d'un clientélisme », in études internationales, volume XXVII, n°.3, septembre, pp.571.

[5]Le cycle AMANI AFRICA est engagé en collaboration avec l'UE, Euro-RECAMP étant utilisé comme outil de Validation de la FAA. Euro-RECAMP relève du cadre d'action de l'Union européenne pour le Renforcement des Capacités Africaines de Maintien de la Paix.

[6]Liégeois (Michel), « l'appui international au renforcement des capacités africaines de maintien de la paix : Trop de médecins autour du patients », dans Moring (David), Benoni Theroux

Europe, il faut s'attendre à une baisse des ressources, au désengagement et au désintéressement de certains contributeurs face à ce projet[1]. Disposition plus renforcée par le Rapport Prodi qui reconnait que si l'UA dépend des sources de financements imprévisibles, il y a un danger que des capacités essentielles ne soient pas disponibles au moment voulu[2]. Le manque de moyens financiers et matériels est régulièrement évoqué pour expliquer les difficultés liées à la prévention, à la gestion et à la résolution des conflits en Afrique. Actuellement, la brigade en attente de l'Afrique centrale (FOMAC) comme d'autres brigades en attente, bénéficie de l'appui financier accordé par l'UE dans le respect d'une règle tacite que, les deux tiers (2/3) du budget de ses missions proviennent de la Facilité de paix de l'UE accordée à l'UA[3], le tiers restant étant à la charge de tous les États membres de l'Union. L'UE est le principal bailleur de l'AAPS, via l'instrument de la Facilité du soutien à la paix pour l'Afrique.

- **En matière logistique et humaine.**

En matière logistique, les commandants opérationnels n'opèrent pas dans un vide national. Les plans régionaux, sous-régionaux et nationaux ont besoin d'être incorporés aux plans de la coalition des partenaires alliés dans des opérations multinationales et multidisciplinaires. Les discours déclaratoires en fourniture logistique peuvent être communs mais, la réalité en présence reste quasiment inexistante. Le constat dans le projet de création des forces africaines est que, la logistique multinationale est une caractéristique d'opérations limitées à une petite gamme d'articles d'usage dans les zones d'hostilités[4]. Ceci se justifie à suffisance au niveau de la Base Logistique Continentale (BLC), en ce sens que, les dépôts logistiques sous-régionaux ne sont approvisionnés que lentement : « *Les ambitions des six scénarios d'intervention ne correspondent pas aux moyens réels* »[5]. Pourtant, ils sont

---

(Anne Lori) (dir), 2011, *Guide de maintien de la paix : l'Afrique et les opérations... op. Cit*, p.199.

[1]Cette question se poste tout particulièrement pour l'EMP Bamako, qui a vu le nombre de pays contributeurs passer de 11 à 7 entre 2007 – date de sa création – et 2011.

[2] De-Coning (Cédric) et Kasumba (Yvonne), 2010, « La dimension civile de la Force Africaine en Attente », Rapport rendu par le Centre africain pour la résolution constructive de conflits... *op, cit,* p. 20.

[3]La facilité de soutien à la paix pour l'Afrique a été créé en 2003- 2004 formulée au Sommet de Maputo, à la suite d'une demande directe faite par les leaders africains pour la mise à disposition de soutien aux opérations de paix africaines et autres initiatives de renforcement des capacités connexes.

[4]Voir, Bassa Bata (Etienne), 2022, « l'africanisation du maintien de la paix depuis 1960 : Enjeux, contraintes et défis à relever », *in Revue Africaine des Réflexions Juridiques et Politiques(RARJP),* Volume 1, n°3, décembre, pp.131-132 ; Voir aussi, Bassa Bata (Etienne), 2021, *la Force Africaine en Attente au défi de la gestion des crises en Afrique : contribution à une sociologie réflexive de l'africanisation du maintien de la paix,* Thèse en vue de l'obtention du diplôme de Doctorat/PhD en science politique ... *op. cit.* pp. 299-303.

[5]Rukindikiza (Gratien), 2014, « Les problématiques de la Force africaine de réaction rapide », *Revue de la Défense Nationale*, Tribune n°487, 28 février.

censés permettre le déploiement (rapide) de la brigade régionale. Mais avant même de parler du déploiement sur le terrain, encore faut-il avoir les moyens de transporter des milliers d'hommes sur des milliers de kilomètres par voie aérienne, terrestre et maritime[1], ce que les forces africaines sont aujourd'hui incapables de faire par brigade sans interventions extérieures de puissances étrangères, ou intra-africaines de certains pays tels que, l'Algérie ou l'Égypte, grâce à la capacité de leurs avions-cargo, de fabrication russe type *Ilyushin Il-76*, ou américaine type *C-130 Hercules*, malgré le manque de volonté de ces derniers, à la Politique Africaine de Défense Commune. En réalité, « dans un environnement complexe, la capacité à gérer, coordonner et intégrer des composantes multiples à travers toutes les dimensions et créer des liens avec d'autres parties prenantes et partenaires est devenue un facteur de succès crucial dans les missions contemporaines des forces africaines en attente »[2]. A cet égard, un aspect décisif est celui de la dotation adéquate du personnel, en termes du nombre de personnes et d'expérience professionnelle, puisqu'on constate de plus en plus une modicité de représentation militaire dans les structures du personnel au niveau stratégique, opérationnel et tactique.

Actuellement, l'UA est extrêmement dépendante des partenaires externes pour la logistique et la gestion des services de soutien en général. Un Protocole d'entente liant l'UA à l'ONU envisage l'octroi d'accès de l'UA au dépôt logistique de Brindisi sur la base de remboursements. Les ressources humaines disponibles sont manifestement insuffisantes au regard des responsabilités croissantes de l'UA en matière de paix et sécurité et des attentes des États membres. La gestion efficace d'une OSP requiert une capacité stratégique adéquate en matière de planification et de conduite des opérations. La quasi-totalité des missions de l'UA a souffert de ce manque de personnel, même lorsque des structures *ad hoc* ont été mises en place, à l'image du Groupe de Travail Intégré sur le Darfour (*Darfour Integrated Task Force)* en 2004, pour la MUAS et de l'Unité de Planification et de Gestion Stratégique pour la Somalie (*Somalia Planning and Management Unit_SPMU*), en 2007, s'agissant de l'AMISOM, avec l'appui des partenaires internationaux. De manière générale, le Département Paix et Sécurité est en sous-effectif par rapport aux responsabilités qui sont les siennes. En janvier 2011, les instances compétentes de l'UA ont approuvé un accroissement des effectifs du Département, mais ceux-ci demeurent en deçà des besoins[3]. Pour

---

[1]Voir annexe XIII : Grands axes de déplacements et infrastructures routières. La voie aérienne est sans doute là plus à même d'effectuer le transport des troupes, eu égard à la typologie des terrains africains, des très grandes distances à traverser pour aller sur le lieu d'intervention, qu'à l'état du réseau routier africain.

[2]UA (2008) Cadre stratégique pour la dimension civile de la Force Africaine en Attente. Addis-Abeba, Division des opérations de soutien de la paix de l'Union africaine, Mars 2008, p. 30.

[3] L'effectif total autorisé pour le Département Paix et Sécurité s'élève à 62 fonctionnaires et personnels d'appui dans le cadre de la structure dite de Maputo, adoptée en juillet 2003, telle revue en janvier 2011.

pallier cette situation, un groupe de partenaires de l'UA coordonné par l'UE, a mis en place, en juillet 2010, un Fonds conjoint pour les salaires (*Joint Salary Fond*), afin de permettre le recrutement de personnels supplémentaires. Présentement, le JSF finance un peu moins de 170 positions en faveur du Programme Paix et Sécurité de l'UA. Ce chiffre, appelé à augmenter, représente près de trois fois l'effectif du personnel prévu par le budget régulier. Si le recours au personnel non régulier permet de surmonter partiellement les contraintes les plus immédiates, il complique toutefois l'entreprise de construction et de consolidation d'une mémoire institutionnelle qui permette de capitaliser sur l'expérience acquise au fil des années, sans mentionner les problèmes d'appropriation inhérents à une telle situation.

Références bibliographiques :

- Balde (Hassatou), 2001, « Les mécanismes de prévention, de gestion et de règlements des conflits des organisations africaines », *Actualité et Droit International,* août, p. 5, (consultable sur www.ridi.org/adi).
- Balde (Hassatou), 2003, « Le bilan de l'OUA dans le domaine du maintien de la paix et de la sécurité en Afrique », *Groupe d'Étude des Questions de Paix et de Sécurité Internationales*, publication de février, 14 p.
- Bassa Bata (Etienne), 2012/2013, *la Force Africaine en Attente au défi de la gestion des crises en Afrique : mythe ou réalité ?* Mémoire de Mater II, Université de Yaoundé II.
- Bassa Bata (Etienne), 2021, *la force africaine en attente au défi de la gestion des crises en Afrique : contribution à une sociologie réflexive de l'africanisation du maintien de la paix,* Thèse en vue de l'obtention du diplôme de Doctorat/PhD en science politique, option : Relations Internationales et Études Stratégiques, Université de Yaoundé II, Faculté des Sciences Juridiques et Politiques,
- Bassa Bata (Etienne), 2022, « l'africanisation du maintien de la paix depuis 1960 : Enjeux, contraintes et défis à relever », *in Revue Africaine des Réflexions Juridiques et Politiques (RARJP),* Volume 1, N°3, décembre.
- Batchom (Paul Elvic), 2014, « La sécurité collective en Afrique post-guerre froide », *Res Militaris,* Volume4 Summer-Autumn/Été-Automne, disponible sur http : www.resmilitaris.netpdf.
- Dauvin (Guillaume), 2009, *Faire la paix. La part des institutions internationales*, Paris, Presses de science politique.
- David (Charles-Philippe), 2000, *La guerre et la paix. Approches contemporaines de la sécurité et de la stratégie*, Paris, Presses de Sciences politiques.
- Djaboca (Tehindrazanarivelo L.), « les relations entre l'UA et les Nations Unies en matière de maintien de la paix et de la sécurité », in YUSUF (Abdulqawi A.) et OUGUERGOUZ (Fatsah), 2013, *l'Union africaine : cadre juridique et institutionnel,* Paris, Manuel sur l'organisation panafricaine, Pédone, 4ème Partie, pp. 327-359.
- Esmenjaud (Romain) et Benedikt (Franke), 2009, « Qui s'est approprié la gestion de la paix et de la sécurité en Afrique ? », *Revue internationale et stratégique,* (n° 75).

- Esmenjaud (Romain*)*, l'africanisation des opérations de paix de Kwame Nkrumah à la force africaine en attente : une conception évolutive de la sécurité », in MORING (David), Benoni Theroux (Anne Lori) (dir), 2011, *Guide de maintien de la paix : l'Afrique et les opérations de paix,* numéro spécial.
- Esmenjaud (Romain), 2012, « l'Union Africaine dix (10) ans après », *Annuaire français des relations internationales,* volume VIII.
- Ghali (Boutros-Boutros), 1992, *Agenda pour la paix, diplomatie préventive, rétablissement de la paix, maintien de la paix,* Rapport présenté par le SG en application de la déclaration adoptée par la réunion au Sommet du Conseil de Sécurité, le 31 janvier, Paragraphe 63.
- Gnanguenon Amandine, « De la relation entre l'Union Africaine et les Communautés Économiques Régionales au sein de la l'architecture africaine de la paix et de sécurité », in Moring (David), BENONI THEROUX (Anne Lori) (dir), 2011, *Guide de maintien de la paix : l'Afrique et les opérations de paix,* numéro spécial.
- Gnanguenon Amandine, 2010, « le rôle des Communautés Économiques Régionales dans la mise en œuvre de l'Architecture Africaine de Paix et de Sécurité », *Politique et Prospective de défense,* n°14 rue St Dominique, Octobre, p.7.
- Lecoutre (Delphine), 2004, « Le Conseil de Paix et de Sécurité de l'Union Africaine, clef d'une nouvelle architecture de stabilité en Afrique ? », in Afrique contemporaine – Été.
- Lecoutre (Delphine), 2008, « *Vers un gouvernement de l'Union Africaine ? Gradualisme et statut quo v. immédiatisme », Politique étrangère*, Automne, pp. 629-639.
- Liégeois (Michel), « L'appui international au renforcement des capacités africaines de maintien de la paix : Trop de médecins autour du patient », in MORING (David), BENONI THEROUX (Anne Lori) (dir), 2011, *Guide de maintien de la paix : l'Afrique et les opérations de paix,* numéro spécial,183-200.
- Liégeois (Michel), 2010, « Le rôle des organisations régionales dans le maintien de la paix et de la sécurité internationales. Élément pour une approche comparative », *Bruxelles, Bern, Berlin, Frankurt Am Main, New York, Oxford, Wien.*
- Mahiou (Ahmed), 1993, « La Communauté Économique Africaine », *Annuaire français de droit international* NKRUMAH (Kwame), 1964, *l'Afrique doit s'unir,* Paris, Payot.
- Mandjem (Yves-Paul), « Le maintien de la paix en Afrique : Essai d'analyse politiste du procès de l'africanisation de la gestion des conflits africains », in « Faire la science politique en Afrique aujourd'hui Hommage à Yves Alexandre Chouala (+) », *Revue camerounaise de science politique (POLIS),* 2015/2016, volume 20, n°.1 et 2.
- Sindjoun (Luc), 1997, « Ordre et désordre en Afrique », *Revue camerounaise de science politique, Polis,* volume. 4, n°2, novembre.
- Tehindrazanarivelo (Djaboca-Liva) « Les relations entre l'UA et les Nations Unies en matière de maintien de la paix et de la sécurité », in YUSUF (Abdulqawi) et Ouguergouz (Fatsah), (dir) 2013, *l'Union Africaine (UA) : cadre*

juridique et institutionnel, Paris, Manuel sur l'Organisation ...*op. cit.* pp. 327-359.

- Traore (Bakary), 2012, « L'Afrique dans les opérations de maintien de la paix : évolution d'une participation de plus en plus importante *», Rev. Hist. Archéol. African* (GODO), pp.117-129 Wane (El-Ghassin), « L'Union Africaine à l'épreuve des opérations de soutien de la paix : entre innovation institutionnelle et contraintes opérationnelles », in Moring (David), Benoni Theroux (Anne Lori) (dir), 2011, *Guide de maintien de la paix : l'Afrique et les opérations de paix,* numéro spécial, pp.53-75.
- Traore (Bakary), 2013, « La contribution africaine au maintien de la paix onusienne : enjeux et dessous d'un engagement croissant », *Note d'analyse du GRIP*, 30 août, Bruxelles.
- Traore (Bakary), 2014, « La régionalisation du maintien de la paix en Afrique depuis le début des années 90 : Enjeux, contraintes et défis », *Revue du CAMES*, Vol. 1, n°. 001, pp. 61-80, disponible en ligne à l'adresse : http://publication.lecames.org/index.ph.

Chapitre 4 :

De l'Organisation de l'Unité Africaine à l'Union Africaine : rupture ou continuité dans la marche vers l'unité africaine ?

Jean Armand Nkoetam Zambo[1]

Introduction :

L'Afrique a toujours constitué un sujet préoccupant au sein des relations internationales. Au lendemain des années 1950, presque tout le monde parle de l'Afrique et s'y intéresse. Autrement dit, ce continent manquait encore d'un porte-parole pouvant s'exprimer pour toute l'Afrique. Sans doute est-ce cela qui a davantage motivé les leaders et les Chefs d'États africains à engager le processus visant la création d'une institution supra-étatique qui rapprocherait et unirait les États africains. En fait, il était question de construire une macrostructure devant porter le projet d'unité et de solidarité africaine. La problématique de l'unité et de l'intégration des pays africains apparait comme un sujet discuté et en discussion. Il est vrai, l'idée de l'unité africaine a germé dans les esprits bien avant les indépendances. Ce fut notamment l'œuvre des panafricanistes tels que Marcus Garvey, William Dubois, Kwame Nkrumah *et tutti quanti*. Après l'accession des États africains à l'indépendance, les dirigeants africains ont cherché à concrétiser dans les faits l'idée de l'unité africaine semée par le mouvement panafricaniste[2]. Toutefois, les Chefs d'État africains n'étaient pas unanimes sur la forme que devait revêtir l'unité continentale (il y avait une opposition entre les fédéralistes et les institutionnalistes)[3].

Autrement dit, il s'agissait de voir si l'unité pouvait être réalisée immédiatement ou procéder par étapes. Par conséquent, deux groupes ont en effet émergé en l'occurrence « les modérés », d'une part, réunis au sein du groupe de Monrovia et les « révolutionnaires », d'autre part, réunis au sein du groupe de Casablanca. Expressément, ces deux groupes étaient des coalitions politiques qui ont émergé dans les années 1960 en Afrique pour discuter de l'unité africaine. Le groupe de Casablanca était composé de cinq pays (Égypte, Ghana, Guinée, Mali et Maroc) qui prônaient une approche radicale pour l'unité africaine, y compris la création d'un gouvernement fédéral. En

---

[1] Institut des Relations Internationales du Cameroun (IRIC)/CREPS, Université de Yaoundé II, Cameroun.

[2] Ben Yacine-Touré, *Afrique : l'épreuve de l'indépendance*, Paris, PUF, 1983, p.84.

[3] Doudou Thiam, *Le fédéralisme africain. Ses principes et ses règles*, Paris, Présence africaine, 1972, p.50.

revanche, le groupe de Monrovia était composé de sept pays (Côte d'Ivoire, Libéria, Nigeria, Sierra Leone, Sénégal, Togo et Cameroun) qui étaient plus modérés dans leur démarche et qui préconisaient une approche graduelle pour l'unité africaine. Bien que ces deux groupes aient eu des divergences sur la manière d'atteindre l'unité africaine, ils ont tous deux contribué à stimuler le débat sur cette question importante en Afrique. Toutefois, la charte de l'OUA est issue, pour l'essentiel, des idées du groupe de Monrovia. Elle représente un compromis entre une simple conférence diplomatique et un organisme supranational[1].

Ainsi, le 25 mai 1963, l'Organisation de l'Unité Africaine (OUA) a vu le jour. Créée à Addis-Abeba, elle est la première organisation de coopération de l'Afrique indépendante. Il faut néanmoins reconnaître qu'il n'était pas évident pour des États nouvellement indépendants de s'unir afin de se constituer en un tout homogène et unitaire. Car, au sortir des indépendances, il était difficile pour ces États d'abandonner leur souveraineté au détriment d'une organisation continentale. Comme l'affirme Yacouba Zerbo : « À peine eut-elle été politiquement affranchie, l'Afrique fut tiraillée dans tous les sens. L'accession à l'indépendance semble avoir consacré, sur le continent, le développement du micro-nationalisme. Chaque État semblait plutôt préoccupé à défendre sa souveraineté et à rechercher les moyens de son développement rapide »[2]. Cette position entre pourtant en contradiction avec celle des adeptes de l'universalisme à l'instar de Friedrich Hegel et de Georg Jellinek, qui pensent qu'il est possible de passer brusquement et sans aucune transition, de la souveraineté absolue de l'État à la souveraineté absolue d'un super-État[3]. En plus, il faut rappeler que ces États ne se connaissaient pas encore suffisamment pour espérer se mettre ensemble. Peut-être cette précipitation portait-elle déjà en elle les germes de l'échec futur de cette institution continentale ? C'est au demeurant cela qui pourrait justifier le bilan mitigé de cette institution. En effet, l'OUA n'a pas pu réaliser l'unité et l'intégration africaine dans la mesure où elle semblait être davantage une organisation politique, et un instrument de coopération plutôt qu'un organisme de décision supra-étatique. L'inefficacité de cette organisation dans la réalisation de ses objectifs peut être justifiée par plusieurs raisons. Entre autres, le manque de ressources financières et humaines pour mettre en œuvre les programmes et initiatives de l'organisation ; les conflits persistants dans certaines régions d'Afrique, qui ont rendu difficile la promotion de la paix et de la sécurité sur le continent ; la fragmentation régionale et la concurrence entre les organisations régionales, qui ont, à bien des égards entravé la capacité de l'organisation à coordonner efficacement les efforts

[1] Ben Yacine-Touré, *Op. cit*, p.86.
[2] Yacouba Zerbo, « La problématique de l'unité nationale », Dans *Guerres mondiales et conflits contemporains* 2003/4 (N° 212), PUF, p.117.
[3] Ben Yacine-Touré, *Op. cit*, p.85.

d'intégration africaine ; la dépendance excessive de l'organisation vis-à-vis des partenaires internationaux pour financer ses programmes et initiatives, ce qui a limité son indépendance et partant son autonomie[1].

Au regard de cet échec, lors du 36e sommet de l'OUA à Alger, Mouammar Kadhafi, le guide de la révolution libyenne, va raviver le « vieux rêve panafricain » de la construction des « *États-Unis d'Afrique* ». L'idée a germé au cours du sommet extraordinaire de l'OUA en septembre 1999 à Syrte. À l'issue de ce sommet, les participants ont adopté une série de mesures salutaires pour insuffler une nouvelle dynamique à l'organisation panafricaine. Parmi celles-ci l'on note la création de l'Union Africaine. L'Acte constitutif de la nouvelle organisation a été adopté au sommet de Lomé du 12 juillet 2000 et soumis à la ratification des États membres. Il entre en vigueur le 26 mai 2001. Mais ce n'est définitivement qu'au cours de son sommet inaugural le 9 juillet 2002 à Durban, que la nouvelle organisation est devenue une réalité : ce fut donc la naissance de l'Union Africaine (UA). Après 39 ans d'existence et en dépit de sa victoire sur le colonialisme et le racisme, l'OUA n'est pas parvenue à créer une véritable solidarité entre les pays africains. Même si, Jean-Emmanuel Pondi pense plutôt que le 25 mai 1963, l'OUA n'a jamais reçu de mandat formel, encore moins de modalités précises, pour procéder à l'intégration de l'Afrique. Le mandat qui fit l'objet d'un consensus fut celui de la libération du continent[2]. Cette nouvelle institution née sur les cendres de l'OUA se donnera des objectifs fort ambitieux consistant entre autres à réaliser plus d'unité et de solidarité entre les États Africains, de promouvoir la paix et la sécurité, l'intégration économique et le développement du continent[3]. Autrement dit, la nouvelle organisation a pris des mesures pour surmonter ces défis et poursuivre le processus d'unité et d'intégration africaine au regard de ses enjeux[4]. De ce qui précède, il est possible de dire que la Charte de l'OUA apparaît comme le fondement de l'interétatisme en Afrique. C'est donc à juste titre que Luc Sindjoun souligne que l'interétatisme en Afrique est lié au paradigme Addis-Abeba/Lomé[5].

Les enjeux relatifs à l'unité et à l'intégration en Afrique sont variés et nombreux. Tout d'abord, l'unité et l'intégration permettraient de renforcer la voix de l'Afrique sur la scène internationale et de défendre les intérêts communs des pays africains[6], ce qui pourrait stimuler la croissance

---

[1] Cf. Maurice Kamto, Jean-Emmanuel Pondi et Laurent Zang, *L'OUA : rétrospective et perspectives africaines*, Paris Economica, 1990, 338 pages.

[2] Lire Jean-Emmanuel Pondi, « Political Rhetoric and Economic Reality in African International Relations: A Systems Analysis of the Relationships between the OAU and South Africa », PhD Thesis, The Pennsylvania State University, USA, December 1985.

[3] Cf. L'Acte constitutif de l'Union Africaine.

[4] Kwame Nkrumah, *Africa must unite*, New York, International Publishers, 1963.

[5] Luc Sindjoun, *Sociologie des relations internationales africaines*, Paris Karthala,2002 p.84.

[6] Romain Esmenjaud, « L'Union africaine dix ans après », *AFRI*, Volume XIII, 2012, p.518.

économique et améliorer les conditions de vie des populations. De même, l'intégration économique pourrait-elle permettre aux pays africains de mieux se positionner sur le marché mondial et de bénéficier d'une plus grande part du commerce international. Toute chose susceptible d'aider à réduire la dépendance économique vis-à-vis des pays développés et à encourager le développement de l'industrie locale. Enfin, l'unité et l'intégration africaine pourraient contribuer à résoudre les conflits régionaux et à promouvoir la paix et la stabilité sur le continent. En travaillant ensemble, les pays africains pourraient mieux résoudre les problèmes communs, tels que la pauvreté, la sécurité alimentaire et les changements climatiques. L'unité et l'intégration, sont en somme des enjeux importants pour le développement et la prospérité de l'Afrique, ainsi que pour la paix et la stabilité sur le continent[1]. En ce sens, l'ouvrage de Kwame Nkrumah[2] démontre les bienfaits de l'unité et les méfaits de la division pour l'Afrique. Il affirme en effet : « Le séparatisme nous prive d'une multitude d'avantages que l'union nous vaudrait ». Autrement dit, le leader politique ghanéen et fervent défenseur de l'unité africaine démontre que la fragmentation des peuples ou des nations ne sont pas bénéfiques. Au contraire, l'union et la coopération entre les peuples ou les nations apportent de nombreux avantages. Selon Nkrumah, la division affaiblit les nations et les rend vulnérables aux influences extérieures, tandis que l'union renforce les nations et leur permet de mieux résister aux pressions extérieures. En d'autres termes, l'unité est une force, alors que la division est une faiblesse.

L'intégration est une variante importante des relations internationales traduisant les différents degrés auxquels sont arrivés les acteurs internationaux dans leurs rapports mutuels[3]. Elle se réfère au processus qui consiste à combiner ou à fusionner différents éléments ou parties pour former un tout cohérent. Cette notion n'a pas échappé à la plume de plusieurs auteurs[4]. Selon Ernst Haas, elle est un processus dans lequel les élites transfèrent « leurs loyautés, attentes et activités politiques vers un nouveau centre dont les institutions possèdent et revendiquent des compétences supérieures à celles des États nationaux préexistants »[5]. De cette définition, on observe que l'intégration est « un processus » continu qui implique une progression étape par étape vers des objectifs communs, tels que la création de structures

---

[1] Kwame Nkrumah, *Op cit.*

[2] *Ibid.*

[3] Guy Mvelle, *Intégration et coopération en Afrique, la difficile rencontre possible entre les théories et les faits*, Paris l'Harmattan, 2014, p.9.

[4] Lire David Mitrany, *A working Peace System: An argument for the Functional Development of International Organization*, London, The Royal Institute of International Affairs, Oxford University Press, 1943 (1ere édition); Ernst Haas, *The Uniting of Europe. Political, Social, and Economic Forces : 1950-1957*, Stanford University Press, 1958 ; Sabine Saurugger, *Théories et concepts de l'intégration européenne*, Paris, Les Presses de Science Po, 2009 ; Guy Mvelle, *Op. cit.*

[5] Ernst Haas cité par Christian Lequesne, « La commission européenne entre autonomie et dépendance », *Revue française de science politique*, vol.46, nº 3, 1996, p.392.

politiques partagées. Les unités politiques impliquées dans ce processus confèrent à une nouvelle structure une bonne partie des missions qui auparavant leur appartenaient ; notamment le droit de battre la monnaie, la diplomatie, la sécurité et la défense, la justice, etc.[1]. L'objectif étant de réaliser ensemble des missions d'intérêt commun. Cette définition restrictive de l'intégration est enrichie par une autre plus large qui fait de celle-ci un « processus par lequel se tissent des liens multiples soit entre États, soit directement entre communautés nationales jusqu'à un seuil remettant en cause, au moins partiellement, le principe même de la souveraineté nationale »[2]. Cette conception plus large a la particularité d'identifier d'autres acteurs autres que les États. Finalement, l'intégration vise à créer un ensemble d'interactions et d'interdépendances entre des unités qui naguère étaient indépendantes.

Au regard de la littérature consultée, force est de constater que la problématique de l'unité et de l'intégration africaine est un sujet qui a suscité beaucoup d'intérêt et qui a focalisé l'attention des chercheurs et des experts. Toutefois, en dépit de cette littérature sur cette thématique du reste complexe, des questions et préoccupations demeurent toujours. Cette célébration du soixantenaire de l'organisation panafricaine offre une excellente opportunité de consacrer une analyse de plus et non de trop sur celle-ci. La présente réflexion se propose d'analyser la trajectoire historique de la mutation de l'OUA à l'UA, dans le sens de savoir si celle-ci a comporté certaines innovations et des projections stratégiques visant à accélérer l'intégration politique et socio-économique du continent. Autrement dit, il s'agit de répondre à la question suivante : la transformation de l'OUA en UA a-t-elle marqué une rupture ou une continuité dans la marche vers le processus d'unité et d'intégration africaine ?

Du point de vue strictement méthodologique, sur la base d'une recherche qualitative faite de recherches documentaires, de l'observation directe de la réalité et des entretiens ; et à partir d'un cadre théorique axé sur le néo-institutionnalisme et d'une méthode comparative ; cette étude permettra de mieux comprendre les logiques, les trajectoires, mais surtout les similitudes ou les divergences existant entre les deux organisations panafricaines pour déterminer s'il s'agit d'une rupture ou à l'inverse d'une continuité dans la marche vers le processus d'unité et d'intégration africaine. En effet, le néo-institutionnalisme[3] postule que les institutions internationales, telles que

[1] Guy Mvelle, *Op. cit*, p.10.

[2] Guy Hermet, Bertrand Badie, Pierre Birnbaum et Philippe Braud, *Dictionnaire de la science politique et des institutions politiques*, 6e édition, Paris, Armand Colin, 2005, p.156.

[3] On distingue trois variantes du néo-institutionnalisme. Le néo-institutionnalisme historique insiste sur les séquences et la dimension temporelle ; le néo-institutionnalisme du choix rationnel insiste sur l'importance stratégique et utilitaire des institutions et le néo-institutionnalisme sociologique s'attarde sur les pratiques culturelles et sociétales. Cf. André

l'OUA et l'UA, peuvent jouer un rôle important dans la promotion de la coopération et de la coordination entre les États membres. Cependant, leur efficacité est tributaire de leur capacité à mobiliser des ressources et à surmonter les défis internes et externes. La méthode comparative quant à elle a été présentée comme un substitut à l'expérimentation qui se révèle difficile en sciences sociales. L'absence de possibilité d'expérimentation fait de la comparaison, l'unique procédé permettant au sociologue d'analyser une donnée concrète, d'en dégager les éléments constants, abstraits et généraux, lorsqu'il abordera l'explication sociologique[1]. En réalité, la comparaison est indispensable en science politique, car elle aspire à comprendre les similitudes et les divergences existant entre les phénomènes politiques de manière rigoureuse et systématique, et à dégager des régularités[2].

Ainsi, la présente réflexion s'articulera-t-elle autour de deux points. D'un côté, une étude de ces deux institutions que sont l'OUA et l'UA permettra de faire une analyse comparative diachronique des différences entre celles-ci (I). Et de l'autre côté, il s'agira de voir s'il y a eu rupture ou continuité dans le passage de l'OUA à l'UA au sujet du processus d'intégration africaine en se penchant sur les défis et les perspectives qui interpellent l'UA en ce XXIe siècle (II).

I. Analyse comparative des différences-clés entre l'OUA et l'UA

Lorsqu'on s'intéresse à ces deux institutions, notamment à la Charte de l'OUA et à l'Acte constitutif de l'UA, il ne peut échapper à tout observateur averti qu'il existe des points qui permettent de différencier ces deux organisations. Déjà, si l'on s'en tient aux époques, force est de constater que ces deux institutions sont rattachées à deux moments importants de la construction de l'intégration africaine avec un contexte international différent. Il s'agit dans cette première partie de mettre en lumière quelques différences entre ces deux organisations panafricaines. A en croire Giovanni Sartori, « l'important est de retenir que comparer, c'est à la fois assimiler et différencier par rapport à un critère »[3]. Nous avons choisi les critères liés à la structure, à l'organisation, à la politique, à la vision et aux objectifs, pour établir les différences entre ces deux institutions afin de mieux les comprendre.

Lecours, « L'approche néo-institutionnaliste en science politique : unité ou diversité ? », *Politique et Sociétés*, vol 21, numéro 3, 2002, p.3-19.

[1] Madeleine Grawitz, *Méthodes des sciences sociales*, Paris, Dalloz, 8e édition, 2004, p.419.

[2] Voir Bertrand Badie et Guy Hermet, *Politique comparée*, Paris, Presses Universitaires de France (PUF), 1990 ; Bertrand Badie., « L'analyse comparative en science politique : Requiem ou résurrection ? », in *Political Studies*, 1989.

[3] Giovanni Sartori, « Bien comparer, mal comparer », *Revue internationale de politique comparée*, Vol. 1, 1994, p.22.

A. Les différences structurelles et organisationnelles entre l'OUA et l'UA

Ces deux organisations panafricaines ont des différences structurelles et organisationnelles[1] significatives qui illustrent l'évolution de l'approche de l'intégration continentale africaine. Celles-ci seront mises en évidence à partir de la structuration, du champ d'activité, du rôle dans les conflits et enfin sur le financement.

Relativement à la structuration de ces deux institutions continentales, l'OUA était basée sur une structure intergouvernementale, avec un secrétariat général à Addis-Abeba. Elle avait une structure à deux niveaux avec un sommet des chefs d'État et de gouvernement et une commission permanente dirigée par un secrétaire général. L'UA, *a contrario*, est une organisation intergouvernementale plus vaste, avec des organes spécialisés, tels que la Commission de l'Union Africaine, la Banque Africaine de Développement, la Cour Africaine des Droits de l'Homme et des Peuples, ainsi que des communautés économiques régionales (CER). On constate que l'UA a une structure à trois niveaux, comprenant un sommet des Chefs d'État et de gouvernement, une commission de l'Union dirigée par un président et des organes spécialisés[2]. En effet, les organes de l'UA sont plus nombreux que ceux de l'OUA et semblent plus adaptés aux réalités africaines et mondiales du moment. Par ailleurs, certains organes, comme la Commission qui est une sorte de gouvernement de l'Union, a plus d'efficacité grâce à son indépendance vis-à-vis des États membres. C'est elle qui a remplacé le secrétariat général. Il s'agit de l'organe exécutif, constitué d'un président, d'un vice-président et de dix commissaires chargés chacun d'un domaine bien précis. Bien que les organes interétatiques exercent une pression sur elle, la commission représente une grande innovation dans l'architecture institutionnelle de l'Union. Elle est essentielle pour la mise en œuvre du projet d'intégration inscrit dans l'Acte constitutif[3].

En rapport avec le champ d'activité, l'OUA se concentrait principalement sur les questions politiques et sécuritaires, sans une forte présence dans les domaines économiques et sociaux. L'UA, quant à elle, a pris des mesures et des dispositions pour créer une Union économique africaine et pour promouvoir les échanges commerciaux entre les pays africains. De même, s'agissant de leurs rôles dans les conflits, l'OUA avait-elle des mécanismes de règlement pacifique des conflits, tels que la commission de médiation,

---

[1] Lire, Samuel M. Makinda and F. Wafula Okumu, *The African Union: Challenges of globaliszation, security and governance*, London | New York, Routledge, 2008, 209 pages; Mammo Muchie, Phindil Lukhele-Olorunju et Oghenerobor Akpor, *The African Union Ten Years After. Solving African Problems with Pan-Africanism and the African Renaissance*, Africa Institute of South Africa, 2013, 564 pages.

[2] Cf. Acte constitutif de l'UA.

[3] Albert Bourgi, « L'Union africaine entre les textes et la réalité », *AFRI*, Volume v, 2004, p.334.

conciliation et arbitrage. Cependant, elle était limitée dans sa capacité à envoyer des troupes de maintien de la paix sur le terrain[1]. Makinda et Wafula Okumu démontrent dans leur ouvrage que l'OUA n'a pas réussi à résoudre les conflits armés en Somalie et en RDC, et que cela a été l'une des raisons de la transformation de l'OUA en UA[2]. L'UA, d'autre part, a créé le Conseil de paix et de sécurité et la Force africaine en attente pour assurer la paix et la sécurité sur le continent. De manière assez surprenante, le Conseil de paix et de sécurité n'était pas prévu dans l'Acte constitutif à l'origine[3]. Ce n'est que lors du lancement officiel de l'Union en 2002 que les dirigeants de l'OUA ont créé cet organe, qui avait été esquissé un an auparavant sous la forme d'un conseil de médiation et de sécurité lors du sommet de Lusaka. Les Chefs d'État ont adopté un protocole pour donner naissance à cet organe fort stratégique lors de la première session ordinaire de la conférence de l'UA à Durban le 9 juillet 2002. Cet organe est important dans la mesure où, aucune intégration n'est possible sans les conditions d'une véritable paix durable.

Pour terminer, au sujet de l'épineux problème du financement, il y a lieu de faire observer que l'OUA rencontrait des difficultés financières et dépendait principalement des contributions de ses États membres. L'UA a une plus grande capacité financière grâce aux contributions des États membres, aux partenaires de développement et à des approches innovantes telles que la taxation des importations étrangères et les contributions volontaires des citoyens africains pour financer l'organisation.

On constate au demeurant que ces différences structurelles et organisationnelles reflètent les défis auxquels les deux organisations ont dû faire face et les avancées institutionnelles qui ont été faites. L'UA est plus vaste que l'OUA et a un mandat beaucoup plus large pour répondre aux défis actuels de l'Afrique.

B. Les différences en termes de politique, de vision et d'objectifs

Ces différences peuvent également être perçues à partir d'autres éléments. En fait, l'OUA et l'UA ont des différences importantes en termes de politique, de vision et d'objectifs[4].

Sous l'angle politique, on observe que l'OUA était une organisation intergouvernementale qui avait pour but de coordonner et d'harmoniser la politique étrangère de l'Afrique et de promouvoir la solidarité africaine en tant qu'unité politique. L'UA, en revanche, a été créée pour être plus proactive dans la gestion des conflits et des crises en Afrique et pour être plus efficace dans la résolution des problèmes économiques et sociaux. Elle a été créée avec

---

[1] Samuel M. Makinda and F. Wafula Okumu, *The African Union: Challenges of globalization, security and governance*, London | New York, Routledge, 2008.

[2] *Ibid.*

[3] Albert Bourgi, *Op. cit.* p.336.

[4] Lire la Charte de l'OUA et l'Acte constitutif de l'UA.

une vision de l'unité africaine plus forte, d'une coopération économique accrue et d'une intégration régionale plus étroite.
Sous le prisme de leur vision respective, celle de l'OUA était de promouvoir la coopération entre les pays africains et de renforcer la solidarité africaine, en particulier dans les domaines économiques et politiques. Elle promouvait également l'idée de l'unité africaine et de la responsabilité collective dans le développement des pays africains. L'UA, quant à elle, a été créée avec une vision plus large de l'intégration continentale, visant à promouvoir un marché commun africain (même si nous n'en sommes pas encore là, le continent africain étant encore à la première étape de l'intégration économique avec l'implémentation de la zone de libre-échange continentale africaine - ZLECAF-), à améliorer la connectivité du continent et à relever les défis économiques, sociaux et de sécurité auxquels l'Afrique est confrontée. C'est dans ce sens que Romain Esmenjaud affirme : « Créée comme une institution polyvalente capable de promouvoir la coopération interafricaine dans tous les domaines, tant politique, économique que social et culturel, son ordre du jour a cependant été largement accaparé par la gestion des conflits »[1].
Relativement aux objectifs, au regard de la charte de l'OUA et de l'acte constitutif de l'UA, il y a lieu d'observer que ceux de l'OUA étaient de promouvoir la coopération entre les États membres et d'assurer la solidarité africaine dans les domaines économiques, sociaux et politiques. Ils comprenaient la promotion de la paix et de la sécurité en Afrique, l'organisation d'une position africaine unifiée sur les questions internationales, lutter contre le colonialisme et le racisme sur le continent et la promotion du développement économique et social de l'Afrique. Autrement dit, cette organisation avait pour principal objectif de promouvoir la coopération entre États membres dans les domaines économiques, sociaux et culturels et de coordonner leurs positions politiques sur les affaires internationales. L'article 2 de la Charte donne une dimension importante à cet objectif car il parle de la défense de leur souveraineté, l'intégrité de leur territoire et leur indépendance. Dans la mesure où les souverainetés des États africains venaient d'être acquises, cette organisation devait travailler pour la conserver et la consolider. Les objectifs de l'UA sont similaires à ceux de l'OUA en termes de promotion de la paix et de la sécurité, mais elle a également ajouté un accent sur l'intégration économique de l'Afrique, la coopération continentale, ainsi que la gestion des problèmes de développement durable, tels que les changements climatiques et la sécurité alimentaire. C'est dire que l'UA a des objectifs plus vastes, notamment la promotion de la paix, de la sécurité et de la stabilité sur le continent, la

---

[1] Romain Esmenjaud, *op. cit.* pp. 517-518.

promotion des droits de l'homme et de la démocratie, le développement socio-économique et l'intégration régionale[1].
Ces différences montrent comment l'organisation continentale africaine a évolué et s'est adaptée aux changements politiques, économiques et de sécurité sur le continent. L'UA est une organisation plus large et plus complexe que l'OUA et elle cherche à approfondir l'intégration continentale et à relever les défis régionaux de manière proactive. En somme, l'UA s'efforce d'être une organisation plus intégrée et davantage proactive que l'OUA ne l'a été, en vue de mieux répondre aux besoins et aux défis du continent africain, en l'occurrence l'unité et l'intégration.

II. Évolution de l'organisation panafricaine dans la dynamique de l'unité et de l'intégration : entre rupture et continuité de l'OUA à l'UA

C'est dans cette deuxième partie qu'on verra si la mutation de l'OUA en UA a entrainé une rupture et/ou une continuité[2] dans la marche vers le processus d'unité et d'intégration en Afrique.

A. Les facteurs déterminants de la mutation de l'OUA en UA

L'OUA a été créée en 1963 pour promouvoir la coopération entre les pays africains et défendre leurs intérêts. Cependant, au fil des années, elle est devenue de plus en plus inefficace dans la réalisation de ses objectifs, notamment en ce qui concerne la résolution des conflits et le développement économique. En 2002, les dirigeants africains ont décidé de transformer l'OUA en UA, qui avait pour principal objectif de renforcer l'intégration économique et politique du continent.
La mutation de l'OUA en UA reflète la prise de conscience croissante des dirigeants africains de l'importance de l'unité et de l'intégration pour le développement et la stabilité du continent. Il s'est surtout agi de la volonté de Mouammar Kadhafi, car c'est lui qui a mis les ressources financières nécessaires pour favoriser l'avènement de l'UA. Ce dernier a payé les cotisations de nombreux pays africains, notamment leurs arriérés. Il s'agissait en fait de la condition pour que ces pays votent au sommet de Syrte. Car certains États étaient non solvables. En outre, le Guide libyen a fait venir à ses frais, transporter les délégations, les loger pour prendre part au Sommet de Syrte. Donc tout le sommet de Syrte a reposé essentiellement sur la magnanimité de ce dernier[3]. C'est dire que l'investissement libyen dans le

---

[1] Abdalla Bujra, « Africa: From the OAU to the African Union », lecture delivered at the *African Centre for Research and Training in Social Development*, Tripoli, Libya, on 23 September 2002.
[2] Il est intéressant de noter que cette entrée par l'analyse des « ruptures et continuités » ou encore « ruptures et permanences » n'est pas nouvelle sur les réalités africaines ou sur le terrain africain. Elle peut très bien être comprise comme le fruit d'une inspiration jetée par Catherine Cocquery-Vidrovitch (1985). *L'Afrique noire. Permanences et ruptures*. Paris, Payot, 440 p.
[3] Entretien avec le professeur Jean-Emmanuel Pondi, le 05 avril 2023.

projet de création des “Etats-Unis d'Afrique“ était conséquent[1]. Cette mutation se traduit également par l'obsolescence apparente de la Charte de l'OUA puisqu'elle parlait d'un monde qui n'existait plus. Le combat entre l'Est et l'Ouest n'était plus d'actualité. De ce fait, avec cet environnement qui avait changé, elle devait faire une mue afin de réadapter son action à un contexte totalement différent. Après quarante années d'existence, l'OUA apparaissait donc comme une institution essoufflée, une diète germanique incapable à cause de l'attachement de ses membres à leur souveraineté, à la désuétude ou à l'inefficacité de certaines de ses structures comme le comité de libération[2]. Romain Esmenjaud conforte ce postulat lorsqu'il affirme :

« A la fin des années 1990, le processus de réforme de l'OUA, créée en 1963, a été lancé comme une réponse à la marginalisation de l'organisation. Les plus optimistes estimaient qu'avec la fin de l'apartheid, l'institution avait atteint son principal objectif, à savoir la libération de l'ensemble du continent et qu'il était donc nécessaire de lui imprimer un nouveau souffle. D'autres soulignaient que l'organisation devait faire peau neuve pour retrouver sa crédibilité, perdue du fait de sa passivité face à de nombreuses crises, dont celle du Rwanda, ainsi que de son indulgence à l'égard des régimes autoritaires »[3].

Pour aller plus loin, la mutation de l'OUA en UA a été motivée par plusieurs raisons[4]. La première était liée à la nécessité de renforcer l'intégration régionale. L'OUA avait pour objectif de promouvoir la coopération entre les États africains, mais elle n'a pas réussi à créer une véritable intégration régionale, notamment une véritable union économique et politique[5]. Sans doute est-ce la raison pour laquelle elle s'est transformée en UA dans la mesure où cette nouvelle organisation avait été créée pour renforcer cette intégration et partant promouvoir le développement du continent. La deuxième concernait la nécessité de renforcer la paix et la sécurité. L'OUA n'a pas réussi à résoudre les conflits armés qui ont éclaté sur le continent. Un exemple spécifique qui illustre cette réalité est la crise somalienne dans les années 1990. Bien que l'OUA ait déployé une force de maintien de la paix en Somalie en 1992, elle a été confrontée à des défis importants en matière de financement, de formation et de logistique, ce qui a limité son efficacité sur le terrain[6]. Un autre exemple est la crise en République Démocratique du Congo dans les années 1990-2000. L'UA a été créée pour mettre en place une architecture de paix et de sécurité plus efficace, avec la création d'une Force

---

[1] Lire Jean-Emmanuel Pondi, *Vie et mort de Mouammar Al-Kadhafi. Quelles leçons pour l'Afrique* ? Yaoundé, Afric'Eveil, 2012, pp.54 à 58.

[2] Edem Kodjo, Et demain l'Afrique, Paris Stock, 1985, p.267.

[3] Romain Esmenjaud, *Op cit*, p.519.

[4] Abdalla Bujira, *Op cit* ; Samuel M. Makinda and F. Wafula Okumu,*op cit.*

[5] Thandika Mkandawire, « Thinking about developmental states in Africa », *Cambridge journal of Economics* 2001, 25, 289-313.

[6] Samuel M. Makinda and F. Wafula Okumu, *Op. cit.*

africaine en attente et du Conseil de paix et de sécurité. La troisième est relative à la nécessité de promouvoir la démocratie et les droits de l'homme. L'OUA n'a pas réussi à promouvoir la démocratie et les droits de l'homme sur le continent. L'UA a été créée pour renforcer ces valeurs, avec la création de la Commission africaine des droits de l'homme et des peuples et du Forum pour la gouvernance en Afrique. En effet, comme le fait observer Abdalla Bujra: « The AU is expected to be a much stronger organization than the OAU. Among its new principles are the right of the Union to intervene in a member state, respect for democratic principles, human rights and good governance, and promotion of social justice and gender equality »[1]. La dernière raison, quant à elle, se rapporte à la nécessité de renforcer la voix de l'Afrique sur la scène internationale. L'OUA était souvent perçue comme une organisation faible et divisée sur la scène internationale. L'UA a été créée pour renforcer la voix de l'Afrique et défendre ses intérêts sur la scène internationale.

B. De l'OUA à l'UA : d'une continuité apparente à une rupture complexe

S'il est vrai qu'on peut observer une continuité apparente dans l'action de l'UA, il n'en demeure pas moins vrai qu'il existe également une rupture que nous qualifierons de « complexe ».

La transformation de l'OUA en UA a été un processus graduel et continu qui a commencé dans les années 1990. Les efforts pour renforcer l'intégration régionale et économique ont été progressivement consolidés, notamment à travers la création de la Communauté économique africaine en 1991 et la signature de l'Accord de libre-échange continental africain en 2018. De plus, la charte de l'UA adoptée en 2000 a maintenu plusieurs objectifs de l'OUA, tels que la promotion de la paix, de la sécurité et de la coopération entre États membres. En outre, relativement au processus de construction de l'intégration en Afrique, ces deux organisations panafricaines obéissent presque à une même dynamique de construction, c'est-à-dire par le haut. L'UA, comme l'OUA, procède de la même manière dans le processus d'intégration en Afrique qui est une intégration politique impulsée par le haut, construite par les chefs d'État. C'est une dynamique qui se démarque des modèles d'intégration réussie tels que l'Union Européenne (UE) qui a été construite par le bas, et qui par effet de *spill-over* s'est étendue à la sphère politique[2]. Reconnaissons tout de même que l'adoption de l'acte constitutif de l'UA valide l'hypothèse selon laquelle on ne saurait réussir une intégration

---

[1] Abdalla Bujra, *op cit*, p.15.

[2] Lire David Mitrany, *A working Peace System: An argument for the Functional Development of International Organization*, London, The Royal Institute of International Affairs, Oxford University Press, 1943 (1ere édition); Ernst Haas, *The Uniting of Europe. Political, Social, and Economic Forces : 1950-1957*, Stanford University Press, 1958 ; Sabine Saurugger, *Théories et concepts de l'intégration européenne*, Paris, Les Presses de Science Po, 2009 ; Guy Mvelle, *Op. cit.*

économique sans intégration des hommes et des peuples. Ce qui implique la nécessité d'aller au-delà d'une plus grande unité et solidarité entre pays africains pour envisager celle entre les peuples d'Afrique[1]. De ce point de vue, ce qui constitue la nouveauté de ce texte, c'est d'avoir envisagé la « participation des peuples africains aux activités de l'Union »[2]. Par ailleurs, si l'adoption de l'Acte constitutif de l'UA n'épuise guère le caractère interétatique du système international régional, il atteste néanmoins de la volonté intégrationniste de cette organisation panafricaine, lorsqu'on se réfère à ses objectifs, ses principes et ses institutions[3]. Autrement plus, l'abandon du terme « Unité » en faveur de celui d'« Union » traduit une transformation qualitative du système interétatique africain dans sa volonté de passer de l'OUA qui signifiait « une unité fondée sur la simple coopération » (unité de façade) à l'Union africaine qui semble vouloir « se fonder sur une symbiose véritable bâtie sur l'intégration des États » (unité réelle)[4].

Cependant, il y a eu des changements significatifs dans la nature et les objectifs de l'organisation. L'UA a davantage mis l'accent sur la gouvernance démocratique, les droits de l'homme et le développement durable, tandis que l'OUA était davantage centrée sur les questions de décolonisation et d'indépendance politique. De plus, l'UA a innové à travers la création des organes tels que la Commission de l'Union Africaine, le Parlement panafricain pour renforcer son rôle dans la prise de décision et la mise en œuvre des politiques et le Conseil de paix et de sécurité. Concernant la commission, sa structure organisationnelle, la spécialisation de ses membres, ses méthodes de travail plus collégiales et ses fonctions, telles qu'elles sont définies dans ses statuts et son règlement intérieur, marquent une rupture avec le Secrétariat général de l'OUA. Inspirée du modèle de la Commission de l'Union européenne, la Commission fonctionne comme un organe collectif, chaque commissaire ayant son propre portefeuille à la manière d'un ministre, mais toutes les questions étant débattues collégialement sous l'autorité du président[5]. Pour terminer, le Conseil de paix et de sécurité (CPS) marque une franche rupture avec l'ancien Mécanisme qu'il remplace, tant par ses objectifs et ses principes identiques à ceux de l'Acte constitutif, que par ses modalités d'intervention et les instruments sur lesquels il s'appuie. Le Protocole relatif à sa création remplace la Déclaration du Caire de 1993, tandis que ses dispositions remplacent les résolutions et décisions de l'OUA relatives au Mécanisme pour la prévention, la gestion et le règlement des conflits qui sont

---

[1] Yves Paul Mandjem, « Indépendances africaines et relations internationales : entre la création de l'État en Afrique et les mutations de la société internationale », *Revue Béninoise de Science Politique*, Volume 03, n° 1, janvier 2019, p.70.

[2] Yves Paul Mandjem, *Op. cit*, p.70.

[3] *Ibid*, p.64.

[4] Koffi Ahadzi, « Réflexion critique sur l'Union africaine », *Revue Béninoise des Sciences Juridiques et Administratives RBSJA*, n° 16, Cotonou, juillet 2006, pp.81-103.

[5] Albert Bourgi, *Op. cit.*, p.334.

en contradiction avec ce protocole. Telle semble être la position de Yves Alexandre Chouala lorsqu'il affirme que : « Le Conseil de paix et de sécurité marque un changement profond dans la vision et la pratique du maintien de la paix et de la sécurité collective en Afrique »[1]. Donc en matière de paix et de sécurité, l'UA apparaît comme porteuse d'un nouveau paradigme, c'est-à-dire une manière de voir et d'agir dans le domaine de l'action contre les conflits[2]. C'est dire au demeurant que l'arrivée de l'UA et la création du Protocole concernant l'implémentation du CPS représentent une avancée significative dans la mise en place de mécanismes institutionnels de réponse aux crises qui sévissent en Afrique.

Par ailleurs, la création de l'UA a marqué un tournant radical dans les relations entre l'organisation continentale et les Communautés économiques régionales (CER). En effet, pour reprendre la taxinomie élaborée par Hans Kelsen, la hiérarchie entre ces entités a été formalisée en faveur de l'UA, qui se trouve désormais au sommet de la pyramide. Les CER doivent coopérer avec l'Union, notamment en développant des brigades de maintien de la paix et des systèmes d'alerte rapide[3]. En outre, bien que le Mémorandum d'accord entre l'UA et les CER[4] et le Protocole relatif à la création du Conseil de paix et de sécurité de l'Union africaine stipulent que la répartition des tâches doit se faire selon les principes de « complémentarité », de « subsidiarité » et au prorata des « avantages comparatifs » de chaque organisation, il est clair que l'UA dispose du pouvoir ultime de la « responsabilité principale dans le maintien et la promotion de la paix »[5]. Ainsi, la création d'un Conseil de paix et sécurité offre-t-elle dès lors une légitimité aux prises de décisions de l'organisation continentale, dont la capacité d'influence s'est progressivement et considérablement étendue sur presque toutes les sous-régions du continent. En Afrique de l'Est, l'Union a repris en main la gestion de la crise somalienne ; elle s'est imposée au Soudan. Dans le contexte de la crise libyenne, elle a également pris pied en Afrique du Nord. En Afrique de l'Ouest, malgré la proactivité de la CEDEAO, l'Union a fait entendre sa voix lors de son sommet en janvier 2011. En Afrique centrale, l'Union s'est impliquée en Centrafrique, comme en témoigne la création en mars 2010, d'un Bureau de liaison à Bangui. Pour terminer, en Afrique australe, une collaboration étroite s'est établie entre l'Union et la SADC, tant pour la gestion de la crise zimbabwéenne que pour celle de la crise malgache[6].

---

[1] Yves Alexandre Chouala, « Puissance, résolution des conflits et sécurité collective à l'ère de l'Union Africain. Théorie et pratique », *AFRI*, volume VI, 2005, p.291.

[2] *Ibid*, p.289.

[3] Benedikt Franke, « Africa's evolving security architecture and the concept of multilayered security communities », *Cooperation and conflict*, vol. XLIII, n° 3, 2008, pp. 313-340.

[4] UA, Mémorandum d'accord entre l'UA et les CER, Addis-Abeba, janvier 2008, art IV.

[5] UA, Protocole relatif à la création du Conseil de paix et sécurité de l'Union africaine, Addis-Abeba, juillet 2002, art. 16.1.

[6] Romain Esmenjaud, *Op cit*, pp.521-522.

Bien qu'il y ait eu une certaine continuité apparente dans le processus d'unité et d'intégration africaine avec la transformation de l'OUA en UA, il y a également eu des changements significatifs dans les objectifs et les structures de l'organisation. Il importe à ce titre de mentionner le NEPAD (Nouveau Partenariat pour le Développement de l'Afrique) avec l'idée de la Renaissance africaine. Avec l'avènement de ce nouveau programme, les États africains tentent de promouvoir une nouvelle philosophie de « *Renaissance africaine* » et une « *nouvelle idéologie développementaliste* »[1]. Il s'agit d'un programme de développement économique de l'Union africaine qui a été adopté lors de la 37e session de l'Assemblée des chefs d'État et de gouvernement en juillet 2001 à Lusaka, en Zambie. Ce programme vise à fournir une vision globale et un cadre politique pour accélérer la coopération et l'intégration économiques entre les pays africains. Certes l'Union Africaine a été créée pour rompre avec l'Organisation de l'Unité Africaine, ses changements attendus ont du mal à se concrétiser et de nombreuses critiques refont surface. En outre, malgré les efforts pour rompre avec les erreurs de l'OUA, l'Afrique reste attachée au principe de souveraineté étatique et doit faire face à des difficultés financières qui pourraient retarder la mise en place de politiques communes. On constate au demeurant que la transition de l'OUA à l'UA a donc été marquée par une évolution progressive plutôt qu'une rupture radicale.

C. Les défis persistants dans le processus d'unité et d'intégration africaine et les perspectives pour l'avenir de l'UA

Malgré les avancées réalisées depuis la création de l'OUA et la transformation en UA, plusieurs défis persistent toujours dans le processus d'unité et d'intégration africaine. Sans être exhaustif, l'on peut énumérer au moins cinq défis. Le premier concerne les conflits armés[2]. Jusqu'ici, ceux-ci continuent de sévir dans plusieurs pays africains, entravant ainsi le processus d'intégration régionale. En guise d'exemple et de façon illustrative, l'on peut citer le conflit au Mali entre les groupes rebelles Touaregs et le gouvernement malien, le conflit en somalie qui est lié à des luttes pour le pouvoir entre les différents groupes armés et le gouvernement somalien. L'UA a certes mis en place une architecture de paix et de sécurité pour résoudre les conflits, mais son efficacité reste limitée au moins pour deux raisons d'ordre matériel et politique. Déjà, il convient de relever que l'ambition de l'Union est limitée par un manque de moyens et des considérations politiques, certains États préférant agir dans le cadre des Communautés économiques régionales. Les difficultés de cette organisation panafricaine à s'imposer face à la SADC et la CEDEAO sont dues en partie à l'Afrique du Sud et au Nigeria, qui favorisent souvent des actions sous-régionales qu'ils veulent mieux contrôler[3]. Par

---

[1] Patrice Moundounga Mouity, *Le NEPAD. Histoire, défis et bilan 10 ans après*, Paris l'Harmattan, 2013, p.15.

[2] Maurice Kamto, J-E Pondi et Laurent Zang, *Op cit.*

[3] Romain Esmenjaud, *op cit*, p.522.

conséquent, l'autorité de l'UA au sein de l'architecture continentale est souvent remise en question. Le second défi est lié aux barrières commerciales. En dépit de la création de la Zone de libre-échange continentale africaine (ZLECAf), les barrières commerciales entre les pays africains persistent toujours et restent pour le moins élevées, limitant ainsi les échanges économiques et commerciaux.

Le troisième défi se rapporte aux différences culturelles et linguistiques. En effet, l'Afrique est un continent diversifié sur le plan culturel et linguistique, ce qui rend difficile, voire complexe l'équation de la mise en place d'une identité commune et d'une langue de travail unique pour l'Union. Comme quatrième défi, on note la faiblesse des institutions et l'absence d'autonomie financière. L'Union souffre d'une faiblesse institutionnelle qui limite son efficacité dans la mise en œuvre de ses politiques et programmes. De même, dans la Charte de l'UA, force est d'observer que cette organisation n'a aucun droit sur les États qui la composent. Pour preuve, elle n'a aucune autonomie financière, elle dépend des États et non le contraire. Ce qui laisse comprendre en réalité que les États sont au-dessus d'elle. Enfin, le dernier défi est économique. Le continent africain est confronté à des défis économiques tels que la pauvreté, le chômage et l'insuffisance des infrastructures, qui entravent le développement économique et social du continent.

Actuellement, l'unité africaine ne recouvre pas une véritable unité de conceptions. Pour les uns, l'Afrique doit être conçue comme une grande nation[1]. Pour les autres, elle doit être imposée par des mesures hardies, telle que la création d'institutions politiques supranationales[2]. D'autres encore pensent que cette unité doit être préparée par des mesures appropriées dans une évolution ou une maturation lente[3]. En l'état actuel des choses, cette dernière thèse semble être réalisable. Le système régionaliste est complexe en raison de son organisation technique avancée. Du point de vue de l'organisation juridique, l'objectif est de créer une union économique des

---

[1] En particulier les Africanistes. Voir notamment: Colin Legum, *Pan Africanism, a short Political Guide*, New York, Frederick A. Praeger, 1952; G. Sheppehson et T. Price, *Independent African*, Edinburg, The university Press, 1958; Nandi Azikikiwe, *The future of Pan Africanism*, London, Nigerian information Service, 1961; George Padmore, *Pan Africanism or Communism*, London, Dobson, 1956.

[2] Kwame Nkrumah, *Africa must unite*, New York, International Publishers, 1963. Sékou Touré à la conférence des chefs d'États et de gouvernements de l'OUA au Caire (13-17 juillet) à l'appui de la proposition de Nkrumah d'un gouvernement continental, déclare que : « l'idée d'un gouvernement africain peut et doit être examinée. Ce projet doit être considéré comme un terme inéluctable et comme une nécessité ». Ahmed Ben Bella à la même réunion déclare : Je me permets d'insister sur le fait qu'il n'y a pas de grandes idées, de grandes entreprises sans audace. Nous n'avons pas le droit de rejeter a priori l'étude de ce gouvernement africain même si cela pose des problèmes de difficultés ».

[3] A l'appui des thèses des présidents Habib Bourguiba, Ould Daddah, Jomo Kenyatta, Félix Houphouët Boigny, Léopold Sédar Senghor et Julius Nyerere, Apithy devait déclarer : La Communauté économique africaine passera par des relais régionaux ».

nations africaines organisées en un État fédéral véritable. L'État fédéral est l'organisation de la supranationalité[1]. Cependant, comme il est impossible d'atteindre ce but rapidement, sans doute faudra-t-il passer par le stade intermédiaire de la confédération comme c'est déjà le cas. Dans l'État fédéral, les États nationaux conservent leur autonomie constitutionnelle et leur organisation judiciaire. De plus, ils participent à la formation de l'autorité fédérale à laquelle ils délèguent une partie de leur souveraineté, concernant les questions d'intérêt commun à toutes les nations membres de l'État fédéral. Seul celui-ci est soumis au droit international, et les États membres ne sont soumis à ce droit que par l'intermédiaire de l'État fédéral. La solution fédéraliste nous semble fort attrayante pour l'Afrique tant elle permet une unification tout en respectant les particularités nationales. Il est vrai, nous n'en sommes pas encore là. Certainement, cette idée va se concrétiser un jour. Ce ne sera peut-être pas de notre vivant. En tout cas, le rôle des chercheurs et des experts, est d'en préparer la concrétisation. Traitant de la question du gouvernement de l'Union et des États-Unis d'Afrique dans la représentation du continent africain sur la scène internationale, le Président Omar Bongo s'exprimait à Accra en ces termes :
« Le Gouvernement fédéral sera fondé sur le principe du consensus. Nous devons présenter une position commune lorsque nous négocions dans les forums internationaux tels que l'Organisation mondiale du commerce. Le ministre de l'Union défendra une position commune préalablement arrêtée par les 53 ministres africains du commerce. Les puissances extra-africaines ne pourront plus alors jouer sur nos divisions. Nos souverainetés, si souvent malmenées, en sortiraient renforcées. L'Union africaine implique que nous nous présentions unis face au monde extérieur »[2].
Nonobstant les progrès réalisés, il est impérieux pour l'UA de faire face à plusieurs défis pour parvenir au demeurant à une intégration régionale réussie et à une unité africaine renforcée. Pour y arriver, cette organisation gagnerait à travailler à la mise en œuvre d'une union douanière. Car l'union douanière est naturellement propice à la convergence économique, voire politique. Toutefois, la clarification est nécessaire quant au malentendu persistant qui entoure sa définition, selon lequel l'union douanière se réduirait à une suppression abrupte et intégrale des obstacles douaniers pour encourager la libre circulation des marchandises et la libéralisation du commerce intra-africain. L'objectif est plutôt d'intégrer les économies du continent africain.
Peut-on dire que l'UA est en train d'atteindre ses objectifs ? Pas vraiment. Mais, son bilan n'est pas aussi minable que certains veulent bien le dire. L'Union africaine souffre d'un problème financier. Il y a certains pays

---

[1] Ben Yacine-Touré, *Op cit*, p.87.

[2] Omar Bongo Ondimba, Allocution de Son Excellence El Hadj Bongo Ondimba, Président de la République, chef de l'État du Gabon, à l'occasion de la neuvième session ordinaire de l'UA, Accra, 1-3 juillet 2007.

africains qui bloquent l'autonomie financière, donc l'action de cette organisation. Ces pays sont l'Égypte, l'Afrique du Sud, le Nigeria et l'Algérie. Parce que ce sont les quatre pays qui possèdent près de 60 % du budget ordinaire de l'UA. Ils ne veulent pas abandonner leur leadership *de facto* et par conséquent veulent bloquer toute initiative de ce qu'on appelle le financement alternatif de l'UA[1]. Un tel problème parmi beaucoup d'autres, met en évidence de multiples enjeux de leadership. En effet, le processus de mise en place des organes principaux de l'Union, notamment l'adoption de leurs règlements et statuts, a ainsi donné lieu à des prises de position qui n'ont pas toujours obéi à la logique interétatique et égalitaire inscrite dans l'Acte constitutif. En maintes occasions, les « grands » pays membres susmentionnés ont essayé de peser sur les débats sans nécessairement y parvenir, faute d'avoir une même vision de l'organisation et les mêmes intérêts à défendre[2].
De ce qui précède, on observe que le frein vient d'abord de l'intérieur et non pas de l'extérieur. Car les pays occidentaux ne peuvent pas lâcher l'UA parce qu'ils en ont besoin pour accroitre leur puissance puisqu'ils n'ont pas de ressources telles que l'or, le diamant, le cuivre, encore moins du pétrole en dehors de certains pays comme l'Irlande, la Russie, la Grande Bretagne et la Norvège en mer du Nord. C'est la raison pour laquelle ce continent est convoité au regard de ses richesses. C'est dans ce sens que Philippe Hugon affirme : « l'Afrique est une réserve stratégique pour la planète, notamment par ses ressources naturelles. Elle est peut-être la nouvelle frontière de l'économie mondiale »[3]. Ces quatre pays africains bloquent par conséquent la libération économique de l'Afrique[4]. Or, cette libération ne peut pas être asphyxiée par quatre pays. Il faut donc revenir, entre autres, à la notion de la taxe sur les importations et les exportations dans la zone africaine avec la ZLECAf. Ces mesures vont aider au financement de l'UA. Le budget paix et sécurité est financé par l'UE. Mais le budget ordinaire est financé par les États. Or, c'est celui-ci qui est le plus petit.
Face à cet état de choses, la présente analyse ambitionne de proposer certaines pistes en guise de perspectives pour l'avenir de l'UA. Les perspectives pour l'avenir de cette organisation dans le processus d'unité et d'intégration africaine sont encourageantes. L'UA a déjà accompli des progrès dans la promotion de la paix et de la sécurité, la gouvernance démocratique, le développement économique et social, ainsi que dans la promotion des droits humains et des libertés fondamentales. Elle est également en train de mettre en place une zone de libre-échange continentale, qui devrait stimuler le commerce intra-africain et renforcer l'intégration économique. Cependant, il reste encore beaucoup à faire pour atteindre les objectifs fort ambitieux de

---

[1] Entretien avec le professeur Jean-Emmanuel Pondi, le 05 avril 2023.
[2] Albert Bourgi, *Op cit,* pp. 330-331.
[3] Philippe Hugon, *Géopolitique de l'Afrique*, Seides, 3é édition, 2012, p.14.
[4] Entretien avec le professeur Jean-Emmanuel Pondi, *Op cit.*

l'UA en matière d'unité et d'intégration africaine. Les défis comprennent la résolution des conflits persistants, la lutte contre la corruption, le renforcement des institutions démocratiques, la promotion de l'égalité des sexes et la protection de l'environnement. Pour surmonter ces défis, l'UA gagnerait à renforcer sa capacité institutionnelle et à mobiliser des ressources suffisantes pour mener à bien ses programmes et initiatives. En outre, il serait impérieux pour l'Union de travailler en étroite collaboration avec les partenaires internationaux pour atteindre ses objectifs. Enfin, elle a intérêt à continuer à encourager la participation active des citoyens africains dans le processus d'intégration continentale et à promouvoir une culture de paix et de tolérance en Afrique.

L'ambition modeste de cette réflexion était d'analyser la trajectoire historique de la mutation de l'OUA à l'UA, dans le sens de savoir si celle-ci a comporté certaines innovations et des projections stratégiques visant à accélérer l'intégration politique et socio-économique du continent. Autrement dit, il s'est agi de voir si la transformation de l'OUA en UA a marqué une rupture ou une continuité dans la marche vers le processus de l'unité et de l'intégration africaine. Pour ce faire, l'intuition a consisté à dire qu'il existe certains points qui permettent de différencier les deux institutions selon que l'on regarde leurs structures et organisations, leurs objectifs et leurs visions. Ces différences permettent de tracer la manière avec laquelle l'organisation continentale africaine a évolué et s'est adaptée au gré du temps et de la conjoncture. L'UA s'efforce d'être une organisation plus intégrée et davantage proactive que l'OUA ne l'a été, en vue de mieux répondre aux besoins et aux défis du continent africain, en l'occurrence l'unité et l'intégration. Bien plus, s'il est vrai qu'on peut observer une continuité apparente dans l'action de l'UA, il n'en demeure pas moins vrai qu'il existe également une rupture complexe. Malgré les efforts pour rompre avec les erreurs de l'OUA, l'Afrique reste attachée au principe de souveraineté étatique et doit faire face à des difficultés financières qui pourraient retarder la mise en place de politiques communes.

Au terme de l'analyse, force est de noter que la transition de l'OUA à l'UA a été marquée par une évolution progressive dans la dynamique de l'unité et de l'intégration plutôt qu'une rupture radicale. On constate au demeurant que l'OUA était principalement centrée sur l'unité et la solidarité entre les États africains en réponse à la dynamique postcoloniale ; tandis que l'UA s'articule davantage autour des questions régionales et mondiales et s'est dotée de capacités et d'institutions plus élaborées pour réaliser ses objectifs en l'occurrence, l'unité et l'intégration du continent. Finalement, l'UA gagnerait à être plus utile à ses États membres qu'elle ne l'est déjà. Pour cela, elle pourrait davantage travailler à renforcer la coopération économique et à faciliter les échanges commerciaux entre les pays membres. En outre, elle pourrait certainement tirer des leçons de l'expérience de l'Union européenne en matière d'intégration régionale et de coopération économique. Ainsi est clos l'intuition analytique qui a habité l'auteur de ces quelques lignes.

Références bibliographiques :

- Abdalla Bujra, « Africa: From the OAU to the African Union », lecture delivered at the *African Centre for Research and Training in Social Development*, Tripoli, Libya, on 23 September 2002.
- Ahadzi Koffi, « Réflexion critique sur l'Union africaine », *Revue Béninoise des Sciences Juridiques et Administratives RBSJA*, n° 16, Cotonou, juillet 2006, pp.81-103.
- Badie Bertrand et Hermet Guy, *Politique comparée*, Paris, Presses Universitaires de France (PUF), 1990.
- Badie Bertrand, « L'analyse comparative en science politique : Requiem ou résurrection ? », in *political studies,* 1989.
- Ben Yacine-Touré, *Afrique : l'épreuve de l'indépendance*, Paris, PUF, 1983.
- Benedikt Franke, « Africa's evolving security architecture and the concept of multilayered security communities », *Cooperation and conflict*, vol. XLIII, n° 3, 2008, pp. 313-340.
- Bourgi Albert, « L'Union africaine entre les textes et la réalité », *AFRI*, Volume v, 2004.
- Chouala Yves Alexandre, « Puissance, résolution des conflits et sécurité collective à l'ère de l'Union Africain. Théorie et pratique », *AFRI*, volume VI, 2005, pp.288-306.
- Coquery-Vidrovitch Catherine, *L'Afrique noire. Permanences et ruptures*. Paris, Payot, 1985, 440 p.
- Grawitz Madeleine, *Méthode des sciences sociales*, Paris, Dalloz, 8e édition, 2004.
- Haas Ernst, *The Uniting of Europe. Political, Social, and Economic Forces: 1950-1957*, Stanford University Press, 1958.
- Hermet Guy, Bertrand, Birnbaum Pierre et Braud Philippe, *Dictionnaire de la science politique et des institutions politiques*, 6e édition, Paris, Armand Colin, 2005.
- Hugon Philippe, *Géopolitique de l'Afrique*, Seides, 3é édition, 2012.
- Kamto Maurice, Pondi Jean-Emmanuel et Zang Laurent, *L'OUA : rétrospective et perspectives africaines*, Paris Economica, 1990, 338pages.
- Kodjo Edem, *Et demain l'Afrique*, Paris Stock, 1985.
- Lecours André, « L'approche néo-institutionnaliste en science politique : unité ou diversité ? », *Politique et Sociétés*, vol 21, numéro 3, 2002.
- Lequesne Christian, « La commission européenne entre autonomie et dépendance », *Revue française de science politique*, vol.46, n° 3, 1996.
- Makinda Samuel and Wafula Okumu, *The African Union: Challenges of globalization, security and governance*, London | New York, Routledge, 2008, 209 pages.

- Mammo Muchie, Phindil Lukhele-Olorunju et Oghenerobor Akpor, *The African Union Ten Years After. Solving African Problems with Pan-Africanism and the African Renaissance*, Africa Institute of South Africa, 2013, 564 pages.
- Mandjem Yves Paul, « Indépendances africaines et relations internationales : entre la création de l'État en Afrique et les mutations de la société internationale », Revue *Béninoise de Science Po*, Volume 03, n° 1, janvier 2019, pp.34-86.
- Mitrany David, *A working Peace System: An argument for the Functional Development of International Organization*, London, The Royal Institute of International Affairs, Oxford University Press, 1943 (1ere édition).
- Mkandawire Thandika, « Thinking about developmental states in Africa », *Cambridge journal of Economics* 2001, 25, 289-313.
- Mvelle Guy, *Intégration et coopération en Afrique, la difficile rencontre possible entre les théories et les faits*, Paris l'Harmattan, 2014, 158p.
- N'Krumah Kwame, *Africa must unite*, New York, International Publishers, 1963.
- Pondi Jean Emmanuel, « Political Rhetoric and Economic Reality in African International Relations: A Systems Analysis of the Relationships between the OAU and South Africa », *PhD Thesis*, The Pennsylvania State University, USA, December 1985.
- Pondi Jean-Emmanuel, *Vie et mort de Mouammar Al-Kadhafi. Quelles leçons pour l'Afrique* ? Yaoundé, Afric'Eveil, 2012, 175p.
- Sartori Giovanni, « Bien comparer, mal comparer », *Revue Internationale de politique comparée*, Vol. 1, 1994.
- Saurugger Sabine, *Théories et concepts de l'intégration européenne*, Paris, Les Presses de Science Po, 2009, 483p.
- Sindjoun Luc, Sociologie *des relations internationale africaines*, Paris, Karthala, 2002.
- Thiam Doudou, *Le fédéralisme africain. Ses principes et ses règles*, Paris, Présence africaine, 1972.
- Yacouba Zerbo, « La problématique de l'unité nationale », Dans *Guerres mondiales et conflits contemporains* 2003/4 (N° 212), PUF, pp. 113-127.

Table des matières